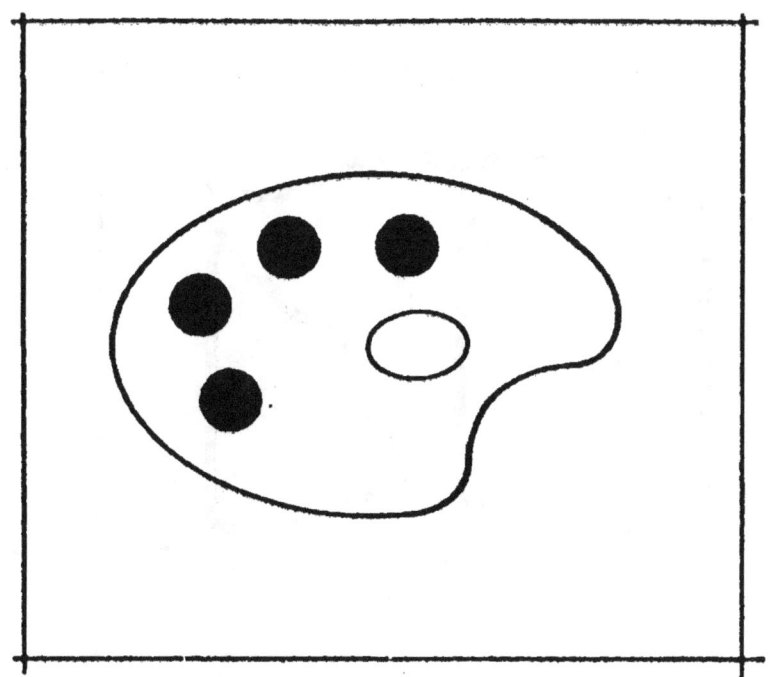

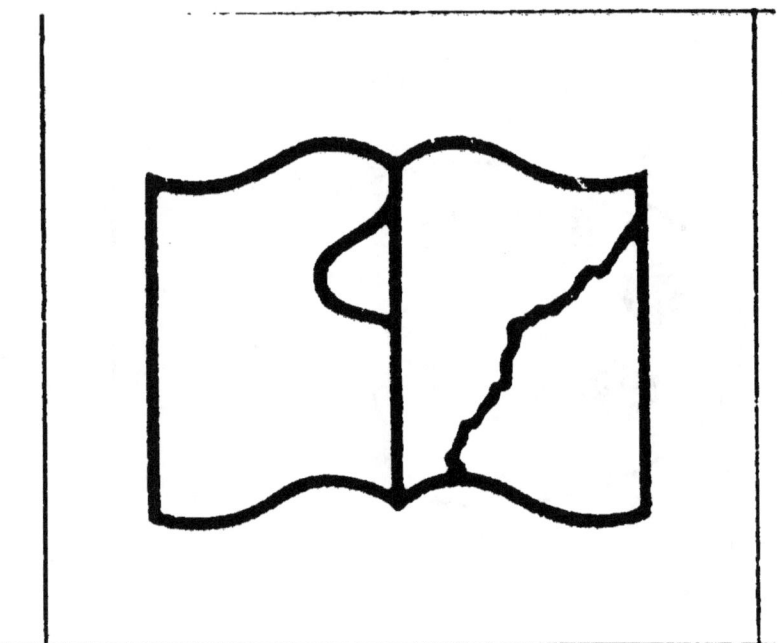

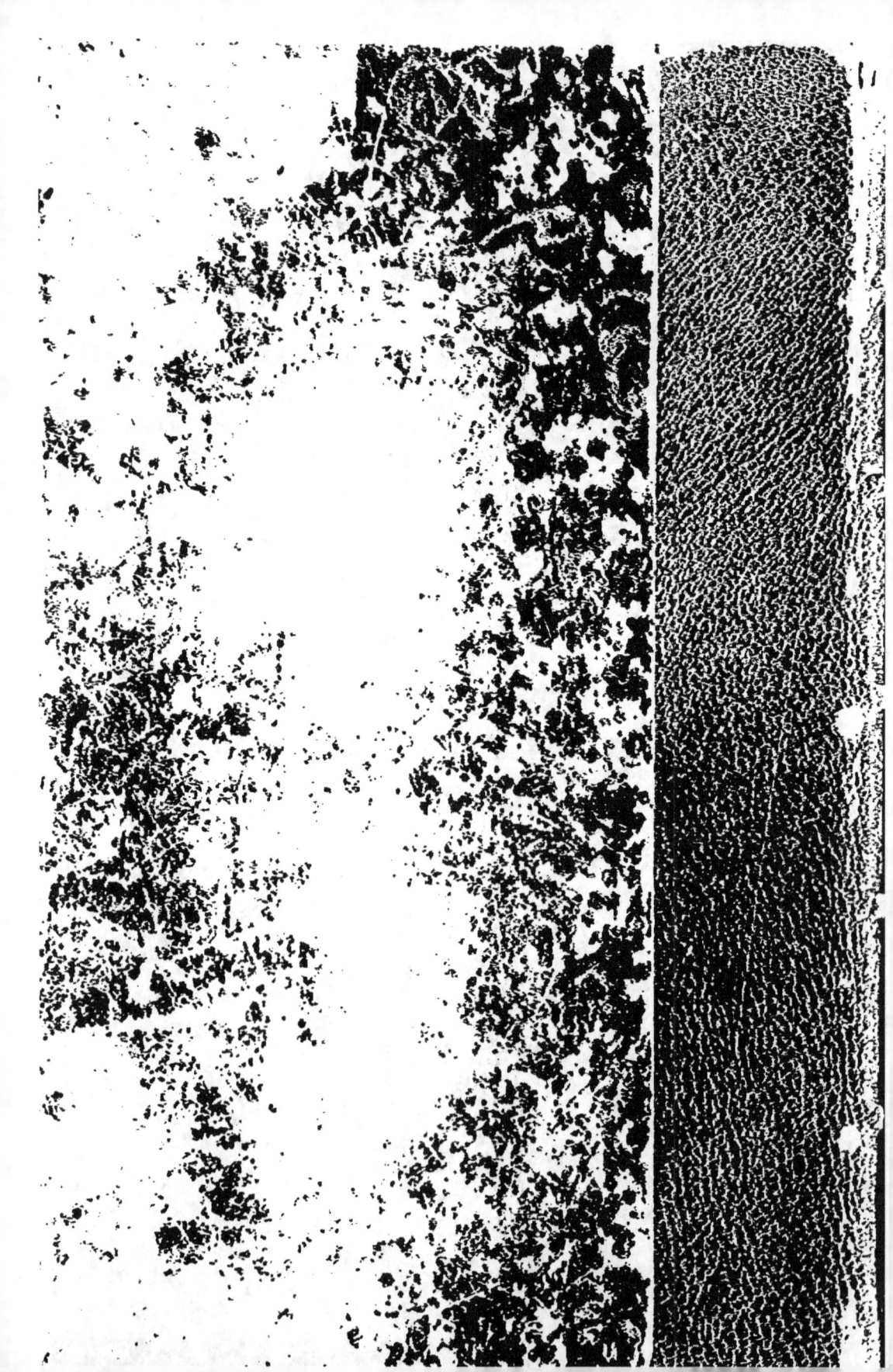

TROIS PIÈCES

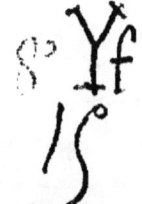

PARIS

TYPOGRAPHIE GEORGES CHAMEROT

19, rue des Saints-Pères, 9

WILLIAM BUSNACH

TROIS PIÈCES

TIRÉES DES ROMANS

ET PRÉCÉDÉES CHACUNE D'UNE PRÉFACE

DE

ÉMILE ZOLA

L'ASSOMMOIR

NANA

POT-BOUILLE

PARIS

G. CHARPENTIER ET Cⁱᵉ, ÉDITEURS

13, RUE DE GRENELLE, 13

—

1884

L'ASSOMMOIR

PIÈCE EN CINQ ACTES ET NEUF TABLEAUX

Représentée
pour la première fois à Paris, sur le théâtre
de l'Ambigu, le 18 janvier 1879

(En collaboration avec M. Octave Gastineau).

PRÉFACE

I

Je suis bien à l'aise pour parler de l'*Assommoir*, le drame que MM. Busnach et Gastineau ont tiré de mon roman ; car je ne les ai autorisés à faire cette adaptation qu'à la condition absolue de n'avoir à m'occuper en rien de la pièce. Elle m'est donc étrangère, je puis la juger avec une entière liberté d'appréciation.

Personnellement, je regardais la mise à la scène du roman comme une tentative grave et dangereuse. Jamais je n'aurais risqué cette tentative moi-même. Fatalement, lorsqu'on transporte un roman au théâtre, on ne peut obtenir qu'une œuvre moins complète, inférieure en intensité ; en un mot, on gâte le livre, et c'est toujours là une besogne mauvaise, quand elle est faite par l'auteur lui-même.

En outre, mon cas particulier se compliquait de trois échecs successifs, ce qui méritait réflexion. Le jour où il me plaira de tenter la fortune des planches une quatrième fois, je commencerai par choisir mon terrain avec le plus grand soin, afin de livrer bataille dans les meilleures conditions possibles. Et, je l'avoue, le terrain de l'*Assommoir* me paraissait détestable. Je me demandais pourquoi tripler les difficultés en prenant des personnages, un milieu, une langue, qui m'obligeraient à des audaces trop brutales, si je voulais rester dans la note strictement réelle. Il n'est point lâche de refuser le combat, quand la position n'est pas bonne.

Donc, il ne me plaisait pas de lutter avec mon roman et de courir les risques de ce casse-cou. Mais je ne voyais aucun mal à ce qu'un autre tentât l'aventure. Un autre ne serait pas tenu à respecter scrupuleusement le livre, un autre aurait toute liberté d'atténuer, de modifier, de travailler en dehors des idées théoriques que je professe ; on ne lui demanderait que de l'intérêt, du rire et des larmes. C'est ainsi que j'ai été amené à autoriser MM. Busnach et Gastineau, et je les ai choisis entre beaucoup d'autres, parce qu'ils voulaient bien me désintéresser complètement et accepter toute la responsabilité, sans réclamer en rien ma collaboration.

Ainsi faite, l'expérience devenait très intéressante pour moi. J'étais curieux de savoir ce que deux hommes de théâtre de beaucoup d'esprit et de beaucoup d'habileté, allaient tirer de mon roman, au point de vue scénique. Surtout je me demandais quelle part ils pourraient faire à la vérité, au naturalisme, puisqu'on m'a condamné à l'emploi de ce mot. Cette part serait-elle très large? La convention, au contraire, l'emporterait-elle? La question me passionnait, car j'avais beau ne pas travailler à la pièce, je n'en étais pas moins désireux de voir triompher quelques-unes de mes idées entre les mains des auteurs, quitte à passer condamnation sur les sacrifices qu'ils croiraient devoir faire au métier.

Il faut dire que l'annonce d'un drame tiré de l'*Assommoir* avait paru une plaisanterie prodigieuse. On en faisait des gorges chaudes dans tout Paris. Les hommes de théâtre surtout s'en tenaient les côtes. Vraiment, on allait mettre le lavoir à la scène, avec la bataille des deux femmes et la fessée! Et les bons mots pleuvaient, et l'on accommodait Cambronne à toutes les sauces : pas un directeur ne jouerait ça, on baisserait le rideau à la seconde scène, enfin c'était un défi général. Je tiens à citer ce mot d'un auteur dramatique célèbre, qui disait : « Je donnerais cent mille francs, pour ne pas être de la pièce. » Les plus doux, les amis des auteurs, les plaignaient et les suppliaient de renoncer à une partie perdue d'avance. Voilà encore un bon exemple de l'expérience des gens en matière de théâtre. Les pièces qu'ils condamnent se portent généralement fort bien. Ne vaudrait-il pas mieux avouer que tout est possible sur les planches, à la condition qu'on n'ennuie pas le public?

Il y avait deux façons de mettre l'*Assommoir* à la scène. On pouvait en tirer une forte pièce en cinq actes, en étudiant la déchéance d'une famille ouvrière, le père et la mère tournant mal, la fille se gâtant par le mauvais exemple; mais c'était là une œuvre bien grosse, bien difficile à mener, et qui aurait exigé, pour être acceptable, des modifications profondes. L'autre façon était de tailler simplement dans le roman une dizaine de tableaux, avec la seule prétention de faire défiler devant les yeux des spectateurs les pages les plus connues du livre. C'est à ce dernier plan que MM. Busnach et Gastineau se sont arrêtés. Ils ont voulu donner la vie de la rampe aux personnages et aux descriptions du roman, en allant ainsi du premier chapitre au dernier.

Toutefois, il fallait un lien, et j'arrive ici à la partie de métier. Les auteurs, afin d'obtenir une pièce, ont imaginé que la femme pour laquelle Lantier quitte Gervaise, n'est pas la sœur de Virginie, mais bien Virginie elle-même. Dès lors, la fessée du lavoir devient le point de départ du drame. Virginie jure une haine mortelle à Gervaise ; c'est elle qui fait tomber Coupeau d'un échafaudage ; c'est elle qui, au dénouement, le tue, en lui envoyant une bouteille d'eau-de-vie. Il faut en convenir, Virginie n'est plus qu'une traîtresse de mélodrame. Lantier, lui aussi, est modifié. Le ménage à trois n'existe plus. Gervaise repousse violemment Lantier, lorsqu'il veut la reprendre ; et voilà Lantier tourné à la haine, devenu le complice de Virginie. Toute la pièce est dans ce double ressort dramatique.

Je n'aime guère cela, ai-je besoin de le dire ? Les deux rôles de Virginie et de Lantier sont mauvais, parce qu'ils rentrent dans la convention ; ils n'ont plus rien de vivant, sauf dans quelques scènes, dont je parlerai tout à l'heure. Le pis est que la rancune de Virginie est vraiment trop criminelle pour l'affront qu'elle a reçu : on ne prémédite pas deux fois la mort d'un homme, dans l'unique désir de se venger d'avoir été fouettée en public par la femme de cet homme. D'autre part, du moment que Gervaise reste honnête, on ne s'explique pas ses malheurs; elle n'a réellement rien fait pour tomber si bas et mourir de honte et de faim ; c'est l'ange du martyre.

Les modifications apportées au roman, l'atténuation des chutes de Gervaise et les figures poncives de Lantier et de Virginie poussés au noir, ont donc mis dans le drame des éléments inférieurs, cela n'est pas niable. Seulement, il ne faut pas oublier que le drame a été écrit spécialement pour un théâtre du boulevard. Nous sommes à l'Ambigu, et non à l'Odéon; je veux dire que les auteurs ont cru devoir compter avec le public de l'Ambigu. Le jour de la première représentation, les spectateurs ont pu sourire des machinations de Virginie; mais, à la troisième ou quatrième représentation, les effets se sont déplacés, la salle s'est laissée prendre et s'est passionnée pour cette longue vengeance d'une femme outragée. Encore un coup, l'*Assommoir* n'a pas la prétention d'être le manifeste d'une nouvelle école dramatique ; l'*Assommoir* est simplement une adaptation tentée par deux hommes de talent, très expérimentés en matière théâtrale, et qui ont fait, à tort ou à raison, ce qu'ils ont cru devoir faire pour assurer le succès devant un public particulier.

Maintenant, prenons-le tel qu'il est, ce drame,

avec ses non-sens, ses concessions, ses faiblesses, et examinons-le au point de vue de l'originalité et de la vérité. Ici, la part de MM. Busnach et Gastineau devient superbe. Je ne crois pas que personne se serait tiré avec plus d'éclat ni plus d'adresse d'une besogne si difficile. Un dramaturge m'avait offert de faire perdre Nana au premier tableau; puis, après une série d'aventures extraordinaires, c'était Mes-Bottes qui la rapportait, arrachée des griffes de Lantier. Comparez, et jugez de la discrétion de MM. Busnach et Gastineau. En somme, ils n'ont que transformé deux caractères et esquivé des situations dangereuses ; aucun fait nouveau n'a été introduit par eux, aucune complication bête, aucune histoire à dormir debout. Le drame, malgré tout, reste d'une simplicité parfaite. On sent bien qu'on l'a accommodé pour la foule ; mais on sent en même temps que les auteurs ont gardé du roman tout ce qu'ils ont pu, et que leur continuel désir a été de le suivre page à page.

Je dirai mieux mon sentiment, en examinant les tableaux un par un.

Premier tableau : L'Hôtel Boncœur. — Gervaise, après une nuit d'insomnie, attend Lantier qui n'est pas rentré. Quand il rentre, c'est pour faire sa malle et pour abandonner la malheureuse fille. Je signerais volontiers ce tableau-là. Je le trouve d'une vérité poignante, d'une vie intense et hardie. Et quelle simplicité! Pas une convention. Le drame de l'existence lui-même. Aussi la salle, le premier soir, a-t-elle été prise par ce début si carré et si humain. Cela est du très bon naturalisme. Je n'en demande pas davantage, et je serais bien glorieux, si j'écrivais un jour cinq actes dans cette formule-là.

Deuxième tableau : LE LAVOIR. — On a eu raison de dire que la littérature n'avait rien à voir ici. Il ne s'agit que d'un décor splendide et d'une merveille de mise en scène. On avait défié les auteurs de mettre le lavoir à la scène. Eh bien ! ils l'y ont mis, et les deux femmes s'empoignent, et elles se jettent des seaux d'eau à la tête, et Gervaise donne à Virginie la fameuse fessée à coups de battoir. Ce tableau n'est qu'une réponse très crâne à un défi, une réponse d'autant meilleure qu'il a été un véritable triomphe, le jour de la première, et que tous les soirs il a produit un effet énorme. Dira-t-on encore qu'il est impossible de mettre certaines choses sur les planches?

Troisième tableau : LA BARRIÈRE POISSONNIÈRE. — Encore une mise en scène très curieuse. L'aube qui se lève, le passage des ouvriers pendant que le jour grandit, tout cela est réglé avec une vérité qui fait illusion. La scène de Gervaise et de Coupeau, prenant une prune à la porte de l'Assommoir, est traitée d'une façon charmante. Quant à la tirade de Goujet défendant le vrai peuple, le peuple honnête, et jetant son mépris aux mauvais ouvriers qui désertent le chantier pour le cabaret, elle était nécessaire, dans la pensée des auteurs, pour mettre les spectateurs en garde contre les calomnies répandues sur le roman. On a prétendu que j'attaquais le peuple, que je le salissais à plaisir. MM. Busnach et Gastineau ont jugé qu'il était bon de résumer dans une tirade, et de placer dans la bouche de Goujet, la morale qui se dégage de mon livre. Je constate, je n'apprécie pas.

Quatrième tableau : LE MOULIN D'ARGENT. — Beaucoup de mouvement et de gaieté. Les comiques, Mes-Bottes en tête, y ont soulevé chaque soir le fou rire. Je réserve la question du croque-mort, dont je parlerai tout à l'heure.

Cinquième tableau : LA MAISON EN CONSTRUCTION. — Une adorable scène, le repas de Coupeau au chantier, Gervaise apportant la soupe à son homme et Nana dansant sur les genoux de son père. Je puis d'autant plus louer cette scène, qu'elle ne se trouve pas dans le roman. C'est toute une idylle ouvrière, d'un accent vrai et ému, que la salle entière a applaudie. Le rôle mélodramatique de Virginie commence dans ce tableau. Mais la chute de Coupeau produit un grand effet.

Sixième tableau : LA FÊTE DE GERVAISE. — Encore un tableau très gai. Le dîner de l'oie est un triomphe pour les comiques. J'indique la courte scène d'amour entre Goujet et Gervaise, interrompue par l'arrivée de Nana ; c'est un bijou, et la scène muette de la rose, qui suit, a une délicatesse charmante : cette rose cueillie et lentement sentie par Gervaise, après le départ de Goujet, est un aveu discret, d'une tendresse infinie. Mais la trouvaille, dans ce tableau, a été l'épisode qui le termine. Coupeau se grise. Lorsque Lantier paraît la première fois à la porte, Coupeau n'a pas encore assez bu, et il chasse Lantier. Puis, lorsque ce dernier revient à la fin, lorsqu'il poursuit Gervaise autour de la table et qu'il veut l'emmener, Coupeau, assommé par l'ivresse, ne sort une seconde de son abrutissement, aux appels affolés de Gervaise, que pour tendre la main à Lantier. C'est là une adaptation très adroite et très forte de l'épisode du roman, Coupeau vautré dans son vomissement, pendant que Lantier reprend Gervaise éperdue, chassée de son lit. Je ne croyais pas qu'on pût mettre cette scène au théâtre. La leçon qui s'en dégage est formidable. Toute la déchéance de l'ivrogne est là, hardiment, dans cet homme qui, après avoir voulu tuer l'ancien amant de sa femme, quand il a sa raison, l'accueille et plaisante, quand il est ivre.

Septième tableau : LA FORGE.. — Un tableau d'honnêteté. Les auteurs l'avaient imaginé par précaution, pour reposer le public et pour obtenir une péripétie rentrant dans les règles du code dramatique. Je dirai plus loin ce qu'on a dû faire de ce tableau.

Huitième tableau : L'ASSOMMOIR. — C'est le tableau que je préfère. Toutes mes idées sont là, dans cette reproduction exacte de la vie. Les acteurs ne jouent plus, ils vivent leur rôle. La mise en scène est une merveille de vérité; ces hommes qui entrent, qui sortent, qui consomment assis à des tables ou debout devant le comptoir, nous transportent chez un véritable liquoriste. Puis, quel terrible drame, si simple et si vrai : le bon ouvrier, entraîné par les camarades, buvant sa paye, se soûlant jusqu'à ce que sa misérable femme, qui crève de faim, se décide à venir le chercher et à s'attabler avec lui. Allez dans nos faubourgs, vous assisterez à ce drame-là chez tous les marchands de vin. On a dit qu'on avait déjà vu cela au théâtre. Certes, les idées sont vieilles comme le monde. Mais il est radicalement faux qu'on ait jamais mis à la scène le drame de l'ivresse avec cette nudité affreuse, cette vérité intense. Où est donc la pièce qui offre un pareil tableau, une eau-forte si creusée, une de ces effroyables gravures d'Hogarth, traversées d'un frisson d'horreur?

Neuvième tableau : LA DERNIÈRE BOUTEILLE. — Nous y retrouvons le mélodrame avec Virginie. Mais quelle peinture vraie de la misère! La scène où Gervaise cherche à emprunter vingt sous aux Lorilleux, est encore d'une vérité terrible. J'arrive enfin à la fameuse scène de la bouteille, scène qui n'est pas dans le roman et que je puis admirer à mon aise. Je la déclare absolument superbe. Ne cherchons pas comment la bouteille est là : une ficelle l'y apporte; mais elle y est. Coupeau croit avoir une bouteille de bordeaux, et c'est une bouteille d'eau-de-vie qu'il tient entre ses mains. Voilà la situation : s'il boit un petit verre, il est mort. Alors, commence dans cet homme une lutte affreuse. Il tremble comme un enfant : pourquoi l'a-t-on laissé seul avec cette bouteille? Et il recule, et il se cache, et il claque des dents. Sur la table, la bouteille grandit, grandit ; elle devient démesurée, elle emplit la scène dans son immobilité, tandis que le misérable éperdu tourne autour d'elle. Il boira, il sera pris d'un dernier accès de *delirium tremens*, une crise suprême qui le jettera mort sur la paillasse.

Dixième tableau : LE BOULEVARD ROCHECHOUART. — Très beau décor, dénouement mélodramatique. Seule, la mort de Gervaise dans les bras de Goujet a du caractère. Puis, arrive Bazouge, le croque-mort, qui termine le drame par le mot du livre : « Fais dodo, ma belle. »

J'ai passé rapidement en revue les tableaux. Après la première représentation, on a dû apporter à la pièce certaines modifications, qu'il me paraît intéressant de signaler. Malgré quelques coupures faites ci et là, le spectacle était encore beaucoup trop long : il finissait à une heure, et l'on sait qu'il n'y a pas de succès qui résiste à une veille trop prolongée. Il devenait absolument nécessaire de supprimer un tableau et de gagner ainsi un entr'acte. Or, savez-vous quel tableau on a retranché? Le septième, celui de *la Forge*, le tableau honnête. C'était celui qui faisait le moins d'effet. Le public ne voulait pas de l'honnêteté et bâillait. N'est-ce pas caractéristique ? Voilà des auteurs qui croient devoir faire des concessions, enfiler quelques tirades, chercher à équilibrer la pièce selon les règles ; et les spectateurs, plus avancés qu'eux dans la voie du naturalisme, les forcent à plus de vérité. Que la critique médite ce fait.

Reste la question du croque-mort, car il y a eu une question du croque-mort. Bazouge ne tient pas à la pièce, on pourrait le supprimer. On fut très perplexe au théâtre. Si, certains soirs, on sifflait Bazouge, d'autres soirs on l'acclamait. Le jour de la troisième représentation, on tenta un essai, sans rien dire : le croque-mort ne parut pas à la fin. Et l'effet fut déplorable, toute la salle eut un murmure de désappointement: on lui avait pris son croque-mort, elle voulait son croque-mort. On le lui rendit, et je crois qu'on fit bien, car Bazouge est resté une des curiosités du drame.

Le succès a été très grand, comme on sait. J'ai lu avec soin la quantité effroyable de prose qui a été écrite pour et contre la pièce. Mais il n'y a pas grand' chose de net à tirer de toutes ces critiques. Il m'a semblé que la note qui dominait était la surprise : on s'étonnait du succès. En dehors de ce sentiment de stupéfaction, les opinions sont si diverses, si peu mesurées, appuyées sur de si pauvres arguments, qu'il est assez difficile de se faire une idée exacte de l'opinion de la presse. Ce qui m'a fâché un peu, en dehors de toute question littéraire, ç'a été de voir que la presse n'était pas unanime à reconnaître la puissance de la leçon morale qui se dégage de l'*Assommoir*.

Je ne sais plus quel critique s'est montré très dédaigneux, en disant que le drame était banal, parce que tout se résumait en somme à cette alternative : Coupeau boira-t-il? Coupeau ne boira-t-il pas? Mais, en vérité, tout le théâtre est là. La même question est toujours posée : Aimera-t-il? n'aimera-t-il pas? Jouera-t-il? ne jouera-t-il pas? Tuera-t-il? ne tuera-t-il pas? En dehors de ce combat, il n'y a pas de pièce possible. On dit que l'ivrognerie est sale; est-ce que tous les vices, toutes les passions ne sont pas sales? L'amour n'est guère propre, au fond, pas plus que le jeu, pas plus que le meurtre. Tout mouvement passionné qui remue la bête humaine, arrive à l'ordure.

Il faut, en vérité, être bien aveugle pour trouver banal ce drame de l'ivresse. Atroce, si vous voulez; mais banal, jamais! Comment! voilà un homme qui boit jusqu'à se tuer, et vous trouvez cela banal! Il y a là une fureur de passion, que je déclare superbe, pour mon compte. Et ce n'est pas tout : l'ivrognerie de cet homme perd une femme, gâte une enfant, aboutit aux catastrophes les plus lamentables. Qu'est-ce qui ne sera pas banal, alors? Le jeu ne va pas plus loin; l'adultère, sur lequel vit notre théâtre contemporain, n'a pas de dénouement plus terrible, de leçon plus haute.

Cela m'amène à la moralité de l'œuvre. Elle est formidable. On devrait donner un prix Montyon aux auteurs. Si le théâtre est fait pour corriger, ouvrez les portes de l'Ambigu aux passants, qu'ils viennent voir où conduit l'ivrognerie. Jamais un tableau si effroyable n'a été mis sous les yeux du public. Et ne soyons pas hypocrites surtout, confessons que l'ivrognerie fait des ravages terrifiants parmi nous. Est-ce que tous les jours les journaux n'enregistrent pas des crimes commis dans des accès de délire alcoolique? Hier encore, dans cette rue de la Goutte-d'Or, un malheureux, fou d'eau-de-vie, assassinait sa femme. Consultez les statistiques, questionnez les commissaires de police et les médecins. Vous ne viendrez plus accuser de banalité des auteurs qui mettent à la scène un pareil tableau de l'ivrognerie. Banal! vraiment, je n'en reviens pas.

Il faut qu'il y ait des critiques singulièrement enfoncés dans leur parti pris.

Quant à moi, j'ai beaucoup réfléchi depuis le succès de l'*Assommoir*. J'en suis arrivé à conclure que le public était plus mûr pour le naturalisme que je ne le croyais moi-même. Peut-être aurait-on pu risquer la pièce dans sa vérité entière, sans l'accommoder selon la recette mélodramatique des théâtres du boulevard. En effet, ce qui a déplu, le premier soir, ce sont précisément les concessions que les auteurs ont cru devoir faire à la convention ; c'est Virginie, c'est Lantier, devenus des traitres de mélodrame ; c'est la mère de Goujet, faisant des tirades sur l'honneur et le devoir. La salle s'attendait à plus d'audace encore et se montrait déçue des adoucissements apportés au livre. Pour résumer nettement la situation, on peut dire que, dans cette soirée mémorable, le naturalisme a triomphé partout, avec le premier tableau et le huitième, avec le lavoir, avec toutes les hardiesses de la pièce et de la mise en scène, tandis que la convention était battue chaque fois qu'elle se montrait, avec Virginie, Lantier et madame Goujet.

Cela m'a confirmé dans une de mes pensées : c'est que, lorsqu'on tire une pièce d'un roman, il doit suffire de faire défiler une suite de tableaux détachés, sans s'inquiéter d'inventer une intrigue. L'affranchissement du théâtre est là, je veux dire l'abandon des histoires à dormir debout, des complications ridicules, des poncifs qui sont las de traîner. Dans un théâtre littéraire surtout, je suis certain qu'une tentative en ce sens aurait un grand succès.

En somme, je considère donc l'*Assommoir* comme un triomphe des idées que je défends. On a accusé MM. Busnach et Gastineau d'avoir imité Paul de Kock et les frères Cogniard. Cela fait sourire. Sans doute, ils ont égayé l'*Assommoir* par une forte dose de gaieté bonne enfant, et ils ont habilement agi, surtout à l'Ambigu. Mais qu'on me cite un drame du boulevard, où il y ait des tableaux comme l'*Hôtel Boncœur*, l'*Assommoir* et la *Dernière Bouteille*? Qu'on m'indique surtout un drame, où l'on ne trouve absolument que des ouvriers, sans un seul duc ni même une simple comtesse? Si le drame n'avait que cette originalité de se passer dans un milieu vrai, cette originalité ne serait pas à dédaigner. Et il a, en outre, l'originalité d'une grande simplicité, d'une émotion profonde et humaine.

Certes, ce n'est pas une victoire décisive pour le naturalisme, mais c'est un grand pas vers la vérité des personnages et du milieu. Laissez le succès s'établir, attendez l'effet produit, et la première représentation de l'*Assommoir* deviendra peut-être une date dans l'histoire de notre théâtre.

Je n'ai pas à louer que les auteurs, MM. Busnach et Gastineau; je dois aussi faire la part de M. Chabrillat, le directeur de l'Ambigu. Il a cru au drame, lorsque tout le monde haussait les épaules autour de lui. Il s'y est dévoué, n'épargnant rien, travaillant au succès avec une intelligence rare, secondé d'ailleurs par son régisseur, M. Haymé, auquel on doit la mise en scène si remarquable de certains tableaux. Les décors sont merveilleux d'exactitude, le lavoir particulièrement pousse la réalité aussi loin qu'il est possible. Chaque détail, les costumes, les accessoires, ont été copiés dans le roman, avec une fidélité qui m'a vivement touché; et je tiens à remercier publiquement ici M. Chabrillat et tout son personnel.

Quant à l'interprétation, elle est tout à fait hors ligne. Voici longtemps qu'une pièce n'avait pas été jouée avec un pareil succès d'artistes.

M. Gil-Naza est passé grand comédien avec sa création de Coupeau. Il s'est incarné dans le personnage, il vit le rôle, depuis les premières scènes de gaieté et de tendresse, jusqu'aux épouvantables convulsions du *delirium tremens*. C'est une gradation d'une science rare dans l'ivresse, dans cette déchéance de l'ouvrier qui tourne mal. Adorable de bonté paternelle et de rondeur dans sa scène avec Nana, il s'assombrit et s'effare à mesure que l'eau-de-vie le prend. Je l'ai surtout beaucoup admiré à son retour de l'hôpital, lorsque ses mains tremblent, lorsque, laissé seul avec la bouteille d'eau-de-vie, il se débat dans ce monologue qui mériterait de devenir classique; puis, c'est la crise de *delirium tremens*, pleine d'une horreur qui a terrifié la salle. L'action d'un artiste sur le public ne saurait aller plus loin. M. Gil-Naza atteint le comble de l'art et de la vérité.

J'en dirai autant pour Mme Hélène Petit, qui a fait de Gervaise une création inoubliable. On répétait, le premier soir, en l'acclamant : « C'est une révélation. » Oui, si l'on veut; mais il faut ajouter que Mme Hélène Petit n'avait pas encore eu de rôle à sa taille. Dès la première scène, lorsqu'elle attend

Lantier, en pleurant, elle a conquis le public. Le rôle n'a été ensuite qu'une longue ovation. Superbe d'énergie et d'audace dans *le Lavoir*, elle s'est montrée d'une simplicité et d'une gaieté charmantes dans les tableaux suivants ; puis, elle a été magnifique de douleur et de résignation, à mesure que le drame s'assombrissait. Il n'y a que les très grandes artistes qui peuvent ainsi parcourir toute la gamme des sentiments humains. Quand elle meurt dans les bras de Goujet, elle touche au sublime, à la vérité. Mme Hélène Petit est aujourd'hui au premier rang.

Mme Lina Munte et M. Delessart avaient bien voulu se charger des deux rôles difficiles de Virginie et de Lantier. Ils les ont sauvés à force de talent. Dans le *Lavoir*, Mme Lina Munte est très belle de crânerie. M. Delessart, de son côté, a composé, au premier tableau, un Lantier saisissant de réalité. Si le rôle était resté dans cette note, nul doute qu'il n'en eût fait une création supérieure.

Quant à M. Dailly, il a prêté à Mes-Bottes sa rondeur comique. Le rôle était dangereux, car il pouvait glisser aisément à la caricature ; et c'est un grand honneur pour M. Dailly de s'y être maintenu dans une note si gaie et si franche. Il est d'ailleurs merveilleusement servi par ses compères, MM. Mousseau et Courtès, qui sont si amusants dans les personnages de Bibi et de Bec-Salé.

M. Angelo a composé un Goujet magnifique d'allures, et son apostrophe aux mauvais ouvriers a été acclamée chaque soir. Mme Schmidt s'est montrée pleine d'autorité et de dignité dans le rôle de Mme Goujet.

Enfin, je nommerai M. Charly, qui a montré une raideur si originale dans le personnage de Poisson; M. Vollet, superbe de vérité et de finesse dans le rôle périlleux du croque-mort Bazouge; Mᵐᵉ Clémentine, une madame Boche très amusante; Mᵐᵉ Derouet et M. Leriche, qui ont donné au ménage Lorilleux des profils typiques; et, pour finir, les deux Nana, la tante et la nièce : Nana à seize ans, dont Mˡˡᵉ Louise Magnier a fait une curieuse silhouette d'ouvrière parisienne, et Nana à six ans, une gamine que la petite Magnier a jouée avec beaucoup de gentillesse et une entente déjà grande de la scène.

II

On me répète une appréciation singulière. Les femmes élégantes, les simples bourgeoises elles-mêmes diraient : « Oh! impossible d'aller voir l'*Assommoir*, les personnages sont trop mal habillés! »

Voilà un joli jugement, et qui soulève une bien grosse question, celle du costume au théâtre. On me permettra de la traiter. L'auteur du roman et les auteurs du drame ne sont d'ailleurs pas en jeu. Il s'agit de faire rendre justice aux artistes de l'Ambigu, ces artistes « trop mal habillés », qui ont fait preuve, dans la composition graduée de leurs costumes, du plus grand art.

Mais, dès le début, la question s'élargit, et il me

faut dire ce que le costume tend à devenir sur nos scènes de genre, le Vaudeville, le Gymnase, la Comédie-Française elle-même. Je parle des pièces modernes. Dès qu'une comédienne a un rôle dans une pièce moderne, elle va trouver son couturier, lui indique le milieu, le personnage et lui donne carte blanche. Alors, le couturier s'enferme, médite, puis, la veille de la première représentation, apporte les toilettes dans une caisse. La comédienne passe les robes, entre en scène; et, si l'on applaudit les toilettes, ce qui arrive parfois, c'est le couturier qu'on applaudit. Je veux établir que l'artiste dramatique n'a fait aucun effort de composition, n'a mis aucun art personnel dans la façon dont elle est costumée. Il n'y a là qu'une réclame pour un faiseur, bon ou mauvais.

Et cela est si vrai que le faiseur, le lendemain de la première représentation, fait passer des notes dans les journaux. La scène devient une vitrine de magasin, les comédiennes ne sont plus que des mannequins sur lesquels les spectatrices viennent voir des robes. Une mode est parfois lancée de cette manière. La comtesse veut une robe comme celle de Mlle Pierson; la marquise préfère la tunique de Mlle Croizette, et elle exige des garnitures pareilles. C'est un concours entre les actrices, c'est la gravure de mode portée au théâtre. Les reporters se mettent de la partie, décrivent minutieusement les moindres nœuds de ruban. Et, dans la salle, le couturier qui a habillé ces dames est plus ému que l'auteur qui a écrit la pièce.

Remarquez que je trouve adorables les toilettes d'aujourd'hui. La modernité m'attendrit. Une Parisienne avec ses petites bottines, ses jupes si compliquées, ses gants, son chapeau, est pour moi le plus merveilleux sujet qui puisse tenter un peintre et un romancier. Je ne vois donc aucun mal à porter nos modes au théâtre, et à confier la composition des toilettes aux faiseurs qui habillent nos femmes et nos filles; c'est là du naturalisme excellent, c'est la réalité de nos salons mise sur les planches. Je trouve même une preuve du goût croissant du public pour la vérité, dans ce besoin que les spectateurs éprouvent des belles toilettes, taillées sur les patrons à la mode. Seulement, il faut bien constater que le talent de la comédienne n'est là pour rien, et que, si la collaboration du couturier s'imposait à l'avenir comme une nécessité du succès, ce serait tout un côté de l'art dramatique retranché.

Il y a, d'ailleurs, des symptômes inquiétants. Les toilettes deviennent trop uniformément riches. Elles perdent tout caractère. La pente était fatale. Il ne s'agit plus de s'habiller pour que le costume complète le personnage, soit l'indice d'une situation ou d'un tempérament; il s'agit de s'habiller magnifiquement, de manière à obtenir un murmure d'admiration dans la salle. En un mot, la comédienne disparaît, la femme reste. Et, du côté des hommes, un mouvement parallèle se produit: les comédiens suivent les modes, visent uniquement à l'élégance; il n'y a plus que les comiques qui veulent bien composer des costumes. Voilà où nous en sommes.

Les belles dames, je le répète, vont au théâtre comme elles iraient dans les salons des grandes couturières, consulter des images et examiner des modèles.

Certes, il est certain que, si ces mêmes belles dames consentent à s'encanailler en allant voir l'*Assommoir*, elles n'y trouveront pas des coupes nouvelles de tuniques, ni des idées de garnitures pour les prochains bals de la présidence. Elles ne pourront ni se pâmer, ni chuchoter, ni discuter sur la traîne de celle-ci ou sur le tablier de celle-là. Seulement, elles feront preuve, — comment dirai-je? — elles feront preuve de naïveté et de légèreté, si elles jugent mal habillés les artistes de l'Ambigu. Ils sont mal mis, mais ils sont superbement habillés. Tout l'art du costume, au théâtre, est dans cette différence.

Cela me fâche que personne n'ait encore rendu une haute justice à ces artistes si consciencieux. Ce qu'il faut dire, c'est que, depuis des années, une troupe dramatique n'avait montré une telle intelligence, un tel souci de la vérité du costume. Savez-vous bien qu'il ne s'agit plus ici de donner un ordre à un couturier; il faut soi-même se mettre en quête, chercher l'étoffe, inventer, créer, réfléchir aux moindres détails. On a vu le type dans un faubourg, on le suit, on l'étudie. On tâche de donner au misérable vêtement une allure vraie, une grâce ou une horreur. Les éléments sont pauvres, étriqués, et on doit en tirer de l'art. Voilà où est le véritable effort de l'artiste, voilà où il montre qu'il a le don de création.

Prenons d'abord Mme Hélène Petit. On ne saurait lui adresser trop d'éloges. Il n'y a peut-être pas deux comédiennes dans Paris qui consentiraient à une telle vérité de costumes. La femme, en elle, a fait abnégation de toute coquetterie ; et sachez que c'est là la marque d'une très grande artiste. Aussi quelle récompense ! Elle est adorable dans ses pauvres robes. Je ne parle pas des dames qui la trouvent « trop mal habillée », je parle des peintres et des écrivains qui l'ont applaudie, et qui la regardent aujourd'hui comme une des actrices les plus intelligentes que nous ayons. Je connais des actrices qui auraient joué le rôle avec des porte-bonheur aux bras.

La gamme des costumes de Gervaise est ménagée avec un art infini, depuis les simples robes des premiers tableaux, jusqu'aux haillons des derniers. C'est d'abord la petite jupe grise et la camisole blanche de l'hôtel Boncœur : l'argent manque, Gervaise a des savates aux pieds et un mouchoir au cou. Puis, elle travaille, et, lorsque Coupeau veut l'épouser, elle est en ouvrière propre, avec une jupe d'oxford, un caraco et un tablier de mérinos noir ; même un brin de coquetterie lui a fait nouer un ruban violet dans ses cheveux. Nous voilà au mariage, la toilette de Gervaise est d'une vérité qui attendrit et qui fait sourire : la robe de mérinos gros bleu, le petit mantelet de soie étriqué ; le bonnet de mousseline orné d'une touffe de roses, et les gants de coton blanc, une trouvaille. Les souliers eux-mêmes, des souliers à gros talons, ont été achetés dans un faubourg. Je sais bien que, pour comprendre, pour jouir et être touché à la vue de cette mariée du peuple, il faut avoir le goût des tableaux vrais, il faut s'être promené aux barrières et avoir été remué jusqu'au cœur, en voyant passer des noces d'ouvriers. Pour nous tous, peintres et romanciers, amants de la vie, ce costume de Gervaise est le bijou de la pièce, un bijou exquis.

Et la gamme continue. Gervaise, mariée et heureuse, porte une robe à petit damier, un tablier de soie noire, des mitaines noires. Le jour de sa fête, elle est toute pimpante, toute fraîche, dans sa toilette de percale, à pois bleus sur fond blanc; un ruban bleu tient ses cheveux blonds, une ceinture bleue lui serre la taille : c'est le printemps de l'ouvrière à son aise. Mais la misère entre dans le ménage, les costumes vont descendre de la gêne à l'ordure. Quand Gervaise vient chercher son homme au cabaret, elle a une vieille robe de laine marron, dont elle cache le corsage déchiré sous un mince châle noir noué à la taille; comme elle ne peut plus se payer le luxe d'un col, elle porte au cou un mouchoir en guise de linge. Et je saute au dernier costume, à cette robe en popeline noire qui n'a plus de nom, tachée, déchirée, laissant voir les jupons déguenillés; sur la tête, un vieux foulard mauve déteint; aux épaules, un ancien châle de barège, une loque; plus de linge; et, détail navrant, était vrai, de vieux souliers à Coupeau aux pieds.

Ce ne sont pas encore ces haillons qui me touchent le plus, dans la création de Mme Hélène Petit. Toutes les actrices acceptent les haillons, qui sont romantiques. Ce qui me touche, je le répète, ce sont ces pauvres et laides robes des premiers tableaux, auxquelles l'artiste a donné tant de vérité et tant de grâce. Elle les a travaillées avec amour, mettant une intention dans chacune d'elles, vivant le personnage pour obtenir le costume exact, ne séparant pas le costume du rôle, et arrivant ainsi à une vie intense, en étant Gervaise, pendant vingt années d'existence, non seulement par la voix, par le geste, mais encore par le vêtement. L'art ne saurait aller plus loin.

Je passe à M. Gil-Naza. Ici, naturellement, je trouve encore plus de virilité et de vérité. M. Gil-Naza, dans l'*Assommoir*, a été la nature même ; il ne joue plus, il vit le rôle, et croyez que le costume contribue pour beaucoup à cette illusion absolue. Il paraît dans sept tableaux, et les sept costumes qu'il porte ont été raisonnés par lui, déduits avec une profondeur d'observation étonnante. C'est justement cette succession de sept changements, s'espaçant dans toute une vie d'homme, qui lui a permis de faire en quelque sorte un cours pratique du costume au théâtre.

Voyez-le, à vingt ans, ouvrier gai et travailleur. Il a une cotte et un veston de toile bleue, très propres ; son gilet de velours marron rayé, sans une tache, laisse voir à sa taille une large ceinture de laine rouge et l'étroite sangle de cuir si caractéristique des zingueurs. Les bottines lacées sont également typiques. La casquette seule est usée, fripée, lasse d'avoir servi : une casquette de travail en petite soie noire, qui prouve que Coupeau n'est pas un fainéant. Au troisième tableau, il attend Gervaise, et il est devenu coquet ; le veston de toile bleue reste le même, mais la cotte est en velours, comme le gilet ; en outre, la veille, un dimanche, il a acheté une superbe casquette de velours. Coupeau se marie, il est tout en noir, et sa redingote est un poème, avec sa taille carrée, ses épaules rondes; c'est le peuple endimanché, qui retrousse son pantalon pour éviter la boue et qui rabat ses manches neuves trop longues, parce qu'elles le gênent. Je recommande aussi le chapeau, les gants, la cravate blanche au nœud tout fait, les souliers vernis à la mode de 1852.

Cependant, les années passent, les soucis du ménage et de la vie sont venus. Coupeau se soigne moins. Sa cotte bleue est déteinte, à force d'avoir été lavée; elle a des pièces aux genoux; et, comme il s'est épaissi, la taille a été élargie à l'aide d'un soufflet. Il tape son zinc en manches de chemise, une chemise d'oxford, sous laquelle on voit un tricot; pour se protéger contre les grands vents, sur les toitures, il a noué un mouchoir rouge à son cou; puis, quand il cesse de travailler, il jette sa veste sur ses épaules. Mais l'existence se gâte de plus en plus, Coupeau se met à boire. Le jour de la fête de Gervaise, il arrive en blouse. C'est la seule blouse qu'on trouve dans la pièce. Et elle est superbe, cette blouse d'ouvrier qui flâne, avec ses plis dans le dos, ses manches grasses d'avoir traîné sur les comptoirs. Le foulard de cachemire imprimé et les pantoufles de tapisserie indiquent les mollesses commençantes de l'homme que sa femme nourrit. Dès lors, il est perdu; lorsqu'il tente de se remettre au travail, sa veste, son pantalon, le foulard sale qu'il a au cou, disent sa déchéance irrémédiable. Enfin, il arrive à cet effroyable costume du huitième tableau, ce costume qui sent le bureau de bienfaisance et l'hôpital : chemise de grosse toile fermée au col par des cordons, pantalon de velours jaunâtre à côtes, veston de bure, bonnet de laine, chaussons de lisière ; le tout suant la misère et la maladie, poignant d'abandon et de souffrance.

Étudiez cette gradation dans le vêtement, et vous serez surpris du talent magistral de composition que M. Gil-Naza y a montré. MM. Nadar et Carjat viennent justement de photographier Coupeau dans les sept costumes qu'il porte, j'ai été étonné de l'intensité d'effet qu'on éprouve, en regardant à la file les sept photographies. La pièce n'a pas besoin d'être jouée, le personnage peut se dispenser de parler, car les costumes parlent pour lui, et avec une puissance, une émotion extraordinaires. Tout le drame de l'ivrognerie est là.

J'ai étudié en détail les costumes des deux principaux interprètes de l'*Assommoir* ; mais je devrais m'arrêter à ceux de tous les artistes, car tous ont fait preuve d'une égale intelligence. Je citerai rapidement : le costume de Mme Lina Munte au lavoir, cette robe d'alpaga, ce ruban rouge au cou et ce filet en chenille bleue, d'un goût si singulier et si caractéristique ; le costume de M. Delessart au premier tableau, le vieux pantalon grisaille, la redingote de joli homme, tachée, déchirée, le foulard au cou, le linge douteux passant sous des manchettes rouges, toute une trouvaille superbe et louche où le personnage entier s'indique ; puis, les costumes de M. Dailly et ceux de MM. Courtès et Mousseau, si exacts, si amusants, particulièrement celui de M. Dailly au troisième tableau, le veston de toile montrant la chemise et la vieille casquette de velours posée en arrière. Je voudrais encore dire un mot du costume de forgeron porté par M. Angelo, de l'étonnante robe écossaise que Mme Clémentine étale au tableau de la noce, des toilettes prétentieuses et étriquées de Mme Derouet, des paletots de M. Leriche, de la redingote de M. Charly, des robes de Mlles Magnier, la petite et la grande Nana. L'ensemble est complet.

Certes, comme conclusion à cette rapide étude, je ne prétends pas que le costume ouvrier doive régner à la scène. L'*Assommoir* reste à part. Je prends uniquement les costumes de l'*Assommoir* comme un exemple excellent de la composition de personnages modernes, dans un milieu exact, et je voudrais voir une conscience et une intelligence pareilles, chaque fois qu'on monte une pièce dont l'action se passe de nos jours. Les toilettes y perdraient sans doute en richesse, mais elles y gagneraient en vérité et en art. Elles n'intéresseraient peut-être plus les personnes qui ne s'amusent pas au théâtre, quand les acteurs sont « trop mal habillés »; seulement, elles feraient la joie de celles qui voient autre chose, dans la littérature dramatique, qu'une question de couturier et de modiste.

III

L'*Assommoir* a été joué près de trois cents fois. Il faut, aujourd'hui, se reporter au lendemain de la première représentation. Se souvient-on des rages et des indignations de la critique? A part quelques rares articles, écrits par des plumes amies, tous « éreintaient » la pièce, dans un même élan de fureur. Ces mots ne sont pas trop forts, j'ai le dossier sous les yeux; et, relus à dix-huit mois de distance, ces comptes rendus, d'une violence exagérée, produisent une singulière sensation de surprise. Le sentiment qui dominait, était l'espoir que la pièce ne ferait pas d'argent. Comme on ne pouvait nier le grand et bruyant succès de la première représentation, on se rejetait sur les représentations suivantes, on déclarait que la curiosité malsaine du public cesserait vite, que la pièce était d'un ennui mortel, qui viderait le théâtre au bout du premier mois. Mais ce que je retrouve surtout, dans plusieurs articles, c'est l'idée que ce drame, écrit pour le peuple, ne causerait aucun plaisir au peuple, qu'il le répugnerait même; et des critiques allaient jusqu'à accuser les auteurs d'insulter le peuple, ce qui semblait inviter la population ouvrière de Paris à venir siffler l'œuvre.

Voilà qui était très grave. Des attaques si dures ont dû certainement émotionner les auteurs. Ils avaient bien triomphé le premier soir, mais on leur disputait si furieusement le succès, on employait contre eux des armes si déloyales, qu'ils pouvaient douter de l'avenir. En effet, si la critique avait la moindre influence sur le public, une pièce attaquée avec un tel emportement, diffamée, salie à plaisir, à laquelle on refusait intérêt, esprit et moralité, allait voir le vide se faire tout de suite autour d'elle. Eh bien! c'est justement le contraire qui est arrivé, le succès a grandi tous les jours. Serait-ce donc que la critique n'a aucune influence? Non, certes, la critique a une influence, et indéniable. Seulement, il faut poser en principe que toute critique injuste est par là même frappée d'impuissance. Dites la vérité, et vous êtes fort, lors même que vous auriez la terre contre vous; mentez, et fussiez-vous cent mille, vous êtes plus faible qu'un enfant.

Donc, le public est venu pendant près de trois cents représentations, malgré la critique. Pourtant, il serait faux de dire que la critique n'a eu aucune influence. Elle a certainement opéré sur une partie de la bourgeoisie, sur les gens qui lisent les journaux et qui y prennent le ton, la mode du moment, leurs façons de penser et d'agir. J'ai toujours beaucoup aimé à étudier les grands courants qui se déclarent dans les foules. Le problème posé m'intéressait vivement, et je me suis fait communiquer, jour par jour, les feuilles de recettes. Or, voici ce qu'on peut y voir. Les recettes des belles places, des loges et des fauteuils, ont baissé relativement assez vite. Dès la cinquantième, des trous se sont produits, on a eu du mal à louer les loges. Évidemment, les gens riches, ceux qui peuvent payer cher le plaisir du théâtre, s'abstenaient. Après le premier flot des amis inconnus, des curieux quand même, le troupeau ne suivait pas. Et il y avait à coup sûr parti pris, abstention systématique, car des mots typiques circulaient dans les salons : « On n'allait pas voir une ordure comme l'*Assommoir*, une femme ne pouvait se montrer à l'Ambigu. » Le plus comique, c'est que des maris venaient tâter le terrain, voyaient la pièce seuls, puis déclaraient gravement qu'il était, en effet, radicalement impossible d'y conduire leurs épouses. Remarquez que ces messieurs conduisent leurs épouses aux opérettes. Je n'invente rien, j'ai une foule de renseignements plus drôles les uns que les autres. Or, tout ceci ne peut s'expliquer que par l'influence de la critique, agissant sur un public mondain qui accepte les opinions toutes faites, les sottises courantes, dont il fait sa règle.

Quel est donc le public qui a fait le grand succès de l'*Assommoir*? C'est le peuple. Les petites places n'ont pas désempli, et le mouvement, loin de se calmer, est allé en s'accentuant jusqu'à la fermeture d'été. Souvent, même dans les derniers jours, le second bureau refusait du monde. N'est-ce pas curieux que ce soit justement le peuple, les petites bourses, qui aient produit les grosses recettes, lorsque toute la critique déclarait que l'*Assommoir* était une insulte au peuple, et que jamais les ouvriers ne prendraient intérêt à se voir sur la scène, avec leurs joies et leurs douleurs? Voilà, je crois, tranchée d'une façon définitive, la question de savoir si le peuple s'intéresse uniquement aux mascarades historiques, aux seigneurs empanachés, et s'il n'est pas touché plus profondément par ses propres drames. Qu'en pensent les critiques qui ont tenté de faire siffler la pièce, en diffamant les auteurs, en les désignant comme des insulteurs à la population ouvrière de Paris? Cette population, dans son bon sens, a compris que la prétendue insulte n'était qu'une leçon : de là, la haute moralité et le grand succès.

Oui, le succès de l'*Assommoir* vient de la haute moralité de l'œuvre. Tâchez d'analyser ce succès. On dit que la vogue du roman avait lancé la pièce, qu'on s'était rué à l'Ambigu par une curiosité malsaine. Alors, qu'on m'explique le succès en province; car, les faits sont là, ce drame qui ne devait pas être compris en dehors des fortifications, ce drame essentiellement parisien, a été acclamé jusque dans les villes les plus reculées des départements. Deux troupes, pendant trois mois, ont couru la France, et partout le triomphe a été identique, partout le public, même lorsqu'il est venu avec des intentions hostiles, a pleuré et applaudi. Or, la province ne cède pas d'ordinaire avec un tel ensemble à nos engouements parisiens; elle n'a pas nos curiosités; en tout cas, elle a moins lu le roman que Paris. Je regarde donc l'épreuve heureuse que le drame a subie dans les départements comme décisive. Une pièce acclamée d'un bout de la France à l'autre, par les publics les plus différents, est une pièce qui a nécessairement de grandes qualités d'émotion et de moralité.

Mais ce n'est pas tout. Voilà l'étranger qui s'en mêle. On traduit le drame dans les quatre coins de l'Europe. Je m'en tiendrai à l'Angleterre. Voyez ce qui s'est passé : l'adaptation de M. Charles Reade, *Drink*, y a obtenu un tel succès, que le drame a eu plus de cinq cents représentations, et que neuf ou dix autres adaptations se sont produites coup sur coup. C'est qu'ici l'idée morale de l'*Assommoir* tombait dans un terrain excellent. Elle se dégageait et s'affirmait au milieu de l'ivrognerie anglaise. Niez donc la puissance de l'œuvre, dites donc qu'elle n'a ni moralité ni intérêt, lorsqu'elle finit par passionner l'Europe, lorsqu'elle combat un vice qui est le grand désorganisateur de nos sociétés modernes !

Il faut tout le parti pris ou tout l'aveuglement d'une certaine critique pour contester encore à l'*Assommoir* d'être une pièce morale et d'intéresser par une émotion profondément humaine. La théorie que l'ivrognerie est un vice bas et que, par exemple, l'amour est un vice plus propre, qui convient mieux à la scène, est un de ces points de vue critique d'une haute drôlerie dont les journalistes abusent vraiment. Chez l'homme, il n'y a ni bas ni haut; il y a des passions qui, dans leurs manifestations, sont toutes aussi sales les unes que les autres. Allez donc jusqu'au bout de l'amour; voyez Othello, voyez le chevalier Desgrieux, voyez le baron Hulot; il y a partout du sang et de la boue. Si nous démontons le mécanisme des phénomènes humains pour nous en rendre maîtres, autant démonter les vices dont notre société souffre le plus, parce que ce sont surtout ceux-là qui nous touchent, ceux-là qu'il serait bon de connaître, afin de les réduire un jour. On me dit : « Hamlet est plus intéressant que Coupeau. » Je mets de côté la question de réalisation littéraire, et je demande pourquoi? Est-ce parce que personne ne rencontre Hamlet dans la rue et que nous coudoyons Coupeau tous les jours? Mais je me moque parfaitement d'Hamlet, qui ne tombe plus sous mes sens, qui reste un rébus, une matière à dissertations, tandis que je me passionne à la vue de Coupeau, que je tiens et sur lequel je puis faire toutes sortes d'expériences intéressantes. Je sais bien que c'est là un point de vue nouveau qui effarouche : détruire le surnaturel et l'irrationnel, proscrire sévèrement toute métaphysique, n'accepter la rhétorique que comme un instrument nécessaire, travailler uniquement sur l'homme physiologique, en ramenant même les phénomènes sensuels et intellectuels au déterminisme expérimental, dans le but hautement moral de se rendre maître de ces phénomènes pour les diriger. Voilà pourquoi la critique courante et moi nous ne nous entendons pas. Nous parlons deux langues différentes. Seulement, si elle a le droit de ne pas me comprendre, elle devrait au moins ne plus m'injurier. Les injures sont de détestables arguments.

Maintenant, je serais très embarrassé, si l'on me demandait quel sera le sort futur de l'*Assommoir*. Je n'ai point caché, le lendemain du succès, qu'il manquait pour moi de cette cohésion et de cette solidité qui font vivre les œuvres. Il n'y a là que quelques morceaux remarquables, d'un accent nouveau, quoi que la critique courante puisse dire, morceaux perdus au milieu de parties mélodramatiques, qui condamnent l'œuvre d'une façon irrémédiable. Pour moi, ce n'est donc qu'un essai, heureux dans ses résultats, mais très incomplet, et dont le succès ne prouve encore rien de bien net. Seulement, qu'on recommence la tentative, qu'on réussisse, et l'on verra si le mélodrame de ces cinquante dernières années est encore possible. La vérité a ceci de décisif, au théâtre comme ailleurs, que chacun de ses pas est un pas gagné sur le mensonge : on ne saurait revenir en arrière, dans la grande lumière qu'elle laisse. L'*Assommoir* peut donc disparaître comme toutes les œuvres incomplètes, il n'en aura pas moins accompli sa tâche. Et il vivra, je crois, longtemps encore, par cette raison, donnée plus haut, qu'il contient au moins deux beaux rôles et que ces rôles tenteront à coup sûr les artistes de demain.

Une de mes curiosités était de lire la critique, après la reprise qu'on a faite du drame, à la cent soixante-quatrième représentation. Ceux qui avaient nié le succès allaient peut-être éprouver un léger embarras. Pas le moins du monde. On met le succès sur le goût malsain du public, ce goût qui devient une pierre de touche infaillible, lorsqu'il semble faire la réussite d'une pièce qu'on a exaltée; et le tour est joué. Ainsi, le critique d'un journal très lu traitait encore l'*Assommoir* de « pièce nauséabonde, dénuée d'art et d'intérêt », et il parlait un peu plus loin de « turpitudes » et de « platitudes ». Eh bien! vraiment, ce critique forçait trop la note; ce n'est pas adroit. Je comprends qu'après avoir traîné la pièce dans la boue et avoir douté qu'elle pût aller à la trentième représentation, cela agace de la voir marcher vers la deux-centième et de se dire qu'elle passionne la province et l'étranger. Seulement, il faut rester dans une note raisonnable et possible. Autrement, on est ridicule.

Veut-on connaître ce qui soutient les hommes sur lesquels la critique s'acharne? C'est justement cette rage qui les poursuit, en dehors de tout bon sens et de toute vérité. Je répète que la critique n'est puissante que lorsqu'elle est juste. Bien souvent, lorsque j'ai eu à juger un écrivain ou une œuvre, j'ai senti cela, je me suis dit que plus j'apporterais de vérité, plus je serais écouté; et tout mon effort a été de comprendre et d'être équitable. Mais comment voulez-vous qu'on s'inquiète de l'injure, de la calomnie, de l'imbécillité? Il est permis au premier venu de ramasser de la boue et d'en salir les plus grands. C'est une besogne commode, qui ne demande ni talent, ni honnêteté. Heureusement, rien n'a moins d'importance. L'erreur croule d'elle-même. Et cela explique le tranquille dédain des hommes qu'on insulte.

ÉMILE ZOLA.

PERSONNAGES

COUPEAU, zingueur..........	MM. Gil-Naza.
LANTIER, ouvrier chapelier....	Delessart.
MES-BOTTES, forgeron.......	Dailly.
GOUJET, forgeron...........	Angelo.
POISSON, ancien soldat.......	Charly.
BIBI LA GRILLADE, maçon....	Mousseau.
BEC-SALÉ, maçon...........	Courtès.
LORILLEUX, batteur d'or.....	Leriche.
BAZOUGE, croque-mort.......	Vollet.
MADINIER, propriétaire.......	C. Théry.
LE PÈRE COLOMBE..........	Ploton.
ADOLPHE, garçon de restaurant..	Aldoff.
CHARLES, garçon de lavoir.....	Lamarque.
ZIDORE, apprenti...........	Henriot.
EUGÈNE, gamin	Courbois (la petite).
GERVAISE, blanchisseuse......	Mmes Hélène Petit.
VIRGINIE, couturière........	Lina Munte.
MADAME GOUJET...........	Schmidt.
MADAME LORILLEUX.......	Derouet.
MADAME BOCHE, portière.....	Clémentine Villa.
NANA (16 ans).............	Louise Magnier.
AUGUSTINE ⎫	Céline Bévalet.
CLÉMENCE ⎬ blanchisseuses.	Fleury.
MADAME PUTOIS ⎭	Maes.
CATHERINE ⎫	Suzanne pic.
JULIETTE ⎬ laveuses....	Stella.
LOUISE ⎭	Darcy.
LA PETITE NANA (6 ans).....	Magnier (la petite).
UNE PETITE FILLE.........	Pauline.

L'ASSOMMOIR

ACTE PREMIER

PREMIER TABLEAU. — L'HOTEL BONCŒUR

Une chambre d'hôtel garni. A gauche, une fenêtre. Au fond, un lit, puis une porte. A droite : premier plan, une cheminée; deuxième plan, une commode. Mobilier en noyer.

SCÈNE PREMIÈRE

GERVAISE, seule.

(Au lever du rideau, elle regarde par la fenêtre, puis elle se retourne.)

GERVAISE.

Non! ce n'est pas encore lui. Où peut-il être? Toute la nuit, je l'ai attendu, sans bouger de cette place... Oh! j'ai la fièvre!... Hier soir, il est parti en me disant qu'il allait chercher du travail. Et il m'a semblé le voir entrer à côté, au bal du *Grand-Balcon*. Derrière lui, j'ai cru apercevoir Virginie, la couturière, marchant à cinq ou six pas, les mains ballantes, comme si elle venait de lui lâcher le bras, pour ne pas passer ensemble devant ma porte... Peut-être aurai-je mal vu. (Elle regarde de nouveau par la fenêtre.) Toujours rien!

SCÈNE II

GERVAISE, MADAME BOCHE

MADAME BOCHE, entrant.

Bonjour, madame Lantier.

GERVAISE, se retournant.

Ah! c'est vous, madame Boche.

MADAME BOCHE.

Vous prenez l'air de bien bonne heure; il fait pourtant un peu frisquet, ce matin... Et monsieur Lantier, est-ce qu'il est déjà sorti?

GERVAISE, embarrassée.

Oui. Il avait un rendez-vous avec un maître chapelier, pour une affaire.

MADAME BOCHE, à part.

C'est bien ce que je croyais! Il n'est pas rentré. (Haut.) Ah! dame! quand on est dans les affaires, on n'est pas maître de son temps. C'est ce que je répète à Boche, qui voulait se lancer dans l'industrie. Je lui dis : « Restons concierges! Nous avons une bonne loge, et les raccommodages nous rapportent assez pour nous offrir des douceurs. » Le seul désagrément, c'est que nous ne pouvons aller ensemble dans le monde : il faut toujours que l'un de nous deux soit en faction... Et c'est moi qui sors. (Voyant Gervaise se remettre à la fenêtre.) Mais que regardez-vous donc comme ça, dans la rue? Est-ce qu'il s'y passe un événement?

GERVAISE.

Non, madame Boche.

L'ASSOMMOIR.

MADAME BOCHE, à part.

Elle guette son mari, bien sûr. (Haut.) C'est ce matin que vous allez au lavoir, n'est-ce pas?

GERVAISE.

Oui, en effet.

MADAME BOCHE.

Moi aussi. Je vous garderai une place à côté de moi, et nous jaboterons un peu.

GERVAISE.

Certainement, avec plaisir, madame Boche.

MADAME BOCHE, voyant Gervaise se remettre à la fenêtre.

Dites donc, ma petite, vous feriez mieux de ne pas rester là, vous prendrez du mal.

SCÈNE III

LES MÊMES, COUPEAU

COUPEAU, passant la tête à travers la porte.

Peut-on entrer?

MADAME BOCHE.

Tiens! c'est monsieur Coupeau, le zingueur.

GERVAISE.

Entrez donc, monsieur Coupeau.

COUPEAU.

Je ne vous dérange pas, ma voisine... En descendant l'escalier, pour me rendre au travail, j'ai vu votre clé sur la porte. Alors, je me suis dit : J'vas souhaiter le bonjour aux voisins, en ami... Hein! ça pique, ce matin!

MADAME BOCHE.

N'est-ce pas? C'est ce que je disais à madame Lantier.

Fermez donc votre fenêtre. (A Coupeau.) Et qu'y a-t-il de nouveau dans le quartier?

COUPEAU.

Ma foi, vous vous adressez bien mal! Je vas dès le matin chez mon patron, j'en reviens le soir, quand ma journée est finie. Puis, après avoir soupé, je me couche, et en voilà jusqu'au lendemain.

GERVAISE.

C'est vrai, monsieur Coupeau. Vous êtes un bon ouvrier, vous! Vous travaillez.

COUPEAU.

Dame! on a des bras, c'est pour s'en servir! L'ouvrage ne me fait pas peur, je n'engendre pas la mélancolie et je n'ai guère le temps de m'ennuyer.

MADAME BOCHE.

C'est comme moi! Mais je m'attarde... A tout à l'heure, madame Lantier... Votre servante, monsieur Coupeau. (Elle sort.)

SCÈNE IV

COUPEAU, GERVAISE

COUPEAU, voyant que Gervaise est triste.

Qu'est-ce que vous avez ce matin, madame Gervaise? Le bourgeois n'est donc pas là?

GERVAISE, sombre.

Non.

COUPEAU.

Il est sorti avant le jour?

GERVAISE.

Oui. (Elle éclate en sanglots.) Ah! je suis bien malheureuse!

COUPEAU.

Voyons, voyons, qu'est-ce qu'il y a?

GERVAISE.

Il y a que Lantier n'est pas rentré hier soir... J'ai passé la nuit à cette fenêtre, à l'attendre et à pleurer.

COUPEAU.

Mon Dieu! faut pas vous désoler!... Vous savez, Lantier s'occupe beaucoup de politique. Peut-être bien qu'il est resté avec des amis, à dire du mal du gouvernement. Ça le distrait... Une femme doit être indulgente pour son mari.

GERVAISE, avec explosion.

Mon mari! Est-ce qu'il oserait se conduire de la sorte, si j'étais sa femme!

COUPEAU.

Comment! vous n'êtes pas...?

GERVAISE.

Écoutez, monsieur Coupeau, je vais tout vous dire. Vous me donnerez peut-être un bon conseil... Non, je ne suis pas sa femme. Mon Dieu! c'est arrivé comme ça arrive toujours... Nous sommes tous deux de Plassans, une ville du Midi. Ah! je n'étais pas bien heureuse, allez! Pour un oui, pour un non, mon père, le vieux Macquart, comme on l'appelait, me flanquait des coups de pied, fallait voir!... Alors, n'est-ce pas? on songe à prendre un peu de bon temps dehors... Je connaissais Lantier depuis mon enfance. C'était le fils d'une voisine. J'avais seize ans, il en avait vingt... Et voilà! et voilà! (Elle pleure.)

COUPEAU.

Lantier ne se conduit pas bien avec vous?

GERVAISE.

Ne m'en parlez pas. Il était gentil pour moi, à Plassans; mais, depuis que nous avons quitté le pays, je ne peux plus en venir à bout... Il faut vous dire que sa mère est morte, l'année dernière, en lui laissant dix-sept cents francs à peu près. Il voulait partir pour Paris. Alors, comme le père Macquart m'envoyait toujours des gifles sans crier gare, j'ai consenti à m'en aller avec lui. Il devait m'établir blanchisseuse et travailler de son état de chapelier... Nous aurions été très heureux... Mais, voyez-vous, Lantier est un ambitieux, un dépensier, un homme qui ne songe qu'à son amusement. Enfin, il ne vaut pas grand'chose.

COUPEAU.

Pauvre madame Gervaise !

GERVAISE.

En arrivant à Paris, nous sommes descendus à l'hôtel Montmartre, et ç'a été des voitures, le théâtre, une montre pour lui, une robe pour moi, car il n'a pas mauvais cœur, quand il a de l'argent; si bien qu'au bout de deux mois, nous étions nettoyés... C'est alors que nous sommes venus habiter ici, boulevard de la Chapelle, à l'hôtel Boncœur, et que mon malheur a commencé.

COUPEAU.

Allons, vous exagérez peut-être.

GERVAISE.

Oh! non! Je vois bien ce qu'il en retourne... Lantier ne m'aime plus.

COUPEAU.

Ne plus vous aimer? vous! une petite femme si gentille, si dévouée!

GERVAISE.

Je suis sûre qu'il en aime une autre. La grande Virginie, peut-être !

COUPEAU.

En voilà des idées! Où pourrait-il trouver une femme qui vous valût?... Voyons, calmez-vous. Je vais à sa recherche et je vous le ramène, quand je devrais faire les quatre coins de Paris.

GERVAISE.

Et votre journée ?

COUPEAU.

On peut bien sacrifier quelques heures pour les amis. Ne vous désolez pas, je vous en prie; vous me faites trop de peine. Ah! si vous saviez... (Il lui prend la main, la regarde, très ému.) A bientôt, madame Gervaise. (Il sort vivement.)

SCÈNE V

GERVAISE, seule.

Quel brave garçon! Si Lantier lui ressemblait... Tâchons d'être calme... Attendons-le, en faisant mon ménage. (Elle essaye de ranger.) Mais où a-t-il passé la nuit? Et cette Virginie qui le suivait, car c'est lui que j'ai vu entrer au *Grand-Balcon!* La tête me tourne... Impossible de travailler. (Pleurant.) Mon Dieu! qu'est-ce que j'ai donc fait pour avoir du chagrin comme ça? (Allant à la fenêtre.) Je crois toujours l'entendre.

SCÈNE VI

GERVAISE, LANTIER

(Gervaise est à la fenêtre. Lantier entre sans qu'elle s'en aperçoive; il lance son chapeau sur la commode, d'un geste de mauvaise humeur. Gervaise se retourne, le voit et se précipite dans ses bras.)

GERVAISE.

Toi! c'est toi!

LANTIER, la repoussant brutalement.

Eh bien! oui, c'est moi! Qu'est-ce que tu as?

GERVAISE.

Ce que j'ai?

LANTIER.

Tu ne vas pas commencer tes bêtises, peut-être!

GERVAISE.

Est-ce raisonnable? Dans quelle inquiétude tu m'as mise! Je n'ai pas fermé l'œil, je croyais qu'il t'était arrivé un malheur... Où es-tu allé? Où as-tu passé la nuit?... Mon Dieu! ne recommence pas, j'en deviendrais folle... Voyons, dis, où es-tu allé?

LANTIER, haussant les épaules.

Où j'avais affaire, parbleu! J'étais à huit heures à la Glacière, chez cet ami qui doit monter une fabrique de chapeaux. Je me suis attardé, et j'ai préféré coucher... Puis, tu sais, je n'aime pas qu'on me moucharde. Fiche-moi la paix!

GERVAISE, pleurant.

Mon Dieu! mon Dieu!

LANTIER, furieux.

Ah! voilà la musique, je m'y attendais! Écoute, si ça continue, je file. Et pour tout de bon, cette fois... Tu ne veux pas te taire! C'est bien, je retourne d'où je viens.

GERVAISE.

Non, non... C'est fini, je ne pleure plus... (Changeant de ton.) J'ai vu, hier soir, madame Fauconnier, la blanchisseuse de la rue Neuve. Elle me prendra demain... Et toi, vas-tu bientôt travailler?

LANTIER, étalé sur le lit.

Travailler, travailler... Je ne demande pas mieux, mais on dirait qu'il ne tient pas à moi, l'ouvrage... Je ne trouve rien.

GERVAISE, s'emportant peu à peu.

Oui, on sait que ça ne t'étouffe pas, l'amour du travail.

Tu crèves d'ambition. Tu voudrais être habillé comme un monsieur et promener des femmes en jupes de soie.

LANTIER, furieux.

Gervaise !

GERVAISE.

Tu ne me trouves plus nippée assez richement, depuis que j'ai mis toutes mes robes au Mont-de-Piété !... Tiens ! Lantier, je ne voulais pas t'en parler, j'aurais attendu encore. Mais je sais où tu as passé la nuit, car je t'ai vu entrer au *Grand-Balcon* avec Virginie. Vrai ! tu les choisis bien ! Elle a raison de prendre des airs de princesse, celle-là ! (Lantier se lève; et, résistant au désir de la battre, il lui saisit les poignets et la secoue violemment. Elle tombe sur une chaise.)

LANTIER.

Gervaise, tu ne sais pas ce que tu viens de faire. Tu verras !

GERVAISE.

Ah ! tu m'as fait du mal ! (Elle pleure silencieusement; puis, après un moment de silence, elle se lève, et met son linge en paquet, sans rien dire.)

LANTIER.

Qu'est-ce que tu fiches ? Où vas-tu ? (Gervaise ne répond pas.) Je te demande où tu vas ?

GERVAISE.

Tu le vois bien, peut-être... Je vais laver tout ça.

LANTIER.

C'est bon... Dis, Gervaise, est-ce que tu as de l'argent ?

GERVAISE.

Où veux-tu que j'en aie volé, de l'argent ? Tu sais qu'on m'a prêté trois francs avant-hier sur ma jupe noire. Nous avons déjeuné deux fois là-dessus. Non, sans doute, je n'ai pas d'argent... Il me reste quatre sous pour le lavoir... Je n'en gagne pas comme certaines femmes, moi !

LANTIER, après avoir regardé partout, décrochant un pantalon et un châle.

Tiens! porte ça au clou.

GERVAISE.

C'est tout ce qu'il nous reste.

LANTIER.

Ne t'inquiète pas. (Voyant qu'elle reste immobile.) On dirait que tu ne sais pas où il est, le clou!

GERVAISE.

Oh! si! J'en ai fait assez souvent le chemin, depuis un mois... C'est à deux pas, dans la maison d'à côté. Je reviens tout de suite... (Doucement.) Tu ne m'as pas embrassée.

LANTIER.

Des bêtises! (Il l'embrasse.) Ne flâne pas.

GERVAISE, à part.

Peut-être me suis-je trompée, après tout. (Elle sort.)

SCÈNE VII

LANTIER, puis COUPEAU

LANTIER, seul.

Allons, allons, il n'y a plus à hésiter, il faut que ça finisse, cette existence-là!... On se met ensemble parce qu'on se convient. Quand on ne se convient plus, on se quitte, et voilà tout. (Il se dirige vers la malle qu'il commence à remplir.)

COUPEAU, entrant vivement.

Madame Gervaise, on m'a dit avoir rencontré... (Apercevant Lantier.) Ah! tu es là!... C'est du gentil! Depuis une heure, je cours après toi.

LANTIER, se retournant.

Après moi. Pourquoi ça?

COUPEAU, le voyant remplir la malle.

Qu'est-ce que tu fais donc?

LANTIER.

Rien... Je range mon linge.

COUPEAU.

Alors, tu as vu ta femme?

LANTIER.

Sans doute, je l'ai vue.

COUPEAU.

Elle était bien triste, bien inquiète.

LANTIER.

Ah! elle t'a conté...

COUPEAU.

Veux-tu que je te dise, Lantier? c'est pas bien à toi de faire de la peine à Gervaise, qui t'aime tant!

LANTIER.

Dis donc, toi! est-ce que tu vas m'ennuyer, avec ta morale? Mêle-toi de ce qui te regarde.

SCÈNE VIII

LES MÊMES, GERVAISE

GERVAISE, entrant sans voir Coupeau.

Voilà tout ce qu'on m'a donné. Quatre francs. Je voulais en avoir cinq. Il n'y a pas eu moyen.

LANTIER, brusquement.

C'est bon! Mets ça sur la cheminée.

COUPEAU, à part.

Ils en sont là !

GERVAISE, apercevant Coupeau.

Ah ! monsieur Coupeau, je ne vous avais pas vu. (A Lantier.) Pendant que je serai au lavoir, tu iras chercher quelque chose pour déjeuner.

LANTIER.

Oui ! oui !

GERVAISE, se dirigeant vers la malle.

Je vais prendre ton linge.

LANTIER.

Non. C'est inutile.

GERVAISE.

Mais il faut pourtant bien...

LANTIER, lui arrachant le linge et le rejetant dans la malle.

Tonnerre ! obéis-moi donc une fois ! Quand je te dis de laisser ça !

COUPEAU, voulant le calmer.

Lantier !

LANTIER.

Il n'y a pas de Lantier ! Il faut qu'elle obéisse !

GERVAISE, inquiète.

Pourquoi ne veux-tu pas que je prenne ton linge comme d'habitude ?

LANTIER, embarrassé.

Pourquoi ? pourquoi ? Tu vas dire partout que tu ne t'occupes que de moi. Eh bien ! ça m'ennuie... Fais tes affaires, je ferai les miennes ! Va-t'en au lavoir.

GERVAISE.

C'est bon. (A part.) Il a de mauvaises idées, bien sûr. (Elle sort en faisant un signe d'adieu à Coupeau.)

SCENE IX

LANTIER, COUPEAU

(A peine Gervaise est-elle partie que Lantier finit de remplir la malle.)

LANTIER.

Enfin! ce n'est pas malheureux!

COUPEAU, surpris.

Qu'est-ce que tu fais donc?

LANTIER.

Ce que je fais? Je déménage!

COUPEAU.

Hein?

LANTIER.

J'en ai assez, de cet enfer. Je reprends ma vie de garçon.

COUPEAU.

Tu abandonnes Gervaise?

LANTIER.

Un peu, mon neveu! Voyons, je n'oublie rien. (Il prend les reconnaissances.) Ça, c'est à moi. (Il s'arrête devant l'argent.) Bah! puisqu'elle doit entrer demain chez sa blanchisseuse... (Il met l'argent dans sa poche, puis regarde par la fenêtre.) Il y a des voitures sur la place. En route! (Il sort la malle sur le carré. A Coupeau.) Tu peux lui remettre sa clef... Tiens! avec bien le bonsoir de ma part!

COUPEAU, le suivant.

Lantier!... Lantier!... Ce n'est pas possible, ce que tu fais là!

LANTIER, gaiement.

Adieu, mon vieux... A un de ces jours! (Il sort).

COUPEAU, seul.

Ah! le mauvais cœur!... Amener du bout de la France une femme qui vous aime, et la lâcher sans un liard sur le pavé de Paris! Des hommes comme ça, la police devrait les ramasser!... Cette pauvre Gervaise, je n'ai pas le cœur de lui annoncer ça moi-même, je pleurerais avec elle! Je vais lui faire porter sa clef... Elle comprendra. (Il sort et ferme la porte.)

(Rideau.)

DEUXIÈME TABLEAU. — LE LAVOIR

Un grand lavoir, à La Chapelle. Vaste hangar, avec de larges baies vitrées. Rangées de baquets, à droite et à gauche.

SCÈNE PREMIÈRE

MADAME BOCHE, MARIA, CATHERINE, LOUISE, JULIETTE, LAVEUSES, puis CHARLES

(Au lever du rideau, grand brouhaha, chants et bruit de battoirs.)

CATHERINE.

Où a passé mon savon?... On m'a encore fait mon savon!

LOUISE.

Donne-moi les cristaux.

MADAME BOCHE, au premier plan, à droite.

Mais où donc est Charles, le garçon du lavoir? (Appelant.) Charles! Charles! (Le voyant arriver.) Enfin, c'est heureux!

CHARLES.

Qu'est-ce que vous voulez, madame Boche?

MADAME BOCHE.
Un seau d'eau chaude, et vivement.

JULIETTE, riant.
Surtout, ne t'avise pas de le boire en route.

CATHERINE.
Oh! ce n'est pas avec de l'eau chaude qu'il se rougit le piton! (Éclats de rire.)

MADAME BOCHE.
Quelle baraque que ce lavoir! Quand on n'a besoin de rien, on est servi tout de suite!

JULIETTE et CATHERINE, chantant.

Pan, pan, pan, Margot au lavoir,
Pan, pan, pan, à coups de battoir,
Pan, pan, pan, va laver son cœur,
Pan, pan, pan, tout noir de douleur!

CHARLES, apportant un seau d'eau chaude à madame Boche.
V'là votre eau... C'est un sou.

MADAME BOCHE, lui donnant un sou.
Tiens! mon garçon... A propos, tu sais que j'ai retenu une place pour une voisine qui va venir... Eh! la voilà!

SCÈNE II

LES MÊMES, GERVAISE

MADAME BOCHE, appelant Gervaise.
Par ici, ma petite!

GERVAISE.
Merci, madame Boche.

MADAME BOCHE.
Mettez-vous là... (Gervaise défait son paquet.) Il est tout petit,

votre paquet! Avant midi, nous aurons expédié ça et nous pourrons aller déjeuner... Vous ne prenez pas un seau d'eau de lessive?

GERVAISE, qui pendant ce temps a trié son linge.

Oh! l'eau chaude suffira! Ça me connaît.

MADAME BOCHE.

Ça vous connaît, hein? Vous étiez blanchisseuse dans votre pays?

GERVAISE, retroussant ses manches et battant son linge.

Oui, oui, blanchisseuse à dix ans. Il y a huit ans de cela. Nous allions à la rivière... Ah! c'était plus joli qu'ici... Il y avait un coin sous les arbres, avec de l'eau claire qui coulait... (Elle cesse de battre.) L'eau est dure à Paris.

MADAME BOCHE.

C'est pas étonnant, par rapport aux tuyaux de plomb. (A part.) Il faut pourtant que je sache... (Haut.) En vous quittant tout à l'heure, j'ai rencontré monsieur Lantier sur le boulevard.

GERVAISE.

Oui, il est rentré... Tiens! j'ai oublié mon bleu.

MADAME BOCHE.

Ne vous dérangez pas. J'en ai à votre service.

GERVAISE.

Merci.

MADAME BOCHE.

Entre nous, je le crois un peu coureur.

GERVAISE, avec émoi.

Lantier! Que voulez-vous dire?

MADAME BOCHE.

Mais je ne sais rien, ou du moins pas grand'chose...

Virginie, vous savez bien la grande Virginie, ma locataire?

GERVAISE, de plus en plus inquiète.

Oui! eh bien?

MADAME BOCHE.

Eh bien! toutes les fois qu'il la rencontre, il plaisante avec elle.

GERVAISE, avec éclat.

Je ne me suis pas trompée, c'est avec Virginie qu'il est allé hier soir au *Grand-Balcon*.

MADAME BOCHE, très allumée.

Au *Grand-Balcon*, vous les avez vus. (A part.) C'est donc ça! (Haut.) Oh! ma petite, vous vous êtes trompée. Il plaisante avec elle, mais ça ne va pas plus loin, ma parole d'honneur!

GERVAISE.

Ah! cette fille!... Si j'étais sûre! si j'étais sûre!

SCÈNE III

LES MÊMES, VIRGINIE

MADAME BOCHE.

Tiens! quand on parle du loup... La voilà, Virginie!... Qu'est-ce qu'elle vient laver ici, avec ses quatre guenilles dans son mouchoir?

GERVAISE, la regardant.

Elle! c'est elle!

VIRGINIE, à Charles.

Avez-vous une place?

CHARLES.

Là-bas, à droite.

JULIETTE.

Par ici, Virginie!

VIRGINIE, allant se placer à gauche, premier plan.

Oui! là, je serai très bien.

MADAME BOCHE, à Gervaise.

En voilà un caprice! Jamais elle ne savonne une paire de manches! Une fameuse fainéante, je vous en réponds! Une couturière qui ne recoud pas seulement ses bottines!

VIRGINIE, apercevant madame Boche.

C'est vous, madame Boche! Ça va bien, ce matin?

MADAME BOCHE.

Comme vous voyez. (Bas à Gervaise qui regarde Virginie fixement.) Ne la regardez donc pas comme ça, vous allez faire un scandale... Quand vous vous dévorerez des yeux toutes les deux! Puisque je vous dis qu'il n'y a rien!

GERVAISE.

Je ne veux pas qu'elle me regarde.

MADAME BOCHE.

Soyez raisonnable... Je vais vous aider à tordre votre linge, et nous partons. (Toutes deux tordent le linge.)

GERVAISE.

Oui, oui, partons vite, ou je ne réponds pas de moi.

SCÈNE IV

LES MÊMES, CHARLES, puis EUGÈNE

CHARLES, entrant.

Madame Lantier!

GERVAISE.

Qu'est-ce qu'il y a?

CHARLES.
C'est un gosse qui vous demande.
GERVAISE.
Que me veut-il?
MADAME BOCHE, voyant entrer Eugène.
Tiens! c'est Eugène, le petit de votre propriétaire, M. Marsoulier.
EUGÈNE.
Bonjour, madame Lantier. Voici ce que M. Coupeau m'a chargé de vous remettre. (Il lui remet une clef.)
GERVAISE, inquiète.
Ma clef?... Pourquoi m'apportes-tu ma clef?
EUGÈNE, d'un air futé.
Dame! je ne sais pas... C'est à vous de savoir.
GERVAISE.
Mon Dieu! qu'est-ce que ça veut dire?
VIRGINIE, riant.
C'est pourtant pas difficile à comprendre!
EUGÈNE, avec un clignement d'yeux.
Monsieur Lantier est parti.
GERVAISE.
Parti!... Mais il va revenir?
EUGÈNE.
Oh! je ne crois pas... Je l'ai vu monter dans un sapin avec sa malle.
GERVAISE.
Parti! C'était donc ça! Ah! mon Dieu! ah! mon Dieu! (Elle sanglote.)
EUGÈNE.
V'là ma commission faite... Je m'sauve. (Il sort en courant.)

SCENE V

LES MÊMES, moins EUGÈNE

MADAME BOCHE, à Gerva

Allons, ma petite, du courage !

GERVAISE.

Si vous saviez... Ce matin, il m'a envoyé porter mon châle... C'était pour payer cette voiture !

VIRGINIE, riant.

Ha ! ha ! (Elle étouffe son rire.)

MADAME BOCHE.

Soyez raisonnable, on vous regarde. Est-il possible de se faire tant de mal pour un homme !... Que nous sommes bêtes, nous autres femmes !

GERVAISE.

Non ! jamais on n'a vu une pareille abomination !

MADAME BOCHE.

Le fait est que c'est une rude canaille ! Une jolie petite femme comme vous ! Car on peut tout vous conter, à présent ?

GERVAISE.

Oui, parlez, parlez !

MADAME BOCHE.

Eh bien ! avec cette Virginie, il y a longtemps que je le sais... Cette nuit, ils sont rentrés ensemble.

GERVAISE, ne pleurant plus, regardant Virginie.

Cette nuit... Et moi, j'attendais à la fenêtre !

VIRGINIE, aux laveuses.

Dame ! après tout, quand on a assez d'une femme, n'est-ce pas ? (Elle rit.)

MADAME BOCHE.

Elle rit, la sans cœur... Je parierais que son savonnage n'est qu'une frime. Elle est venue ici pour lui raconter la tête que vous feriez.

GERVAISE.

C'est bon, merci !... Vous allez voir... (Elle prend un seau d'eau de savon, s'avance vers Virginie et le vide à toute volée.) Tiens ! voilà pour toi !

VIRGINIE, qui s'est reculée et qui n'a pas reçu l'eau.

Eh bien ! qu'est-ce qu'il lui prend, à cette enragée-là ?... Avance un peu, pour voir. Tu sais, il ne faut pas venir nous esbrouffer, ici... Est-ce que je la connais, moi ! Si elle m'avait attrapée, vous auriez vu ça... Qu'elle dise ce que je lui ai fait. Dis ? qu'est-ce qu'on t'a fait ?

GERVAISE, les dents serrées.

Ne causez pas tant. Vous savez bien. On a vu mon mari, hier soir. Et taisez-vous, parce que vous passeriez un mauvais quart d'heure, je vous le jure !

VIRGINIE.

Son mari ! Ah ! elle est forte, celle-là ! Le mari à madame ! Comme si on avait des maris, avec cette dégaine !... Ce n'est pas ma faute, s'il t'a lâchée. Tu peux me fouiller, je ne l'ai pas volé. (Rires des blanchisseuses.)

GERVAISE.

Malheureuse !

VIRGINIE.

Alors, t'as perdu ton homme. Avait-il son collier, au moins ? Qui est-ce qui a trouvé le mari à madame ? Il y aura une récompense honnête. (Les rires redoublent.)

GERVAISE.

Vous savez bien ! vous savez bien ! je vous étranglerai !

VIRGINIE, carrément.

Eh bien, oui ! je te l'ai pris ! Es-tu contente ?... Nous nous adorons tous les deux... Et il t'a lâchée. Il en avait assez de toi !

GERVAISE, s'emparant d'un petit baquet et lui en jetant le contenu.

Saleté !

VIRGINIE.

Elle m'a perdu ma robe ! Attends, attends... (Elle lui jette l'eau de son baquet.) Tu l'as reçu, celui-là... Rince-toi les dents avec ! (Les laveuses les séparent et les retiennent.)

JULIETTE.

Elles sont rien drôles !

LOUISE.

Elle a raison, la blonde, si on lui a pris son homme.

MADAME BOCHE, qui s'est retirée prudemment.

J'ai les sangs tournés... Charles ! Charles !

CHARLES, qui regarde.

Oh ! c'est-il farce ! c'est-il farce !

MADAME BOCHE.

Comment ! vous êtes là ? Allez donc chercher les sergents de ville !

CHARLES.

Non ! non ! Ça compromettrait la maison.

GERVAISE, échappant aux laveuses qui la tiennent.

Laissez-moi, laissez-moi lui faire son affaire !

VIRGINIE, prenant son battoir.

Ah ! madame veut la grande lessive.

GERVAISE.

Ne ris pas, il faut que l'une de nous deux y reste. (Prenant son battoir.) Ah ! gueuse, je te marquerai pour le restant de tes jours... Tiens ! (Les laveuses forment un groupe autour des deux combattantes. Charles, monté sur une chaise, rit aux éclats.)

LES LAVEUSES.

Elles vont se tuer, séparez-les.

VIRGINIE, poussant un cri.

Ah !

GERVAISE, sortant du groupe.

Elle a son compte. (Le groupe s'ouvre. Virginie se retire à droite, toute honteuse.)

MADAME BOCHE, à Gervaise.

Mon Dieu ! quelle tuerie ! Partez vite, maintenant... Voulez-vous que je vous aide ? (Elle lui jette son linge mouillé sur l'épaule.)

GERVAISE.

Merci.

LOUISE.

Une rude femme, tout de même, la blonde !

LES LAVEUSES, applaudissant.

Bravo ! bravo !

GERVAISE, revenant sur Virginie.

Et ne crâne pas ou je recommence. (Elle sort lentement.)

LES LAVEUSES.

Bravo ! bravo !

VIRGINIE, seule, à l'avant-scène.

Qu'elle se souvienne d'aujourd'hui. Jamais je n'oublierai, moi... Et je me vengerai, quand je devrais y mettre toute ma vie ! (Montrant le poing.) Tu viens de faire ton malheur.

TOUTES LES FEMMES.

Bravo ! bravo !

(Gervaise est sur une marche de l'escalier, au fond. Elle se retourne une dernière fois pour lancer un regard de défi à Virginie.)

(Rideau.)

ACTE DEUXIÈME

TROISIÈME TABLEAU. — LA BARRIÈRE POISSONNIÈRE

La rue des Poissonniers, au coin du boulevard Rochechouart. A gauche, l'Assommoir du père Colombe. A droite, la barrière. Douaniers à la grille.

SCÈNE PREMIÈRE

BIBI et BEC-SALÉ, OUVRIERS

(Au lever du rideau, la scène est vide. Il fait petit jour. Des boutiques viennent d'ouvrir, éclairées par les reflets rougeâtres du gaz. Un garçon pose devant l'Assommoir deux tables et quatre chaises en fer. Un maçon paraît à gauche et traverse le théâtre, en soufflant dans ses doigts. Il a un demi-pain sous le bras. Puis, on en voit plusieurs. Peu à peu, des ouvriers descendent à leur travail, des serruriers ayant des bourgerons bleus, des peintres avec des paletots sous lesquels passent des blouses blanches. Un ouvrier s'arrête, allume sa pipe et s'en va. Le jour a augmenté, les lumières des boutiques se sont éteintes. Bibi la Grillade et Bec-Salé entrent au milieu du flot des ouvriers, qui devient plus rare.)

BIBI.

Voyons, Bec-Salé... Marche donc un peu, nous arriverons en retard au chantier.

BEC-SALÉ.

T'es bon, toi, Bibi. T'es pas esquinté... Moi, j'en peux plus.

BIBI.

Quoi qu't'as ?

BEC-SALÉ.

J'sais pas. J'crois que c'est nerveux.

BIBI.

Nerveux! On t'en fichera des nerfs! Avoue donc que t'as la flemme.

BEC-SALÉ.

Peut-être bien... Et toi?

BIBI.

J'suis pas en train non plus.

BEC-SALÉ.

Faut que je déniche Mes-Bottes... Nous le verrons sans doute arriver tout à l'heure à l'Assommoir.

BIBI.

Probable... Ah! c'est un rude lapin, Mes-Bottes! Le roi des Loupeurs, on peut dire. Et bon zig!

BEC-SALÉ.

Entrons-nous l'attendre?

BIBI.

Quoi que tu payes?

BEC-SALÉ.

Ah! pour ça, flûte! Les toiles se touchent, mon vieux. (Il montre ses poches.)

SCÈNE II

LES MÊMES, COUPEAU, qui guette au fond de la scène.

BIBI.

Tiens! v'là Coupeau!... Si nous l'invitions?

BEC-SALÉ.

Et de la braise?

BIBI.

T'es bête!... Si nous l'invitions... à nous offrir qué'que chose!

BEC-SALÉ.

Farceur, va! Il n'y a pas de danger qu'il offre une tournée, ce fainéant-là... Et c'est électeur!

BIBI.

Mais qu'est-ce qu'il fait donc, à poser comme ça?

BEC-SALÉ.

T'as donc pas remarqué, depuis quinze jours?... Il vient guetter sa particulière.

BIBI.

Allons donc!

BEC-SALÉ.

Tiens, à preuve!

SCÈNE III

LES MÊMES, GERVAISE

GERVAISE, entrant et marchant vivement.

Sept heures... Madame Fauconnier va me gronder, bien sûr.

COUPEAU, l'appelant.

Madame Gervaise! madame Gervaise!

GERVAISE, se retournant.

Ah! c'est vous, monsieur Coupeau.

COUPEAU.

J'ai à vous parler.

GERVAISE.

Non, non, je suis en retard. Tout à l'heure, si vous

voulez... Je reviendrai par ici, en allant porter le linge aux pratiques.

COUPEAU, la suivant.

Madame Gervaise, je vous en prie... (Il disparaît derrière elle.)

SCÈNE IV

BIBI, BEC-SALÉ

BIBI.

C'est l'ancienne à Lantier, cette blonde-là?

BEC-SALÉ.

Parfaitement... Dis donc, tu sais, à propos de Lantier? il a rompu avec Virginie. Oh! une histoire d'un farce!... Il lui a conseillé d'épouser un cadet du nom de Poisson, qui lui faisait la cour.

BIBI.

Je l'connais, l'oisson. Un ancien soldat qui veut entrer dans les sergents de ville?

BEC-SALÉ.

Juste!

BIBI.

Drôle de goût.

BEC-SALÉ.

Ah! ça ne traîne pas, les femmes, avec ce joli cœur de Lantier. V'là Coupeau qui va hériter de la blonde, et v'là Poisson qui prend la brune. Lui, reste garçon pour se goberger dans les ménages.

BIBI.

En attendant, nous crevons de soif.

BEC-SALÉ.

Et pas un rond!

BIBI.

Entrons tout de même chez le père Colombe.

BEC-SALÉ.

Faut tâcher de l'attendrir... Si je lui demandais de nous ouvrir un crédit?

BIBI.

T'as seulement pas de quoi payer l'ardoise.

BEC-SALÉ.

Et ma signature?

BIBI.

Tiens, c'est un plan! Nous lui proposerons de faire un billet. (Ils entrent à l'Assommoir.)

(Un nouveau flot de foule traverse le théâtre. Ce sont surtout des ouvrières. Elles vont par bandes de deux et de trois. Puis, on voit passer des employés mangeant un petit pain, marchant vite.)

SCÈNE V

OUVRIERS et OUVRIÈRES, COUPEAU, puis MES-BOTTES

COUPEAU, entrant.

Elle m'a promis de revenir... Il faut absolument que je lui parle. Ça ne peut plus durer comme ça... Je l'aime trop.

MES-BOTTES, chantant, un peu allumé.

> Le soleil d'automne
> Dore nos coteaux.
> Allons, ma mignonne,
> Ouvre tes rideaux.

COUPEAU, à part, ennuyé.

Bon! voilà Mes-Bottes!

MES-BOTTES.

Tiens! cet aristo de Cadet-Cassis! Un monsieur qui fume du papier et qui a du linge!... Tu veux donc épater ta connaissance!

COUPEAU.

Ah! tu sais... Laisse-moi tranquille!

MES-BOTTES.

Ne nous fâchons pas... Viens, je paye une tournée.

COUPEAU.

Non, je vais au chantier.

MES-BOTTES.

Merci! excusez! plus que ça de genre!... Ah bien! moi, s'ils me veulent à la baraque aujourd'hui, le contre-maître peut venir me chercher... Entre donc, je paye une tournée.

COUPEAU.

Non!

MES-BOTTES.

En v'là un serin!... Malheur! ça se croit bon ouvrier et ça tremble devant un verre de cric! (Gervaise paraît, un grand panier de blanchisseuse au bras.

COUPEAU, à part.

Gervaise!

MES-BOTTES.

Au revoir, Cadet-Cassis... C'est égal, c'est pas chouette de refuser à un ami. (Il aperçoit Gervaise.) Ah! bon!... Ah! bien! (Il se dirige vers l'Assommoir en chantant.)

> Ce nid, ce doux mystère,
> Que vous guettez d'en bas,
> C'est l'espoir du printemps,
> C'est l'amour d'une mère...

(A Gervaise.) Bonjour, madame. (Reprenant le chant.)
> Enfants, n'y touchez pas!

(Il entre à l'Assommoir.)

SCÈNE VI

GERVAISE, COUPEAU

COUPEAU, à part.

Enfin!... (Haut.) C'est Mes-Bottes, un camarade. Faut l'excuser, il lève un peu le coude.

GERVAISE, souriant.

Vous vous appelez donc Cadet-Cassis, monsieur Coupeau?

COUPEAU.

Oh! un surnom qu'on m'a donné, parce que je prends généralement du cassis, quand les amis m'emmènent de force chez le marchand de vin... Autant s'appeler Cadet-Cassis que Mes-Bottes, n'est-ce pas?

GERVAISE.

Bien sûr. Ce n'est pas vilain, Cadet-Cassis... (A ce moment, on entend chanter bruyamment dans l'Assommoir. Elle se retourne.) Ça me fait peur, ces endroits-là! J'ai un petit frisson, quand je passe devant. Un homme qui boit est capable de tout.

COUPEAU.

Je ne bois jamais, madame Gervaise, vous le savez bien.

GERVAISE.

Si vous buviez, je ne vous parlerais pas.

COUPEAU.

Oh! il n'y a pas de danger. Les camarades ont beau me plaisanter... Voyez-vous, le père Coupeau, qui faisait le même métier que moi, s'est cassé la tête en tombant d'une gouttière, un jour de ribote; et ce souvenir-là, dans notre famille, nous rend tous sages... Je ne comprends pas comment on peut avaler de pleins verres d'eau-de-vie.

GERVAISE.

L'eau-de-vie, c'est le malheur du pauvre monde. J'en ai connu des femmes qui pleuraient!

COUPEAU, très galant.

Moi, je ne vous ferais pas pleurer!

GERVAISE, souriant.

Sans doute, vous êtes gai comme un pinson.

COUPEAU.

Oh! vous m'entendez bien.

GERVAISE.

Quoi donc?

COUPEAU.

Si vous vouliez? (Il cherche à lui prendre la taille.)

GERVAISE.

Comment! vous en êtes encore à cette chanson-là?

COUPEAU.

Mais toujours, madame Gervaise.

GERVAISE, gaiement.

Voyons, vous n'allez pas recommencer vos bêtises. Je vous ai dit non.

COUPEAU.

Quand les femmes disent non, ça veut quelquefois dire oui.

GERVAISE.

Soyez raisonnable ou je me fâche... Je suis toute seule, moi, dans la vie. Il faut que je pense aux choses sérieuses. Mon malheur a été une fière leçon. Je ne veux pas recommencer.

COUPEAU, toujours entreprenant.

On peut bien rire... Nous serions si gentils tous les deux ensemble! On rirait.

GERVAISE.

Justement, je ne veux plus rire comme ça. J'ai du travail, je n'ai besoin de personne.... Oh! je ne dis pas, ça aurait pu arriver. Vous êtes un bon garçon, vous n'engendrez point la tristesse... Seulement, ça ne me plaît pas. J'aime mieux rester comme je suis, gagner mon pain et le manger tranquillement.

COUPEAU, anxieux.

Alors, non?

GERVAISE.

Non, bien sûr.

COUPEAU.

Jamais?

GERVAISE, riant et voulant s'en aller.

La semaine des quatre jeudis.

COUPEAU, l'arrêtant.

Madame Gervaise, je vous en supplie... Attendez un petit moment, vous me faites de la peine, beaucoup de peine... Vous voyez, ça m'étouffe, ça me retourne.

GERVAISE, touchée.

C'est ce que je vois. Mais, que voulez-vous? ce n'est pas possible.

COUPEAU.

Je vous aime, je vous aime à ne plus pouvoir travailler. Les outils me tombent des mains. Je reste là, sur les toits, à regarder au loin les cheminées qui fument. Ça ne peut pas continuer, je tomberais malade.

GERVAISE.

Calmez-vous, monsieur Coupeau... Si l'on vous voyait gesticuler!

COUPEAU.

Ne vous en allez pas. J'ai quelque chose à vous dire... Tenez! asseyons-nous là un instant. (Il montre le devant de l'Assommoir.) Nous prendrons quelque chose, ce que vous voudrez... Une prune?

GERVAISE.

Allons, je veux bien, c'est pour ne pas vous fâcher. (Ils s'assoient devant l'Assommoir.)

COUPEAU.

Garçon! (Le garçon paraît.) Deux prunes. (Le garçon rentre. — Coupeau pousse un grand soupir.)

GERVAISE.

Ah! mon Dieu! qu'est-ce que vous avez?

COUPEAU.

Madame Gervaise, j'ai quelque chose là. Et ça me pèse trop lourd.

GERVAISE.

C'est donc sérieux? (Le garçon revient avec les deux prunes. Coupeau le paye.)

COUPEAU, d'une voix basse, profonde.

Madame Gervaise, nous allons nous marier ensemble.

GERVAISE, stupéfaite.

Nous marier!

COUPEAU.

Oui, je le veux.

GERVAISE.

Oh! monsieur Coupeau, qu'est-ce que vous allez chercher là? Jamais je ne vous ai demandé de m'épouser, vous le savez bien... Ça ne me convenait pas, voilà tout.

COUPEAU.

Je le veux.

GERVAISE.

Non, ça devient grave. Réfléchissez maintenant, je vous en prie.

COUPEAU.

C'est tout réfléchi... Dites oui, et je ne vous tourmenterai plus.

GERVAISE.

Bien sûr, je ne dirai pas oui, comme ça. Je ne tiens pas à ce que, plus tard, vous m'accusiez de vous avoir poussé à faire une sottise. (Baissant les yeux.) Vous savez bien que...

COUPEAU, vivement, avec passion.

Je sais que, nulle part, je ne trouverai une femme meilleure, remplie de plus de qualités, ni plus jolie... D'un mot, vous pouvez faire mon bonheur ou mon malheur... Dites oui.

GERVAISE, ébranlée.

Je vous assure que nous nous repentirions peut-être... Vous avez une famille.

COUPEAU.

Je n'ai pas de compte à rendre à ma sœur ni à mon beau-frère, les Lorilleux. Ils seront vexés parce que je les quitterai, mais il faut bien que je me marie un jour... Vous alliez dire oui... Oh! ne vous en défendez pas!

GERVAISE.

Si j'étais sûre! (A ce moment, arrive Gouget qui voit Coupeau et lui tape sur l'épaule.)

SCÈNE VII

LES MÊMES, GOUJET

COUPEAU, se retournant.

Tiens! Gueule d'Or!

GOUGET, après avoir salué Gervaise.

Dis donc, tu n'as pas vu mes hommes par ici. Le travail presse à la forge et tous font le lundi.

COUPEAU, montrant l'Assommoir.

J'ai vu Mes-Bottes, il est entré là.

GOUGET.

C'est donc toujours là qu'il faut venir les chercher!
(Il entre à l'Assommoir.)

SCÈNE VIII

COUPEAU, GERVAISE

GERVAISE.

Gueule-d'Or, c'est encore un surnom, n'est-ce pas?

COUPEAU.

Oui, à cause de sa belle barbe jaune. Il s'appelle Gouget. Un garçon solide! et honnête, et rangé! qui vit avec sa mère, une vraie femme aussi, celle-là!... Vous vous en allez?

GERVAISE, qui s'est levée.

Sans doute, je m'en vais, j'ai mangé ma prune...
(Voyant Coupeau qui boit le jus qu'elle a laissé.) Comment! vous finissez mon verre?

COUPEAU.

Maintenant, c'est fait, je sais ce que vous pensez.

GERVAISE.

Oh! ce que je pense, je veux bien vous le dire... Mon idéal, voyez-vous, ce serait de travailler tranquille, d'être sûre d'avoir toujours du pain, une chambre un peu propre, un lit, une table et deux chaises... Pas davantage!

COUPEAU.

Mais nous aurons tout ça.

GERVAISE.

Il y a encore un idéal... Ce serait de ne pas être battue.

COUPEAU.

Madame Gervaise, jamais je ne vous battrai, moi!

GERVAISE.

Voilà tout ce que je voudrais. Alors, la vie serait heureuse.

COUPEAU.

Eh bien! dites oui, et la vie sera heureuse.

SCÈNE IX

LES MÊMES, GOUGET, MES-BOTTES, BIBI, BEC-SALÉ, OUVRIERS, FEMMES DU PEUPLE

(Pendant cette scène des ouvrières, des ouvriers, des employés passent de nouveau. A mesure que Gouget parle, ils s'amassent autour de lui, ils finissent par former une foule.)

GOUGET, sortant de l'Assommoir et poussant Mes-Bottes devant lui.

Allons, file à la forge!... L'ouvrage presse.

MES-BOTTES, se révoltant.

Eh! dis donc, ne pousse pas... J'irai si je veux. (Geste de Gouget.) Doucement! on y va.

BEC-SALÉ, à Mes-Bottes.

Comment! tu nous lâches?

BIBI.

Tu n'as pas plus de cœur que ça?

GOUGET, à Bibi et à Bec-Salé.

Taisez-vous, vous autres!... Vous n'avez pas honte, tas de propres à rien!

BIBI.

Des gros mots! Qu'est-ce qu'il dit, celui-là?

GOUGET.

Je dis... Je dis que vous êtes des fainéants et des pas grand'chose, de passer vos journées chez le marchand de vin, lorsque l'ouvrage vous attend au chantier. (A Mes-Bottes.) Toi, je ne te quitte pas.

BEC-SALÉ, ironique.

Ah! monsieur prend les intérêts des patrons, monsieur est avec les exploiteurs.

BIBI.

Des patrons, n'en faut plus! (Des ouvriers se sont approchés et forment le cercle autour de Gouget.)

VOIX DIVERSES.

Non, non, n'en faut plus! Très bien!

UNE FEMME à un ouvrier.

Qu'y a-t-il?

L'OUVRIER.

C'est celui-là qui attaque les ouvriers.

BEC-SALÉ, se dandinant devant Gouget.

Y en a qui s'engraissent de la sueur du peuple.

BIBI.

Et le peuple, c'est nous!

PLUSIEURS VOIX.

Oui, oui, c'est nous!

GOUGET, avec éclat.

Vous, le peuple?... Vous qui vous levez le matin encore étourdis de l'ivresse de la veille, qui vous traînez de comptoir en comptoir, laissant un peu de votre raison au fond de tous les verres, qui n'avez plus la force de tenir un outil dans vos mains tremblantes, qui le soir tombez au coin des bornes pour recommencer la même vie honteuse le lendemain... Vous, le peuple? Allons donc!

BEC-SALÉ.

A-t-il fini d'insulter le monde?

UN OUVRIER.

Non, qu'il parle!

GOUGET.

Entendez-moi, c'est le vrai peuple que je défends! Est-ce qu'ils sont du peuple, les misérables qui laissent crever de faim dans une mansarde toute la nichée, la mère et les petits? Est-ce qu'ils sont du peuple, les ivrognes qui roulent peu à peu au ruisseau, sales, déguenillés, fous de boisson et de misère? (Montrant l'Assommoir.) Tenez! votre malheur vient de là. Un jour, vous entrez. Un petit verre, c'est sans conséquence. Puis, l'eau-de-vie vous prend aux entrailles, les petits verres se suivent, et vous finissez par boire le vitriol dans les grands. Alors, vous êtes perdus. Il n'y a plus de bon Dieu, il n'y a plus de femmes, plus d'enfants, plus de travail, plus rien! Vous devenez des brutes, pire que des chiens enragés! (Mouvements des ouvriers.) Allons donc! ne dites pas que vous êtes le peuple, voyez-vous, parce c'est un mensonge et un blasphème! Vous êtes la honte du peuple. C'est vous qui le salissez, c'est à cause de vous qu'on le méconnaît et qu'on le soupçonne... Fermez ces fabriques de poison ! Cessez de boire, malheureux, et travaillez ! Le peuple sera grand !

TOUS.

Bravo ! bravo !

GERVAISE.

Ah ! le brave garçon ! Vous l'avez entendu, monsieur Coupeau... Ne buvez jamais.

COUPEAU.

Il n'y a pas de danger, je vous aime trop.

GERVAISE.

Eh bien ! alors...

COUPEAU.

Eh bien ?

GERVAISE.

Je dis oui !

COUPEAU, l'embrassant.

Ah ! Gervaise, ma femme !

GERVAISE.

Et que le bon Dieu nous pardonne, si nous faisons une folie !

GOUGET, à Mes-Bottes.

Allons ! à l'atelier !... Laissez-nous passer, vous autres !

MES-BOTTES.

Laissez-nous passer, vous autres !

LA FOULE.

Bravo ! le forgeron ! Bravo, Gueule-d'Or ! (Acclamations de la foule.)

(Rideau.)

QUATRIÈME TABLEAU. — LE MOULIN D'ARGENT

Un grand jardin de restaurant. Bosquets à gauche et au fond. A droite le restaurant vu de biais.

SCÈNE PREMIÈRE

LANTIER, ADOLPHE, GARÇONS DE RESTAURANT

(Au lever du rideau, Adolphe donne des ordres à des garçons qui placent des tables dans les bosquets. Lantier, assis devant une table, à droite, lit un journal en buvant un verre d'absinthe.)

ADOLPHE, aux garçons.

Allons, allons, mes enfants! Dépêchez-vous un peu! Voici l'heure où les clients vont arriver. (A Lantier.) Faut-il mettre votre couvert dans un bosquet, monsieur?

LANTIER.

Oui, dans un bosquet.

ADOLPHE.

Désirez-vous dîner tout de suite?

LANTIER.

Tout de suite.

ADOLPHE, criant.

Un couvert, bosquet 8. (A Lantier.) Au fond, monsieur.

LANTIER.

Merci. (Il se lève et sort. On entend sonner.)

VOIX, dans le restaurant.

Garçon! garçon!

ADOLPHE.

Voilà! voilà! (Aux garçons.) Allons, mes enfants, un peu d'activité! (Les garçons sortent.)

SCENE II

ADOLPHE, GOUGET, MADAME GOUGET

MADAME GOUGET,
Où me conduis-tu donc, mon enfant?

GOUGET.
Au *Moulin d'Argent,* le meilleur restaurant de La Chapelle.

ADOLPHE, désignant un bosquet, à gauche.
Vous faites bien d'arriver de bonne heure... Le 4 est libre.

MADAME GOUGET, à Adolphe.
Vous attendez beaucoup de monde?

ADOLPHE.
Oui... C'est aujourd'hui samedi. Nous avons deux noces. L'une est déjà installée dans un salon en haut, et l'autre ne peut tarder. C'est à en perdre la tête. (A un garçon.) Deux couverts au bosquet 4, et vivement! (Il sort.)

SCÈNE III

GOUGET, MADAME GOUGET

MADAME GOUGET.
Nous aurions mieux fait de dîner à la maison.

GOUGET.
Pour que tu aies tout le mal, n'est-ce pas? Je veux que tu te reposes aujourd'hui. La semaine a été rude, nous avons travaillé ferme tous les jours. Que diable! il faut bien prendre un peu de plaisir.

MADAME GOUGET.

Nous sommes si tranquilles, chez nous, dans notre petit ménage!

GOUGET.

Non, non... Je me suis dit : Il fait beau aujourd'hui, je vais conduire maman Gouget au restaurant, et après diner nous irons au théâtre.

MADAME GOUGET.

Comme tu me gâtes!

GOUGET.

Jamais autant que tu m'as gâté, chère mère.

MADAME GOUGET.

Que tu es bon! Ah! le ciel m'a bien récompensée en toi de tout ce que j'ai souffert dans le temps!

GOUGET, vivement.

Ne parlons jamais de ça. J'ai des bras solides, je gagne assez pour faire des économies qui me permettront peut-être de devenir patron à mon tour... Qu'est-ce que nous pouvons désirer de plus?

MADAME GOUGET.

Moi, je désire quelque chose : te trouver une femme digne de toi.

GOUGET, souriant.

Toujours ton idée.

MADAME GOUGET.

Je serais si contente!

GOUGET.

Ça arrivera un jour ou l'autre. Mais rien ne presse... Voyons, que veux-tu manger? Un pigeon aux petits pois, avec beaucoup de lard?

MADAME GOUGET, riant.

Oh! si tu me prends par mon faible! (Ils se dirigent vers le fond et disparaissent dans les bosquets.)

SCÈNE IV

MES-BOTTES, BIBI LA GRILLADE, suivis d'ADOLPHE

MES-BOTTES, entrant avec Bibi, endimanchés tous deux.

Quelle gueuse de chaleur!

ADOLPHE.

Que demandent ces messieurs?

MES-BOTTES.

Nous sommes de la noce à M. Coupeau.

ADOLPHE.

Ah! très bien! (Il va pour sortir.)

MES-BOTTES.

A quelle heure qu'on mange?

ADOLPHE.

A six heures, monsieur.

MES-BOTTES.

Encore une demi-heure. Jamais je n'attendrai jusque-là... Servez-moi un pain et un brie, pour m'amuser.

BIBI.

Avec deux litres, chacun le nôtre.

ADOLPHE.

A l'instant, messieurs. (Il sort.)

MES-BOTTES.

Cristi! qu'il fait soif!

BIBI.

La pépie, quoi!

MES-BOTTES.

C'est-à-dire que tout à l'heure, en venant, j'ai manqué m'arrêter devant une fontaine.

BIBI.

Heureusement que j'étais là! Si l'on t'avait vu! (Adolphe apporte deux litres, du fromage et une portion de pain.)

MES-BOTTES, regardant le pain.

Garçon!... Qu'est-ce que c'est que ça, garçon?

ADOLPHE.

C'est un pain.

MES-BOTTES.

Ça, un pain... Ah, ça! garçon, est-ce que tu me prends pour un Anglais? Va me chercher un pain, un pain tout entier, tu entends!

ADOLPHE.

Bien, monsieur! (Il sort.)

MES-BOTTES, s'asseyant.

Ça la lui coupe, à ce paroissien!

BIBI, versant à boire.

A ta santé, ma vieille.

MES-BOTTES, trinquant.

A la tienne... Il n'est pas mauvais, ce petit bleu.

BIBI.

Tu ne la détestes pas, cette couleur-là, hein?

MES-BOTTES.

C'est-à-dire que je finis par croire qu'à ma naissance maman m'a voué au bleu! (Le garçon apporte un pain énorme.)

BIBI.

Avec une baguette comme celle-là, on a de quoi bourrer son fusil.

SCÈNE V

LES MÊMES, BEC-SALÉ

BEC-SALÉ, sortant du restaurant.
Garçon, vous nous oubliez, là-haut?

ADOLPHE.
Tout à l'heure, monsieur, tout à l'heure!

MES-BOTTES.
Tiens! Bec-Salé!

BEC-SALÉ, avec étonnement.
Mes-Bottes! Bibi la Grillade!... En voilà une rencontre!

BIBI.
Qu'est-ce que tu fais donc ici?

BEC-SALÉ.
Je suis de la noce à Poisson.

MES-BOTTES.
Ah! elle est bien bonne! C'est donc pour ça que tu m'as emprunté mon pantalon... Nous sommes de la noce à Coupeau, nous autres.

SCÈNE VI

LES MÊMES, VIRGINIE

BEC-SALÉ, riant.
Alors, c'est complet: les deux noces, le même jour, au même endroit... Chut! voilà ma mariée. Elle ne sait rien, c'est trop farce!

VIRGINIE, du fond, en mariée, avec un bouquet blanc.

Eh bien! on ne sert pas?

BIBI, stupéfait.

Ah! mince! (A Mes-Bottes.) Pige-moi la fleur d'oranger.

MES-BOTTES, regardant Virginie.

Faut croire qu'elle n'est pas chère cette année!

BEC-SALÉ.

Dites donc, madame Poisson, vous allez voir une amie, madame Gervaise.

VIRGINIE, tressaillant.

Ah!

BEC-SALÉ.

Elle épouse Coupeau. Ils font la noce ici.

VIRGINIE.

Ici!

MES-BOTTES, à Bec-Salé, bas.

C'est drôle comme ça lui fait plaisir.

BEC-SALÉ, bas.

Elles vont se prendre au chignon. (A Virginie, montrant ses deux camarades.) Voilà deux invités à Coupeau que je vous présente.

VIRGINIE, saluant.

Messieurs...

BIBI.

Nous autres, nous avons rudement rigolé.

BEC-SALÉ.

Nous, nous sommes enfermés là-haut depuis midi... Nous jouons aux cartes.

VIRGINIE.

C'est la faute au soleil, il fait trop chaud.

MES-BOTTES.

Nous, nous sommes allés au Musée.

VIRGINIE.

Au Musée? Où est-ce?

MES-BOTTES.

Aux Tuileries, ou du moins dans la maison d'à côté. Ça se touche.

VIRGINIE.

Vous plaisantez.

MES-BOTTES.

Pas du tout... Nous étions douze, et des gens très comme il faut : M. Madinier le propriétaire, M. Lorilleux qui fait des chaînes en or, madame Lorilleux, madame Boche, mademoiselle Rémanjou...

BIBI.

Tout le tremblement, quoi!

MES-BOTTES.

Et nous en avons vu, au Louvre, des curiosités, oh! des curiosités!... Il y a d'abord un parquet! on ferait sa raie dedans! Puis, des tableaux et encore des tableaux. Si l'on avait seulement l'argent des cadres!... Faut voir ça!

BEC-SALÉ.

Cristi! si vous m'aviez prévenu!

VIRGINIE, dédaigneusement.

Laissez donc, des histoires!

BEC-SALÉ, aux deux autres, à demi-voix.

Elle rage, parce qu'elle n'a pas quatre chats à sa noce, et qu'on s'embête là-haut à avaler sa langue.

VIRGINIE, raillant.

Et ils sont restés à dîner aux Tuileries, vos camarades?

MES-BOTTES.

Non, ils sont dans la Colonne. Une idée qu'ils ont eue comme ça, de monter voir Paris... Nous les avons lâchés, parce que la Colonne, ça n'est pas dans nos opinions.

BIBI.

Dis donc, tout de même, si nous allions à leur rencontre.

MES-BOTTES.

Je veux bien.

BEC-SALÉ.

Je vais avec vous... Je reviens tout de suite, madame Poisson.

SCÈNE VII

VIRGINIE, puis LANTIER

VIRGINIE, seule.

Je rencontrerai donc toujours cette femme. (Lantier, qui est sorti d'un bosquet, s'est lentement approché d'elle et lui pose la main sur l'épaule.) Vous! Qu'est-ce que vous venez faire ici?

LANTIER.

Je viens de dîner là.

VIRGINIE.

Mais vous ne savez donc pas...?

LANTIER, raillant.

Je sais qu'il y a deux noces au *Moulin d'Argent*, ce soir. Je suis curieux, moi... Il est bien permis de dîner au restaurant.

VIRGINIE.

C'est pour Gervaise que vous venez?

8.

LANTIER.

En voilà une idée, par exemple! Puisque je n'ai plus voulu d'elle.

VIRGINIE.

Il y a des femmes dont on ne veut plus, et que l'on aime ensuite, quand on les voit avec un autre.

LANTIER.

Vous la détestez donc bien?

VIRGINIE.

Oh! oui, je la déteste!... Écoutez, Lantier, dites-moi que vous ne l'aimez pas.

LANTIER.

Parce que?

VIRGINIE, avec rage.

Parce que je ne veux pas qu'on l'aime.

LANTIER, souriant.

Ça, c'est gentil!... Soyez tranquille! si Gervaise n'est pas raisonnable, nous travaillerons à son bonheur, tous les deux.

VIRGINIE.

Vous ne l'aimez pas?

LANTIER, raillant.

Curieuse... Au revoir, ma belle.

VIRGINIE.

Vous partez?

LANTIER.

Non, je me promène. Il est bien permis de se promener... Au revoir, et tous mes souhaits de prospérité, ma chère. (Il disparait.)

VIRGINIE, seule.

Il l'aime toujours, je le vois bien... Ah! cette Gervaise!.. Si nous allions nous rencontrer! Que faire? (Elle rentre dans le restaurant.)

SCÈNE VIII

MES-BOTTES, BIBI, BEC-SALÉ, puis BAZOUGE et ADOLPHE

BIBI.

Ils n'arrivent toujours pas.

BEC-SALÉ.

C'est à n'y rien comprendre.

MES-BOTTES.

Est-ce qu'on les aurait enfermés dans la Colonne? (Brouhaha au dehors.)

BEC-SALÉ.

Les voici sans doute. (Bazouge entre, légèrement gris, et se retourne vers les gens qui le huent.)

BAZOUGE.

Tas d'imbéciles!

MES-BOTTES.

Fichtre, non! ce n'est pas la noce.

BAZOUGE, à Adolphe qui entre.

Garçon!... Une gibelotte et un litre. (Il disparaît.)

MES-BOTTES, à Adolphe.

Dites donc, vous avez là un drôle de client.

ADOLPHE.

Ah! oui, le père Bazouge... Il n'est pas méchant. C'est même un bon vivant, malgré son état. (Il sort.)

BEC-SALÉ, avec philosophie.

Après ça, faut que tout le monde vive. (Brouhaha.)

BIBI.

Cette fois, voici la noce!

SCÈNE IX

LES MÊMES, COUPEAU, GERVAISE, LORILLEUX, MADINIER, MADAME LORILLEUX, MADAME BOCHE, INVITÉS

COUPEAU, entrant avec Gervaise.

Ce n'est pas malheureux ! enfin, nous sommes arrivés !

LORILLEUX.

On peut dire qu'en voilà une journée fatigante, n'est-ce pas ? madame Lorilleux.

MADAME LORILLEUX.

Dites éreintante, monsieur Lorilleux... J'ai abîmé ma robe de soie.

MADAME BOCHE.

Jour de Dieu ! en aurai-je à conter à Boche, ce soir, sur l'oreiller !

MADAME LORILLEUX.

Cette madame Boche, toujours inconvenante !

GERVAISE, à Coupeau, qui l'embrasse.

Finissez... On nous regarde.

MADAME BOCHE.

Vous vous croyez encore dans la Colonne, où il faisait si noir. Même qu'on m'y a pincé la taille.

MES-BOTTES, très gracieux.

C'est probablement quelqu'un qui se trompait.

MADAME BOCHE.

Gros malhonnête !

COUPEAU.

Voyons, il faut se rafraîchir. (Appelant.) Garçon !

L'ASSOMMOIR.

ADOLPHE, paraissant.

Voilà!

COUPEAU.

Apportez-nous de la bière.

MADAME BOCHE.

Et du cassis pour les dames. (Adolphe sort.)

MADAME LORILLEUX, continuant une conversation avec Madinier.

Sans doute, monsieur Madinier, la famille aurait peu être désiré... On fait toujours des projets. Mais l[es] choses tournent si drôlement... Moi, d'abord, je ne ve[ux] pas me disputer.

LORILLEUX.

Ton frère nous aurait amené la dernière des dernière[s] que je lui aurais encore dit : Épouse-la et fiche-nous [la] paix!

MADINIER.

Et vous avez cent fois raison. Dans les familles, il fa[ut] que chacun y mette du sien. (Adolphe a apporté la bière et [le] cassis.)

COUPEAU.

Rafraîchissons-nous. (A Gervaise.) Vous prendrez bien u[n] verre de cassis avec de l'eau?

GERVAISE.

Oui, avec beaucoup d'eau.

MADAME BOCHE, après avoir bu.

Ah! ça fait du bien par où ça passe.

MES-BOTTES.

J'avais besoin de ça.

MADAME LORILLEUX, à Gervaise.

Eh bien! comment vous trouvez-vous?

GERVAISE.
Parfaitement, je vous remercie.

MADAME LORILLEUX.
On a beau avoir l'air fort... Dis donc, monsieur Lorilleux !

LORILLEUX.
Quoi, madame Lorilleux?

MADAME LORILLEUX.
Tu ne trouves pas que notre belle-sœur ressemble à Thérèse: tu sais, cette femme qui demeurait en face de chez nous, et qui est morte subitement d'une maladie de cœur?

LORILLEUX.
En effet... Il y a un faux air.

GERVAISE, à part.
Ils sont aimables, mes nouveaux parents?

SCÈNE X

LES MÊMES, ADOLPHE

ADOLPHE, entrant, à Coupeau.
Pardon, monsieur... Faudra-t-il mettre la consommation sur la carte?

COUPEAU.
Non... Ça fait?

ADOLPHE.
Avec les deux litres et le pain de monsieur, six francs huit sous.

COUPEAU, payant.
Voilà!... Le dîner est commandé. Un pique-nique à cinq francs par tête.

ADOLPHE.

Oui, monsieur... Potage au vermicelle. Fricandeau [à] l'oseille. Gibelotte de lapin. Gigot. Salade. Dessert.

MES-BOTTES.

Parfait! très chouette!

MADINIER.

Très bien, en effet... Sauf le potage. Je l'espérais à [la] tortue.

BEC-SALÉ, ébahi.

Qu'est-ce que c'est que ça, un potage à la tortue?

ADOLPHE.

Ça se fait avec du veau.

COUPEAU, à Adolphe.

Alors, nous voulons de la soupe comme ça... (A Madin[ier].) Vous êtes satisfait, monsieur Madinier?

MADINIER.

Je suis loin de désapprouver le menu, mais je sig[na]lerai encore une lacune.

ADOLPHE.

Une lacune...

BEC-SALÉ.

Qu'est-ce que c'est que ça?

BIBI.

Ça se fait avec du veau.

MADINIER.

Je n'y vois pas figurer un entremets sucré pour dames.

GERVAISE.

C'est vrai... Que pourrait-on prendre?

MES-BOTTES.

Une salade d'œufs durs.

MADAME BOCHE.

Ce n'est pas un entremets sucré.

MADINIER.

Je propose des œufs à la neige.

BEC-SALÉ.

Des œufs à la neige, c'est un plat chic, ça!

COUPEAU, à Adolphe.

Alors, des œufs à la neige, c'est convenu. On ne se marie pas tous les jours.

MADAME LORILLEUX, bas à son mari.

Il y en a!

LORILLEUX, regardant Gervaise.

Oui, il y en a qui se marient tous les jours.

BEC-SALÉ, à Mes-Bottes.

Oh! des œufs à la neige. J'ai toujours eu envie de manger de ça. Bien sûr, qu'il n'y en aura pas au dîner des Poisson.

MES-BOTTES.

Lâche la noce à Poisson!

BEC-SALÉ.

Je ne peux pas. Et les convenances?

MES-BOTTES.

Lâche les convenances!

SCÈNE XI

LES MÊMES, VIRGINIE, puis POISSON

VIRGINIE, sortant du restaurant.

Eh bien ! garçon, on ne songe donc pas à nous ?

GERVAISE, à part.

Virginie !

COUPEAU.

Qu'avez-vous donc, Gervaise ?

GERVAISE.

Moi ? rien !

MES-BOTTES, bas.

Attention ! v'là le grabuge !

LORILLEUX.

Ça va être drôle. (Virginie est descendue lentement vers Gervaise qui la regarde venir, effarée.)

VIRGINIE, tranquillement.

Bonjour, madame Coupeau.

GERVAISE, tremblante.

Madame...

VIRGINIE.

Hein ? comme on se rencontre ! Nous ne nous attendions guère à nous retrouver ici, le jour de notre mariage.

GERVAISE, très émue.

Ah ! vous aussi... vous...

POISSON, entrant, à Virginie.

Qu'est-ce donc ?

VIRGINIE, à Poisson.

Une ancienne amie, avec qui nous étions un peu en froid. Mais nous ne nous en voulons plus, n'est-ce pas ? (Elle tend la main à Gervaise.)

GERVAISE, hésitant.

Comment ! vous désirez...

VIRGINIE.

Je ne suis pas rancunière. Et, si ça vous va, oublions le passé.

GERVAISE, serrant la main de Virginie.

Avec plaisir.

VIRGINIE.

Et devenons amies, bonnes amies !

GERVAISE.

Je ne demande pas mieux.

MES-BOTTES, à part.

Il y a là-dessous un coup de mistoufle.

VIRGINIE, à Gervaise.

Je vous présente mon mari, monsieur Poisson.

GERVAISE.

Et moi, le mien, monsieur Coupeau.

POISSON, à Coupeau.

Enchanté de faire votre connaissance !

COUPEAU, à Poisson.

Enchanté également ! (Ils se serrent la main. Mes-Bottes, Bibi et Bec-Salé viennent le saluer. Poisson s'incline, très raide.)

BIBI, à Mes-Bottes.

Il n'est pas bavard, celui-là !

MES-BOTTES.

C'est un poisson en bois.

BEC-SALÉ.

Oh ! une idée, je propose de réunir les deux noces ensemble.

TOUS.

Oui, oui, accepté !

BEC-SALÉ, à Mes-Bottes.

Comme ça, je mangerai des œufs à la neige !

COUPEAU, à Adolphe qui paraît.

Pouvez-vous servir les deux dîners ensemble ?

ADOLPHE.

Rien de plus facile. Je demande un quart d'heure pour mettre le couvert là-haut.

COUPEAU.

Très bien ! dépêchez-vous… Seulement qu'est-ce que nous allons faire en attendant ?… (On entend un orchestre de bal.) Tiens ! on danse ?

ADOLPHE.

Oui, monsieur, au fond du jardin.

COUPEAU.

A merveille ! Nous allons pincer un quadrille pour vous donner le temps de mettre le couvert.

TOUS.

Oui, oui, un quadrille ! (Ils sortent à la file en dansant déjà.)

COUPEAU, à Gervaise.

Vous ne venez pas ?

GERVAISE, assise.

Je vous rejoins, mon ami. Je suis un peu fatiguée, et la tête me tourne… Oh ! ne vous inquiétez pas.

COUPEAU.

C'est bon ! je vous attends. (Il sort.)

SCÈNE XII

GERVAISE, LANTIER

GERVAISE.

Je suis toute triste. Cette Virginie m'a rappelé le passé. Mais je veux être heureuse, je veux chasser ces mauvais pressentiments. (A ce moment, Lantier, qui est sorti d'un bosquet, s'approche.)

LANTIER.

Bonjour, madame Coupeau.

GERVAISE, reculant très effrayée.

Lantier !

LANTIER.

Eh bien ! oui, moi... Ça te surprend ?

GERVAISE.

Que voulez-vous ?... Ce n'est pas ici votre place.

LANTIER.

Ah ! tu n'es pas aimable. Moi qui venais t'apporter mes félicitations, au sujet de ton mariage !

GERVAISE.

J'espérais ne jamais vous revoir, après la façon honteuse dont vous vous êtes conduit avec moi.

LANTIER.

Mon Dieu ! je l'avoue, j'ai eu des torts... Mais pourquoi as-tu conclu ce mariage si brusquement ?

GERVAISE.

Je n'ai pas à vous répondre. Nous n'existons plus l'un pour l'autre.

LANTIER.

Ne dis donc pas ça... Je peux bien encore être ton ami.

GERVAISE.

Jamais !

LANTIER, avec câlinerie.

Nous nous reverrons. Tout ne saurait être fini entre nous. Entends-tu ! Gervaise, je veux te revoir.

GERVAISE.

Laissez-moi, ou j'appelle.

LANTIER.

Appeler ! qui ça ? Ton mari ! Eh bien ! à ton aise, ma chère, appelle, fais venir toute la noce.

GERVAISE, avec effroi.

Taisez-vous, par pitié !

LANTIER.

Ne fais donc pas la méchante. (Il veut la prendre dans ses bras.)

GERVAISE.

Allez-vous-en, allez-vous-en, vous dis-je ! (Il veut l'attirer à lui, elle se débat.)

SCÈNE XIII

LES MÊMES, GOUJET

GOUGET, entrant et voyant Lantier poursuivre Gervaise.

Veux-tu bien laisser cette femme tranquille !

LANTIER.

D'où sort-il, celui-là ?... Mêlez-vous de ce qui vous regarde.

GOUGET.

Ceci me regarde. Jamais je ne laisserai un lâche insulter une femme devant moi.

LANTIER.

Un lâche !

GOUGET.

Oui, un lâche... Allons ! décampe, ou sinon ! (Il le menace.)

LANTIER, caponant.

Si tu crois me faire peur !

GOUGET.

Ah ! ne m'échauffe pas... File ou je cogne !

LANTIER.

C'est bon. Je ne fais pas le coup de poing comme un portefaix. (Sur un geste de Gouget, il se dirige vers le fond. Puis, d'un ton menaçant.) Nous nous reverrons. (Il sort.)

SCÈNE XIV

GOUJET, GERVAISE

GOUGET.

N'ayez plus peur. Prenez mon bras, je vous en prie. (Il lui offre le bras, ils se promènent un instant ensemble.)

GERVAISE.

Ah ! que je vous remercie, monsieur Gouget.

GOUGET, surpris.

Comment ! vous savez mon nom ?

GERVAISE.

Oui... Je vous ai déjà vu, un matin que vous êtes allé chercher vos hommes à l'Assommoir.

GOUGET, riant.

Ça m'arrive si souvent !

GERVAISE.

Vous êtes bon d'avoir pris ma défense, à moi que vous ne connaissez pas... Si vous saviez !

GOUGET.

Je ne veux rien savoir.

GERVAISE.

Il faudra vous méfier, c'est un méchant homme.

GOUGET, haussant les épaules.

Lui ! allons donc !... C'est un capon ! Un homme qui insulte une femme !

GERVAISE.

Promettez-moi de vous tenir sur vos gardes.

GOUGET, souriant.

Ah, ça ! mais vous êtes donc un bon petit cœur, vous !

GERVAISE.

J'aime les gens qui m'aiment et qui sont braves.

GOUGET.

Je parie que vous êtes une petite femme très bonne et très gentille... Comment vous appelez-vous ?

GERVAISE.

Gervaise Coupeau.

GOUGET.

Attendez donc... Je me rappelle à présent... Je vous ai vue avec lui. Vous êtes sa parente ?

GERVAISE.

Je suis sa femme depuis ce matin.

GOUGET, lui lâchant le bras.

Sa femme... Ah !

GERVAISE.

Qu'avez-vous ?

GOUGET.

Rien... (A part.) Sa femme !
(On entend les danseurs qui reviennent couple par couple.)

GERVAISE.

Voulez-vous me faire le plaisir d'assister à notre noce?

GOUGET.

Merci... Je suis là avec ma mère... Tout de même, je suis bien content de vous avoir revue. Et si un jour je puis vous être utile à quelque chose...

GERVAISE.

De mon côté, jamais je n'oublierai... Jamais!

GOUGET.

Au revoir !

GERVAISE.

Au revoir! Merci, merci bien !

GOUGET, à part en sortant.

Sa femme!... C'est dommage! (Il disparaît.)
(Les couples entrent en dansant, le quadrille se développe sur la scène.)

SCÈNE XV

GERVAISE, COUPEAU, POISSON, VIRGINIE, LORILLEUX, MADAME LORILLEUX, MADAME BOCHE, MADINIER, MES-BOTTES, BIBI, BEC-SALÉ, INVITÉS.

COUPEAU, entrant avec Virginie.

En voilà des enragés! (A Gervaise.) Vous n'êtes pas venue?

GERVAISE.

Je vous l'ai dit, j'étais lasse.

ADOLPHE, paraissant à la porte du restaurant.

Mesdames et messieurs, dans cinq minutes, on vous sert. (La musique reprend.)

MADAME BOCHE.

Alors, finissons notre quadrille.

MES-BOTTES.

Quel crampon que cette madame Boche! (Il la repasse à Bibi.) A toi, Bibi!

BIBI.

Merci bien!... Au revoir! (Il la passe à Bec-Salé.)

BEC-SALÉ, la recevant.

Avec plaisir!... Je n'en espérais pas autant.

COUPEAU.

Ah! ma petite femme va danser avec moi.

MES-BOTTES, à Coupeau.

Non, pas avec toi... T'as le temps, toi!

VIRGINIE.

Avec moi, monsieur Coupeau.

BEC-SALÉ.

En avant deux! (Quadrille sur le devant de la scène. Cavalier seul de Mes-Bottes qui danse avec madame Boche. A ce moment, Bazouge paraît, tout à fait gris. Il se met à festonner, au milieu du quadrille. Les femmes, en l'apercevant, poussent un cri de terreur. Le quadrille s'arrête.)

SCÈNE XVI

LES MÊMES, BAZOUGE

GERVAISE, poussant un cri.

Ah!

BAZOUGE.

Je vous fais peur. Bêtes, va! J'en vaux un autre...

(A Gervaise.) Voulez-vous danser avec Bibi, dit le consolateur des dames?

GERVAISE, avec effroi.

Ne me touchez pas! (Sur un mouvement de Bazouge, elle crie.) Coupeau! (Elle se réfugie dans ses bras, toute tremblante.) Coupeau!

COUPEAU, à Bazouge.

Veux-tu bien t'en aller!... (A Adolphe.) On ne devrait pas laisser entrer ces gens-là!

BAZOUGE, à Gervaise, en haussant les épaules.

Ça ne vous empêchera pas d'y passer, ma petite. Vous serez peut-être bien contente d'y passer un jour!... Oui, j'en connais des femmes qui diraient merci, si on les emportait!

GERVAISE, terrifiée.

Ah! (On s'empresse autour d'elle. Adolphe et les garçons entraînent Bazouge.)

(Rideau.)

ACTE TROISIÈME

CINQUIEME TABLEAU. — LA MAISON EN RÉPARATION

Un chantier, encombré de grosses pierres de taille. A gauche, une mais à laquelle on ajoute un étage. Grand échafaudage. Une rue passe fond.

SCÈNE PREMIÈRE

BIBI, BEC-SALÉ, TROIS MAÇONS, travaillant sur l'échafaudag COUPEAU, en bas, occupé à tailler du zinc sur un établi.

BIBI, à Bec-Salé.

Dis-donc, mon vieux, quelle heure est-il?

BEC-SALÉ.

Je ne sais pas. Depuis le mois dernier, ma toquan retarde de douze francs.

BIBI.

Douze francs! Elle est donc en vrai?

BEC-SALÉ.

Je te crois! C'est ce farceur de Lantier qui me l fait avoir à vingt sous par semaine.

BIBI.

A propos de Lantier, qu'est-ce qu'il devient ce paroi sien-là?

BEC-SALÉ.

J'ai entendu dire qu'il était parti en Angleterre, pour monter une fabrique de castors.

BIBI, à un ouvrier qui est au-dessous de lui.

Ohé! l'Écureuil, envoie-moi un seau d'eau. (L'ouvrier accroche le seau d'eau à une corde. Bibi le hisse. Le seau, arrivé au 1er étage, casse un carreau.)

COUPEAU, chantant.

Encore un carreau d'cassé,
V'là l'vitrier qui passe...

BIBI.

Ah! sapristi! j'ai fait un beau coup, juste dans la fenêtre de madame Poisson.

SCENE II

LES MÊMES, VIRGINIE

VIRGINIE, ouvrant la fenêtre.

Eh bien, c'est du gentil! Qui est-ce qui m'a cassé un carreau?

BEC-SALÉ, riant.

Faites pas attention, madame Poisson, c'est pour faire aller le commerce.

VIRGINIE.

La poussière va entrer de plus belle chez moi... Quelle idée a eu le propriétaire de faire ajouter un étage à sa maison!

BEC-SALÉ.

Dame, au prix où sont les loyers!

BIBI.

Ne vous tourmentez pas, nous aurons bientôt fini (Criant à Coupeau.) N'est-ce pas, Coupeau?

COUPEAU, levant la tête.

Hein? qu'y a-t-il? (Il aperçoit Virginie.) Bonjour, madam Poisson. Votre mari va bien?

VIRGINIE.

Pas mal. Toujours en course pour tâcher d'obtenir s place de sergent de ville.

BIBI.

Il paraît que c'est difficile d'entrer à la préfecture.

BEC-SALÉ.

Il y en a qui prétendent que c'est encore plus difficil d'en sortir.

VIRGINIE, refermant sa fenêtre.

Ah! la maudite poussière! (Elle disparaît.)

SCÈNE III

LES MÊMES, MES-BOTTES

MES-BOTTES, entrant, à Coupeau.

Bonjour, mon vieux.

COUPEAU.

Qu'est-ce que tu viens faire par ici?

MES-BOTTES.

J'apporte des chaînages pour cette bâtisse... Et to jours content?

COUPEAU.

Mais oui, merci.

MES-BOTTES.

La famille va bien?

COUPEAU.

Très bien! Gervaise, ma petite Nana, tout le monde se porte comme un charme.

MES-BOTTES.

Ah! tu es heureux, toi!

COUPEAU.

Le fait est que j'aurais tort de me plaindre. Depuis sept ans que je suis marié, tout m'a réussi.

MES-BOTTES.

T'as de la chance! Et tout ça, parce que tu n'as pas comme moi, sous le nez, un trou qui a toujours soif.

BIBI, apercevant Mes-Bottes.

Ohé! Mes-Bottes!

MES-BOTTES, regardant en l'air.

Bibi et Bec-Salé! qu'est-ce que vous faites donc là-haut?

BEC-SALÉ, fièrement.

Nous travaillons.

MES-BOTTES.

Vous travaillez... En v'là des fainéants! (On entend sonner onze heures.)

BEC-SALÉ.

Onze heures! L'heure de la soupe.

BIBI.

Descendons vite. (Ils descendent ainsi que les autres ouvriers qui s'en vont.)

MES-BOTTES, riant.

Hein? ça ne traîne pas.

BEC-SALÉ.

Viens-tu déjeuner avec nous?

MES-BOTTES.

Il faut que je monte mes chaînages là-haut. (Il monte sur l'échafaudage.)

BIBI.

Dépêche-toi, on t'attend.

BEC-SALÉ, à Coupeau.

Et toi, tu ne viens pas?

COUPEAU.

Merci, la bourgeoise doit m'apporter la becquée.

BEC-SALÉ.

Plus que ça de genre!

COUPEAU.

Et, en attendant, je vais chercher Zidore, mon polisson d'apprenti, qui est parti depuis vingt minutes pour m'avoir du zinc. Je parie qu'il joue au bouchon sur la place. (Il sort.)

SCÈNE IV

BEC-SALÉ, BIBI, MES-BOTTES, puis VIRGINIE

BEC-SALÉ, à Mes-Bottes qui est monté sur l'échafaudage.

Eh bien, ça y est-il?

MES-BOTTES.

Un instant donc!... Ah ça! mais, les amis, ce n'est pas solide du tout, votre échafaudage. Il y a une planche qui fait bascule.

BIBI.

Oui, nous arrangerons cela après le déjeuner... Allons, descends!

MES-BOTTES, redescendant.

On ferait une fameuse culbute, tout de même... Les camarades sont-ils prévenus?

BIBI.

Certainement... Ah! mais non! Et Coupeau? On n'a rien dit à Coupeau.

MES-BOTTES.

Bigre! il faut le prévenir... Où est-il donc?

BIBI.

Il est parti à la recherche de son apprenti.

MES-BOTTES.

Comment faire? (Voyant Virginie sortir de la maison.) Ah! madame Poisson... Est-ce que vous vous absentez pour longtemps?

VIRGINIE.

Je ne sors pas. Je descends travailler là, à l'ombre, dans le chantier.

MES-BOTTES.

Alors, quand Coupeau reviendra, dites-lui de ne pas monter sur l'échafaudage.

VIRGINIE.

Tiens! pourquoi?

BIBI.

Parce qu'il n'est pas solide.

VIRGINIE.

Ah! mon Dieu!

MES-BOTTES.

Coupeau risquerait de se casser la margoulette.

VIRGINIE.

Soyez tranquille, je suis là.

BIBI.

Viens-tu?

MES-BOTTES.

Me voici. (A Virginie.) Je compte sur vous.

VIRGINIE.

Oui, oui, n'ayez pas peur. Le temps d'aller emprunter une chaise à la concierge, et je m'installe. (Les ouvriers et Virginie sortent. A ce moment, Coupeau rentre du côté opposé, avec Zidore.)

SCÈNE V

COUPEAU, ZIDORE

COUPEAU, tenant Zidore par l'oreille.

Ah! petit drôle!

ZIDORE.

Oh! la la! ne tirez pas si fort, patron. Elles sont déjà trop longues.

COUPEAU.

Ça t'apprendra à jouer au bouchon, quand l'ouvrage presse... Et maintenant, va mettre les fers au feu, sur le toit.

ZIDORE.

Oui, patron. (A part.) Vieux singe! (Il va pour monter à l'échelle.)

COUPEAU.

Eh bien! où vas-tu?

ZIDORE.

Sur le toit.

COUPEAU.

Veux-tu passer par l'escalier !

ZIDORE.

Mais, patron, vous montez bien par là, vous.

COUPEAU, le faisant descendre de l'échelle.

Ces machines, ce n'est pas fait pour des gosses comme toi. Allons, décampe !

ZIDORE.

Oui, patron. (Il disparaît dans la maison.)

COUPEAU, seul, se remettant au travail.

Je vais finir de couper mon zinc... C'est égal, il commence à faire faim.

SCÈNE VI

COUPEAU, GERVAISE, NANA, ZIDORE, sur le toit, puis VIRGINIE

(Gervaise et Nana portent chacune une gamelle.)

NANA.

Papa ! papa ! voilà ton déjeuner !

COUPEAU.

Ah ! enfin ! (Embrassant Nana.) Bonjour, fillette !

NANA.

Bonjour, petit papa.

GERVAISE.

Nous sommes un peu en retard.

COUPEAU.

Je n'en mangerai que mieux, car j'ai un appétit !

GERVAISE, cherchant des yeux.

Où veux-tu déjeuner?

COUPEAU.

Là! (Il montre une pierre.)

NANA.

Je vais t'aider, maman. (Nana et Gervaise posent les gamelles sur la pierre, qu'elles recouvrent d'une serviette.)

ZIDORE, paraissant sur le toit.

Eh bien! patron, vous ne montez pas?

COUPEAU.

Fais chauffer les fers, pendant que je déjeunerai. (A Gervaise.) Qu'est-ce que tu m'apportes là?

GERVAISE.

Une bonne soupe grasse et un haricot de mouton.

NANA.

Avec de la salade... C'est moi qui l'ai retournée.

COUPEAU, riant.

Ah! bah!

NANA.

Oh! je suis très forte, moi, pour retourner la salade. N'est-ce pas, maman?

GERVAISE.

Une vraie petite femme!

COUPEAU, à Gervaise qui sert la soupe.

Quel parfum! ça embaume! (A Nana.) As-tu déjeuné, toi?

NANA.

Oui, papa, j'ai déjeuné avec maman.

GERVAISE.

Mademoiselle n'a pas voulu manger de soupe.

COUPEAU.

Pas de soupe!... Mais c'est très laid. Les petites filles qui ne mangent pas de soupe ne grandissent jamais.

NANA.

Oh! tu crois?

COUPEAU.

Certainement. (Il la prend et l'assied sur ses genoux.)

NANA.

A dada! à dada!... Papa, fais le cheval.

GERVAISE.

Laisse ton père manger tranquille.

NANA.

Je veux qu'il fasse le cheval.

COUPEAU, riant et faisant sauter Nana.

Quand mademoiselle va-t-à cheval, il va au pas, au pas, puis au trot, au trot, puis au galop, au galop!

NANA.

Encore!

GERVAISE, à Coupeau.

Mets-la par terre, elle te gêne. (Coupeau la pose par terre.)

NANA.

Alors, donne-moi de ta soupe.

COUPEAU.

Comment! tu veux de la soupe, maintenant?

NANA.

Puisque tu dis que ça fait grandir.

COUPEAU, lui donnant une cuillerée de soupe.

Est-ce bon?

NANA.

Oh! oui, papa.

GERVAISE, à Nana.

Alors, pourquoi n'en manges-tu pas à la maison?

NANA.

Parce que c'est meilleur dans la gamelle à papa.

COUPEAU, à Gervaise.

Passe-moi le ragoût.

NANA, descendant des genoux de son père

Je vais aller jouer, dis, veux-tu, papa?

COUPEAU.

Va. Mais surtout ne touche pas à mes outils. (Nana s'assied par terre et joue avec des morceaux de zinc. — A Gervaise.) Pourquoi es-tu venue si tard?

GERVAISE, souriant avec embarras.

Je me suis un peu amusée... Je n'ose pas te dire...

COUPEAU.

Quoi donc? (Virginie paraît. Elle écoute.)

GERVAISE.

Eh bien! la boutique du petit mercier, tu sais, rue de la Goutte-d'Or...

COUPEAU.

Je sais, dans la maison des Lorilleux.

GERVAISE.

Elle est à louer.

COUPEAU.

Ah!

GERVAISE.

Ça me conviendrait joliment pour m'établir blanchisseuse.

COUPEAU, souriant.

Ambitieuse, va!

GERVAISE.

Seulement, c'est bien cher. Le propriétaire parle de cinq cents francs.

COUPEAU.

Tu as donc demandé le prix?

GERVAISE.

Par curiosité, ça n'engage à rien... Mais non, décidément, c'est trop cher.

COUPEAU, souriant.

Le fait est que cinq cents francs... Tu en as bien envie?

GERVAISE.

Oh! envie... D'ailleurs, peut-être qu'on obtiendrait une diminution.

COUPEAU.

Avoue que tu en as envie.

GERVAISE, sans répondre.

Madame Gouget, que j'ai consultée, approuve beaucoup mon idée de m'établir.

COUPEAU.

Ah! madame Gouget approuve...

GERVAISE.

Oui... Nous avons l'argent, nos économies qui sont à la Caisse d'épargne.

COUPEAU.

Eh bien! alors, il n'y a pas à hésiter.

GERVAISE.

Vrai! tu consens! Comme tu es bon!... Je puis bien te le dire, maintenant, si tu n'avais pas voulu, j'en serais tombée malade. Ah! que je t'aime!... (Elle saute à son cou. Nana vient les retrouver. Ils la prennent et l'embrassent aussi.) Tiens! regarde la jalouse!

VIRGINIE, se montrant.

Eh bien! ne vous gênez pas!

GERVAISE.

Oh! si vous saviez, madame Poisson... Coupeau consent à ce que je loue la boutique de la rue de la Goutte-d'Or. Je vais m'établir blanchisseuse.

VIRGINIE.

Mes compliments.

COUPEAU.

J'espère que vous donnerez votre pratique à ma femme?

VIRGINIE.

Comment donc! avec plaisir.

ZIDORE, sur le toit.

Patron, les fers sont chauds.

COUPEAU.

A l'ouvrage!

GERVAISE, à Coupeau, en ôtant le couvert, aidée par Nana.

Après ta journée, viens me prendre chez madame Fauconnier, et nous passerons rue de la Goutte-d'Or.

COUPEAU.

C'est entendu, au revoir.

GERVAISE.

Tu m'as rendue bien contente. Vois-tu, pour nous, c'est la fortune peut-être.

VIRGINIE, à part.

Oui, oui, elle va être heureuse.

NANA.

Embrasse-moi encore, papa.

COUPEAU, gaiement, après l'avoir embrassée.

Allons, faut que je monte! (Il se dirige vers l'échelle.)

VIRGINIE, en le voyant monter.

Monsieur Coupeau...

COUPEAU, s'arrêtant.

Quoi? madame Poisson.

VIRGINIE, après une hésitation.

Rien! (Elle rentre vivement dans la maison.)

SCÈNE VII

LES MÊMES, moins VIRGINIE

GERVAISE, à Coupeau qui monte à l'échelle.

Surtout, pas d'imprudence. Si tu savais combien je tremble, quand je te sais entre le ciel et la terre, à des endroits où les moineaux eux-mêmes ne se risqueraient pas.

COUPEAU.

Ici, il n'y a pas de danger. Je vais travailler sur l'échafaudage. C'est comme si j'étais sur un vrai parquet. (Il monte. Gervaise lui tourne le dos, occupée à prendre les gamelles.)

GERVAISE.

Nana, rentrons vite à la maison.

NANA.

Oui, maman. (Se retournant.) Adieu, papa! (Elle lui envoie des baisers.)

COUPEAU, du haut de l'échafaudage.

Adieu, fifille!

NANA.

Non, non, je ne te vois pas tout entier... Adieu, papa! (Elle lui envoie encore des baisers.)

COUPEAU, s'avançant au bout de la planche.

Adieu!

NANA.

Plus près encore... Comme ça : un baiser, deux baisers...

COUPEAU, riant, l'imitant.

Un baiser, deux baisers...

NANA.

Trois baisers.

COUPEAU, répétant.

Trois baisers. (La planche bascule. Il tombe dans le vide.)

GERVAISE, avec un cri terrible.

Ah!

NANA.

Papa!

SCÈNE VIII

LES MÊMES, MES-BOTTES, BEC-SALÉ, BIBI, OUVRIERS

GERVAISE.

Au secours! au secours! Ah! mon Dieu! quel malheur!... Coupeau, mon pauvre Coupeau!

MES-BOTTES.

Il est tombé!

BIBI.

Est-ce qu'il est mort?

BEC-SALÉ.

Peut-être bien.

BIBI.

Il faut l'emporter, mais comment?

BEC-SALÉ, *apercevant une échelle.*

Ah! cette échelle! (Il l'apporte.)

MES-BOTTES, *à part.*

Virginie ne l'a donc pas prévenu.

BEC-SALÉ.

Portons-le à Lariboisière.

GERVAISE.

A l'hôpital... Non, je ne veux pas!... Chez nous, chez nous! (On emporte Coupeau sur l'échelle.)

(*Rideau.*)

SIXIÈME TABLEAU. — LA FÊTE DE GERVAISE

Une boutique de blanchisseuse. Porte et vitrine au fond, laissant voir la rue de la Goutte-d'Or. A gauche, porte donnant sur la cuisine. Un fourneau de blanchisseuse, à droite. Une grande table.

SCÈNE PREMIÈRE

CLÉMENCE, MADAME PUTOIS, puis AUGUSTINE

(Clémence et madame Putois sont occupées à mettre le couvert.)

MADAME PUTOIS.

Là, tout sera bientôt prêt pour le grand balthazar que madame Coupeau donne à l'occasion de sa fête.

CLÉMENCE.

Les petits plats dans les grands, comme on dit.

MADAME PUTOIS, *désignant une planche à droite.*

Posez donc sur cette planche les pots de fleurs que nous avons offerts à la patronne. Ils embarrassent.

CLÉMENCE.

C'est gentil à elle, tout de même, de nous avoir invitées à dîner.

MADAME PUTOIS.

Dame! c'est justice, puisqu'on va manger sur l'établi.

CLÉMENCE, riant.

Je crois qu'on y donnera encore plus de coups de fourchette qu'on n'y a donné de coups de fer.

AUGUSTINE, entrant avec un panier vide.

Je viens de porter le linge aux pratiques... Cristi! quel couvert!

CLÉMENCE.

Tu y as mis le temps, gamine.

AUGUSTINE.

J'vas vous dire ce qui m'a retardée. C'est que je me suis arrêtée chez le marchand de vin du coin à regarder M. Coupeau.

CLÉMENCE.

Le patron?

AUGUSTINE.

Oui, il buvait avec des amis. Ah! ils étaient rien drôles!

MADAME PUTOIS.

Pourvu qu'il rentre dans des états convenables... Hier, il était d'un gai!

CLÉMENCE.

Il paraît qu'il ne buvait pas, dans le temps.

AUGUSTINE.

C'est depuis son accident que ça l'a pris. Pendant sa convalescence, il a commencé à fréquenter les marchands de vin.

MADAME PUTOIS.

Et un verre en pousse un autre... Ah! les hommes!

AUGUSTINE.

Quels pas grand'choses!

SCÈNE II

LES MÊMES, GERVAISE, puis MADAME BOCHE

GERVAISE, sortant de la cuisine, en tablier.

Mes enfants, et ce couvert, ça avance-t-il?

CLÉMENCE.

Regardez, madame, on n'aura jamais vu ça, rue de la Goutte-d'Or.

MADAME BOCHE, entrant par le fond.

Me voilà! Je viens voir où vous en êtes. Eh bien! cette fameuse oie?

MADAME PUTOIS.

Elle est à la broche.

MADAME BOCHE.

Ah! ma chère, on ne parle que de cette bête-là dans le quartier.

GERVAISE, aux ouvrières.

Allez donc la surveiller.

MADAME PUTOIS et CLÉMENCE.

Oui, madame.

MADAME BOCHE.

Et faites bien attention. Pas trop près du feu, de peur qu'elle ne brûle! Arrosez-la bien.

AUGUSTINE.

Moi, j'vas tout de suite apprêter mon pain pour torcher la rôtissoire.

SCÈNE III

MADAME BOCHE, GERVAISE

MADAME BOCHE.
Hein! vous êtes dans tous vos états?

GERVAISE.
Dame! c'est le moment du coup de feu.

MADAME BOCHE.
Il y a loin d'aujourd'hui à ce terrible jour, voici bientôt six mois.

GERVAISE.
Oui, l'accident arrivé à mon pauvre homme.

MADAME BOCHE.
Ah! vous avez passé par de vilains moments.

GERVAISE.
Heureusement, nous avions des économies, Coupeau n'a manqué de rien... Puis, quand le tiroir a été vide, nous avons trouvé de bons cœurs.

MADAME BOCHE.
Vos voisins, monsieur Gouget et sa mère.

GERVAISE.
Monsieur Gouget s'est conduit comme un frère pour nous... Et, plus tard, c'est grâce à lui que j'ai pu m'établir ici. Cette boutique, c'était mon rêve.

MADAME BOCHE.
Enfin, vous êtes heureuse?

GERVAISE.

Oui, bien heureuse, bien heureuse.

MADAME BOCHE.

Vous ne dites pas ça gaiement.

GERVAISE.

C'est qu'il n'y a point de joie complète.

MADAME BOCHE.

Votre mari se dérange?

GERVAISE.

Oh! je ne me plains pas. Sans doute, autrefois, il m'avait juré de ne jamais boire. Enfin, il n'est pas mauvais pour moi, jusqu'à présent.

MADAME BOCHE.

Vous avez peur pour plus tard... Une fois que l'eau-de-vie s'est emparée d'un homme!

GERVAISE.

Tenez! ne parlons pas de ça aujourd'hui! Pour avoir la paix dans son ménage, il faut qu'une femme en supporte un peu.

MADAME BOCHE, à part.

Je crois que ce n'est pas le moment de lui parler de ce propre à rien de Lantier, que j'ai vu traîner dans le quartier. Faut la laisser tranquille. (Haut.) Dites donc, combien serons-nous à table?

GERVAISE.

Nous serons douze.

MADAME BOCHE.

Eh bien! nous serons quatorze, si vous voulez.

GERVAISE.

Comment ça?

MADAME BOCHE.

Telle que vous me voyez, madame Gervaise, je suis chargée d'une ambassade... Oui, de la part des Lorilleux, avec qui vous êtes brouillés depuis deux mois.

GERVAISE.

Ah! les Lorilleux!

MADAME BOCHE.

Ils demandent à se raccommoder avec vous.

GERVAISE.

Ils se sont bien mal conduits, pendant la maladie de Coupeau.

MADAME BOCHE, insistant.

Voyons, à l'occasion de votre fête.

GERVAISE.

Je sais bien qu'on ne peut pas rester toujours brouillés dans les familles.

MADAME BOCHE.

Et puis, ils crèveront de jalousie, en voyant votre dîner.

GERVAISE, riant.

Alors, ça me décide. Amenez-les, madame Boche. Tenez! passez par la cuisine, vous serez plus vite chez vous... Et à sept heures précises, n'est-ce pas? (Madame Boche sort.— Gervaise revient à la table.) Oh! ces Lorilleux, des pingres qui s'enferment chez eux, quand ils mangent un bon morceau, de peur d'être obligés d'en offrir... Voyons, il va falloir deux couverts de plus. (Elle arrange le couvert.)

SCÈNE IV

GERVAISE, GOUGET

GOUGET, entrant avec un superbe rosier.

C'est moi, madame Gervaise, je ne vous dérange pas ?

GERVAISE, avec joie.

Monsieur Gouget... Ah! vous êtes le premier.

GOUGET.

C'est que nous ne pouvons venir dîner ce soir... Alors, j'ai voulu vous apporter...

GERVAISE.

Comment! vous ne venez pas dîner... C'est impossible! Votre mère m'avait promis.

GOUGET.

Il faut nous excuser, maman est un peu souffrante.

GERVAISE, avec intérêt.

Souffrante!

GOUGET.

Rien d'inquiétant, je vous assure.

GERVAISE.

Mon Dieu! que cela me fait de la peine! Voilà tout mon plaisir gâté.

GOUGET, hésitant.

Alors, j'ai voulu vous apporter... si cela ne vous fâche pas...

GERVAISE, souriant.

Non, non, cela ne me fâche pas.

GOUGET.

Je vous souhaite une bonne fête, madame Gervaise. (Il lui donne le rosier.)

GERVAISE, souriant.

Eh bien, c'est tout?

GOUGET, répétant.

Une bonne fête. (Elle a tendu la joue, il hésite, finit par l'embrasser. Tous deux restent saisis et embarrassés. Un silence.)

GERVAISE, se remettant.

Il est superbe, votre rosier. Je vais le mettre là, sur la table, à la place d'honneur... Que je suis contrariée que vous ne puissiez venir, vous à qui je dois tout!

GOUGET.

Ne parlons pas de ça.

GERVAISE.

Si, si... C'est vous qui m'avez forcée d'accepter les cinq cents francs avec lesquels j'ai pu m'établir. Et cet argent, — votre mère m'a tout conté, — cet argent était destiné à votre mariage. Je me repens souvent de ne pas avoir refusé.

GOUGET, vivement.

Il n'y pas de quoi vous repentir, allez!... Oui, un moment, ma mère aurait désiré... Mais c'est moi qui n'ai plus voulu.

GERVAISE.

Vous n'avez pas voulu vous marier, pourquoi donc?

GOUGET.

Parce que je n'aurais pas pu.

GERVAISE.

Vous n'auriez pas pu?

GOGUET.

Non, j'avais une autre idée en tête.

GERVAISE.

Ah! (Nouveau moment d'embarras.)

GOUGET.

Oui, une autre idée... Et comme la personne n'est pas libre...

GERVAISE, très émue.

Je ne veux pas connaître vos secrets. Tout ce que je sais, c'est que vous avez été bien bon et que je vous en serai éternellement reconnaissante.

GOUGET.

Madame Gervaise...

GERVAISE.

Oh! ça, vous ne pouvez pas m'en empêcher.

GOUGET.

Assez, je vous en prie. (Il s'est approché d'elle, comme s'il allait la prendre dans ses bras, et il se recule vivement, lorsque Nana entre.)

SCÈNE V

LES MÊMES, NANA

NANA.

Bonjour, maman. Je viens de l'école. Tiens! monsieur Gouget. Bonjour, monsieur Gouget.

GOUGET.

Bonjour, ma petite Nana. (Il l'embrasse fiévreusement sur le front.)

NANA.

Oh! comme vous m'embrassez fort. Jamais vous ne m'avez embrassée si fort.

GOUGET, très ému.

Adieu, madame Gervaise. (Il sort.)

SCENE VI

NANA, GERVAISE

NANA.

Maman, j'apporte un compliment pour toi. Veux-tu que je te le lise?

GERVAISE, troublée.

Tout à l'heure, devant le monde.

NANA.

Tu me donneras dix sous, pour acheter un ruban rose que je mettrai dans mes cheveux.

GERVAISE, fouillant dans sa poche.

Tiens!

NANA.

Merci, maman. Je vais l'acheter tout de suite. Je veux être belle pour ta fête. (Elle sort.)

SCÈNE VII

A peine Nana est-elle partie que Gervaise cueille une rose au rosier de Gouget la respire lentement et la met à son corsage, sans dire une parole. Augustine, madame Putois et Clémence paraissent à la porte de la cuisine, en même temps que madame Boche, précédant les Lorilleux, paraît à la porte du fond.

GERVAISE, MADAME BOCHE, AUGUSTINE, CLÉMENCE, MADAME PUTOIS, puis LES LORILLEUX

MADAME BOCHE, entrant avec un pot de fleurs.

Ah! j'espère que je ne suis pas la dernière... Permettez-moi de vous la souhaiter. (Elle l'embrasse et lui donne un bouquet.)

GERVAISE.

Merci bien, madame Boche.

MADAME BOCHE, allant à la porte.

Voici vos parents.

GERVAISE.

Entrez, mais entrez donc.

MADAME BOCHE, à part.

Comment? ils n'ont pas même apporté un bouquet de violettes.

GERVAISE, embrassant madame Lorilleux.

C'est fini, n'est-ce pas? nous devons êtes gentilles toutes les deux.

MADAME LORILLEUX, très pincée.

Je ne demande pas mieux que ça dure toujours.

LORILLEUX.

Vous voyez que nous avons accepté votre invitation... Où est Coupeau?

GERVAISE.

Il va venir. Asseyez-vous. Je vous demande pardon, j'ai peur que l'oie ne brûle. Un coup d'œil seulement! (Elle entre dans la cuisine.)

MADAME LORILLEUX.

Faites comme chez vous. (A son mari.) Quel couvert!

LORILLEUX.

Elle a donc invité le quartier?

MADAME LORILLEUX.

Où prend-elle tout cet argent?

LORILLEUX.

N'approfondissons pas! (Poisson paraît avec deux pots de fleurs.)

SCÈNE VIII

LES MÊMES, POISSON, puis VIRGINIE

POISSON.

Où est donc madame Coupeau?

MADAME BOCHE.

Elle est à la cuisine, je vais l'appeler... Madame Coupeau! madame Coupeau!

GERVAISE, une cuillère à la main.

Me voilà, me voilà!

POISSON, lui offrant un des pots.

Permettez-moi de vous souhaiter une bonne fête. (Il l'embrasse.)

GERVAISE.

Merci!... Oh! les belles fleurs!

POISSON, galamment.

Vous en êtes la reine.

GERVAISE.

Monsieur Poisson, vous êtes d'une galanterie!

POISSON, lui présentant l'autre pot.

Et, maintenant, voici le cadeau de ma femme. Elle vient derrière moi.

VIRGINIE, entrant essoufflée.

Je ne suis pas en retard, au moins? (Embrassant Gervaise avec une effusion affectée.) Toutes les prospérités, chère amie. (Bas.) J'ai un mot à vous dire.

GERVAISE.

A moi?

VIRGINIE, l'entraînant dans un coin.

Oui. (Les autres personnages placent les chaises pendant les répliques suivantes.)

GERVAISE.

Qu'est-ce que c'est?

VIRGINIE.

Il ne faut pas vous effrayer... Une personne, une personne que vous connaissez bien, est revenue à Paris.

GERVAISE, frissonnante.

Lantier! Vous voulez parler de Lantier!

VIRGINIE.

J'hésitais à vous causer de ça; mais, comme je viens de le voir au bout de la rue, j'ai pensé qu'il valait mieux vous prévenir.

GERVAISE.

Ah! mon Dieu!

VIRGINIE.

Il est à croire qu'il n'osera pas se présenter ici.

GERVAISE, effrayée.

Coupeau le tuerait.

LORILLEUX.

Est-ce qu'on ne va pas bientôt se mettre à table?

GERVAISE.

Dans un instant, on n'attend plus que le patron.

MADAME LORILLEUX.

Alors, la soupe a le temps de se refroidir.

CLÉMENCE, à la porte de la rue.

Le voici.

SCÈNE IX

LES MÊMES, COUPEAU, MES-BOTTES, BIBI, BEC-SALÉ, puis NANA, puis AUGUSTINE

(Mes-Bottes, Bibi et Bec-Salé entrent avec des fleurs ridicules.)

COUPEAU, à ses amis.

Arrivez, vous autres!

CLÉMENCE, bas à Gervaise.

Ne vous tourmentez pas, madame, il est un peu allumé, mais ça se voit à peine.

GERVAISE, rassurée.

Oui, j'avais peur.

MES-BOTTES, offrant ses fleurs.

En ce jour, acceptez de bon cœur ce présent.

BEC-SALÉ, même jeu.

Moi, je n'en dis pas plus, mais j'en fais tout autant.

BIBI, même jeu.

Avec mes vœux aussi, le mien pareillement.

GERVAISE.

Merci, merci.

COUPEAU, présentant un pot qu'il cachait derrière son dos.

Et moi, la bourgeoise... Hein? on est gentil, on songe à sa petite femme. (Il l'embrasse.) Tiens, mon beau-frère!

MES-BOTTES, lui montrant madame Lorilleux.

Et ta sœur!

MADAME LORILLEUX.

Nous avons fait la paix avec Gervaise.

COUPEAU.

A la bonne heure !

GERVAISE.

A table !

MES-BOTTES.

La main aux dames.

BIBI, bas à Mes-Bottes.

Tu ne donnes donc pas la main à la belle madame Poisson ? Elle est d'un chic, aujourd'hui !

MES-BOTTES, bas.

Non, je ne l'aime pas, cette particulière. Elle a des yeux !... Enfin, suffit, j'ai mon idée... (Haut.) Allons, la main aux dames ! (Au moment où tout le monde s'assoit, entre Nana avec un ruban dans les cheveux et son compliment à la main.)

NANA.

Et moi donc ?

GERVAISE.

Mets-toi à côté de madame Putois... Et ne fais pas de bruit.

NANA.

J'aurai de tout, dis ?

GERVAISE.

Oui. Tiens-toi tranquille !

NANA.

C'est-il le moment de lire mon compliment ?

GERVAISE.

Tout à l'heure, après le potage.

AUGUSTINE, apportant le potage.

V'là la soupe !

TOUS.

Ah !

COUPEAU.

Un instant!... Avant de commencer, je propose de trinquer à la bonne amitié de la famille. (Ils boivent et se mettent à manger.)

MES-BOTTES.

Ous qu'est le pain?

MADAME BOCHE.

Attendez donc que vous ayez mangé votre potage.

MES-BOTTES.

Pourquoi ça? J'en mange avec.

BIBI.

Ah bien! vous ne le connaissez pas! En voilà un qui en cache!

BEC-SALÉ.

Elle est rien réussie, cette soupe!

MES-BOTTES.

Hum! un velours, quoi!

MADAME BOCHE, à Mes-Bottes.

Ne mangez pas votre assiette, il y a autre chose.

NANA, à Gervaise.

C'est-il à présent, dis?

GERVAISE.

Oui, si tu veux.

TOUS.

Qu'est-ce qu'il y a?

GERVAISE.

Un compliment que Nana a écrit à la pension.

TOUS.

Le compliment! le compliment!

NANA, lisant.

« Cette nuit, mon petit ange gardien m'a dit : C'est demain la fête de ta mère, il faut lui faire un compliment, lui promettre d'être bien sage, de toujours suivre le chemin du devoir et de la vertu, afin de gagner celui du paradis. »

TOUS.

Bravo ! bravo !

GERVAISE, l'embrassant.

Chère petite !

COUPEAU, ému.

Elle m'a attendri, la gamine !... C'est bête de pleurer comme ça. Trinquons à la santé de Nana.

TOUS.

A la santé de Nana !

NANA, à son père.

Tu me donneras aussi dix sous, n'est-ce pas, mon petit père ?

COUPEAU.

Tiens ! en voilà vingt.

MES-BOTTES.

Il commence à faire chaud, ici. Je demande à ces dames la permission d'ôter ma redingote.

LES DAMES.

Accordé, accordé.

BIBI.

Je vais faire comme toi, alors. (Bibi et Bec-Salé ôtent leur redingote.)

COUPEAU.

Au fait ! on peut bien ouvrir la porte.

VIRGINIE.

Oui, c'est ça, ouvrez la porte.

MADAME LORILLEUX.

Et les voisins?

COUPEAU.

Je m'en fiche pas mal, des voisins! Nous sommes chez nous, et s'ils ne sont pas contents, ils viendront le dire!

AUGUSTINE, entrant avec l'oie sur un plat.

V'là la bête!

TOUS.

Bravo! (On bat aux champs.)

GERVAISE.

Hein? on n'en voit pas tous les jours comme celle-là.

LORILLEUX, bas à sa femme.

Ça doit coûter au moins quinze francs.

MADAME LORILLEUX, bas.

Si ce n'est pas une honte, de jeter ainsi l'argent par les fenêtres!

GERVAISE.

Qui est-ce qui va découper?

CLÉMENCE.

Ça revient de droit à monsieur Poisson, qui a l'usage des armes.

TOUS.

Oui, à monsieur Poisson!

POISSON, ému.

Je vais faire mes efforts pour me rendre digne de votre confiance. (Il prend un couteau à découper, le repasse sur son assiette et découpe l'oie.)

BEC-SALÉ.

Je propose de faire un trou.

TOUS.

C'est ça, faisons un trou. (On boit.)

GERVAISE, à Poisson.

Eh bien, est-elle tendre?

POISSON.

Comme une poulette! Je vais vous faire le bonnet d'évêque.

MADAME BOCHE.

Il n'y a que les anciens militaires pour être aimables en société.

POISSON.

Je servirai les dames. (A madame Lorilleux.) Quel morceau désirez-vous?

MADAME LORILLEUX.

Je me contenterai d'une aile et d'un peu de blanc, avec le croupion.

POISSON.

Voici, madame.

CLÉMENCE.

Moi, je voudrais de la carcasse.

MES-BOTTES.

La carcasse est le morceau des dames.

POISSON.

Et, maintenant, faites circuler.

COUPEAU.

Surtout arrosons! arrosons!

CLÉMENCE, bas à son voisin.

Il commence à avoir une jolie cocarde, le patron.

POISSON.

A la santé de la patronne! (A ce moment, on aperçoit Lantier à la porte de la boutique.)

TOUS.

A la santé de la patronne!

MADAME LORILLEUX, à Gervaise.

Quel est donc ce monsieur qui rôde depuis quelques minutes?... Voyez donc.

GERVAISE, à part.

Lantier!

COUPEAU.

Qu'as-tu? Pourquoi regardes-tu dehors?

GERVAISE, tremblante.

Je ne regarde pas.

COUPEAU, se retournant.

Si... Il y a donc quelqu'un?... (Apercevant Lantier.) Lui!... Ah! gredin, si tu entres, je te fais ton affaire.

SCÈNE X

LES MÊMES, LANTIER

LANTIER, sur le seuil.

Quoi donc? Il n'est plus permis de passer dans la rue. On vous insulte.

COUPEAU, prenant le couteau à découper pour se précipiter sur lui.

Si tu fais un pas, tu ne sortiras pas vivant.

POISSON, le désarmant.

Pas de bêtises! (Plusieurs convives se sont levés pour s'interposer.)

GERVAISE.

Oh! mon Dieu!

LANTIER, faisant un pas dans la boutique.

Alors les anciens amis refusent de me reconnaître?

COUPEAU, furieux.

File ou je t'étrangle!

VIRGINIE, qui s'est rapprochée de Lantier, bas.

Vous êtes venu trop tôt. Il n'a pas assez bu.

LANTIER.

C'est bon, c'est bon!... Je ne cherche querelle à personne. Qu'on me laisse passer tranquillement. (Il sort.)

SCÈNE XI

LES MÊMES, moins LANTIER (On se rassoit.)

MES-BOTTES, à part.

Ç'a a jeté un froid.

AUGUSTINE, revenant de la cuisine.

V'là le dessert!

MES-BOTTES.

Oh! le dessert, c'est pour les dames... Si on le permet, je préfère en griller une.

CLÉMENCE.

A votre aise.

BEC-SALÉ.

Prête-moi du tabac.

MES-BOTTES.

Tiens! mon vieux... Est-ce que ça ne serait pas le moment de chanter chacun la sienne?

COUPEAU.

Je veux bien. Chacun la sienne... Et buvons! (Il se verse coup sur coup et boit d'un air sombre.)

MADAME BOCHE.

Dites donc, si vous voulez, pour commencer, je vous chanterai : « Petit enfant, reste toujours petit. »

TOUS.

Oui, oui.

MADAME BOCHE, se levant et chantant.

> Petit enfant, que j'ai l'âme attendrie,
> Quand je te vois te livrer au plaisir,
> Et follement chasser dans la prairie
> Un papillon que tu ne peux saisir.
> L'orage vient, un éclair fend la nue.
> Reviens bien vite, enfant, voici la nuit.
> La gaîté seule à ton âge est connue.
> Petit enfant, reste toujours petit.

(Tout le monde applaudit.)

COUPEAU.

Le second couplet! (Il boit.)

TOUS.

Oui, oui, le second couplet!

MADAME BOCHE.

Je n'ai jamais su que le premier... Si ça vous fait plaisir, je vais le recommencer.

BEC-SALÉ.

Ah! non, fichtre!

MES-BOTTES.

Je le sais, moi! (Il chante.)

> Tous les matins quand je me lève,
> J'ai le cœur sens dessus dessous,
> J'l'envoie chercher contre la grève
> Un poisson d'quat' sous.

POISSON, furieux.

Un poisson d'quat'sous!

BIBI.

Mais non, ce n'est pas de vous qu'il s'agit.

POISSON.

Ah! bon! (Il se rassied.)

MES-BOTTES, reprenant.

Un poisson d'quat'sous.
Y rest' trois quarts d'heure en route,
Et puis en r'montant
Y m'lich la moitié de ma goutte,
Qué coquin d'enfant! (*bis.*)

(Reprise par tout le monde.)

GERVAISE.

Mon ami, ne bois plus, tu vas te faire du mal.

COUPEAU.

Laisse-moi, toi!... J'ai soif.

MADAME LORILLEUX, bas à Lorilleux.

Vrai, je ne regrette plus d'être venue, c'est drôle!

NANA, se mettant à crier.

Oh! oh! la la!

GERVAISE.

Qu'as-tu donc, ma chérie?

NANA.

J'ai bobo!

CLÉMENCE.

La pauvre petite, elle a trop mangé!

GERVAISE.

Viens, ma chérie... Ça ne sera rien. (Nana et les femmes sortent.)

POISSON.

En attendant le café, on pourrait tous prendre l'air dans la cour.

BIBI.

C'est une bonne idée. (Ils sortent.)

SCÈNE XII

COUPEAU, GERVAISE, puis LANTIER

(Coupeau est tombé ivre-mort sur la table.)

GERVAISE, voulant emmener Coupeau

Oh! le malheureux!... Coupeau, viens-tu? (Le secouant.) Mais réponds-moi donc!... Se mettre dans un pareil état devant tout le monde! (Voyant entrer Lantier et poussant un cri.) Encore vous!

LANTIER.

Oui, j'ai attendu que tu fusses seule.

GERVAISE, appelant.

Coupeau! Coupeau!

LANTIER.

Écoute, Gervaise, il est impossible que tu aies oublié le passé, que tu ne te rappelles pas ce que nous avons été l'un pour l'autre... Souviens-toi, là-bas, à Plassans, comme nous nous aimions! Le premier à qui tu as dit : Je t'aime, c'est moi, tu le sais bien... Et je veux que tu me le dises encore. Oui, je viens te reprendre; car c'est à moi que tu appartiens, oui, à moi!

GERVAISE, à Coupeau.

Coupeau, entends-tu?

LANTIER.

Eh! non, il n'entend pas! Il est ivre. Tu peux l'appeler, il ne viendra pas à ton secours.

GERVAISE, suppliante.

Coupeau, au nom du ciel, réveille-toi!

COUPEAU, poussant un soupir d'ivrogne.

Hum!

LANTIER.

Pourquoi refuses-tu de me suivre?... Qu'est-ce qui te retient auprès de cet ivrogne?

GERVAISE.

Laissez-moi. (Il veut la prendre entre ses bras et l'embrasser.) Non, Non! (Tentant un dernier effort.) Coupeau! défends-moi!

COUPEAU, levant enfin la tête.

Hein! qu'y a-t-il?

GERVAISE.

Regarde... Il est revenu.

COUPEAU, à Lantier.

Tiens! c'est Lantier... Bonjour, ma vieille.

GERVAISE.

Mais tu n'entends donc pas!... Il veut me reprendre, il veut m'emmener avec lui!

COUPEAU.

Ah! elle est farce, celle-là! (Il retombe sur la table.)

LANTIER.

Eh bien! tu vois?

GERVAISE, affolée.

Mon Dieu! c'est vrai! je n'ai plus de mari. Le vin m'a pris mon mari. Que vais-je faire, moi?... Ce n'est pas ma faute, pourtant.

LANTIER, cherche à l'entraîner vers la porte.

Suis-moi.

GERVAISE.

Ne me touchez pas!... Jamais! jamais!

SCÈNE XIII

LES MÊMES, TOUS LES PERSONNAGES du dîner, moins **NANA**. (Ils paraissent à la porte de gauche.)

TOUS.

Que se passe-t-il donc?

GERVAISE.

Rien!... Je n'ai besoin de personne. Je saurai me faire respecter... C'est cet homme qui s'est introduit ici, et que je chasse... Allons, sortez! Mais sortez donc, misérable!

LANTIER, bas à Gervaise en s'éloignant.

Tu me payeras ça, ma petite. (Il sort.)

VIRGINIE, à part.

Je crois que, maintenant, il m'aidera à me venger.

MES-BOTTES, riant en regardant sortir Lantier.

Pas de veine aujourd'hui, le chapelier!

(*Rideau.*)

ACTE QUATRIÈME

SEPTIÈME TABLEAU. — L'ASSOMMOIR

Un grand débit de liqueurs. Comptoir d'étain; gros tonneaux cerclés de cuivre; étagères de cristal couvertes de bouteilles. Au fond, on aperçoit l'appareil à distiller. A gauche, une porte donnant dans une salle voisine. A droite, la porte de la rue, garnie de glaces sans tain. Tables de marbre, chaises. Le gaz est allumé.

SCÈNE PREMIÈRE

LANTIER, LE PÈRE COLOMBE, BIBI, BEC-SALÉ, BAZOUGE, OUVRIERS, puis UNE PETITE FILLE

(Au lever du rideau, Lantier assis à gauche, près du comptoir, lit un journal, tandis que Bibi et Bec-Salé, assis à une autre table, à droite, jouent aux cartes. Le père Colombe verse des tournées à des ouvriers, debout devant le comptoir. Des consommateurs occupent plusieurs tables. Bazouge au fond, à gauche, boit silencieusement un verre de cognac.)

BEC-SALÉ, à Bibi.

A toi de donner, ma vieille. (Bibi donne les cartes.)

UNE PETITE FILLE, entrant.

Père Colombe!

LE PÈRE COLOMBE.

Qu'est-ce que tu veux, moucheron?

LA PETITE FILLE.

Quatre sous de goutte dans ma tasse.

LE PÈRE COLOMBE, la servant.

C'est pour toi?

LA PETITE FILLE.

Non, c'est pour maman qui est enrhumée. N'y a que ça qui la calme... Merci. (Elle sort.)

BAZOUGE, appelant.

Père Colombe!

LE PÈRE COLOMBE.

Monsieur Bazouge... Vous désirez?

BAZOUGE.

Un verre de vieille. (Le père Colombe le sert.)

BEC-SALÉ, qui a relevé ses cartes.

Ah! sacrebleu! (Il rit aux éclats et donne un coup de poing sur la table.)

SCÈNE II

LES MÊMES, MES-BOTTES

MES-BOTTES, entrant par la porte de gauche.

Bonjour, les amis.

BEC-SALÉ.

Un moment, tout à l'heure!... J'ai la Révolution. Quinte mangeuse portant son point dans l'herbe à la vache. Vingt, n'est-ce pas?... Ensuite, tierce major dans les vitriers, vingt-trois... trois bœufs, vingt-six... trois larbins, vingt-neuf... trois borgnes, quatre-vingt-douze... Et je joue an un de la République... 93!

MES-BOTTES, à Bibi.

T'es rincé, mon vieux.

BIBI.

Eh bien! je te dois une tournée pour plus tard... (A Mes-Bottes.) D'où sors-tu donc, toi?

MES-BOTTES.

De la salle d'à côté, où nous posons des solives de fer. Le patron s'est en allé, et je profite de ça pour voir s'il pleut... Cré père Colombe! il s'agrandit, il veut une salle de billard à présent.

BEC-SALÉ.

Pardi! avec ce qu'il nous vole... Alors, t'as travaillé, toi, cette quinzaine?

MES-BOTTES.

Oh! je te crois!... J'ai fait trois journées et une heure.

BIBI.

Juste trois journées de plus que moi... T'es heureux de pouvoir passer à la caisse. C'est ça qu'est fichant, les premiers samedis du mois, les jours de grande paye comme aujourd'hui, de n'avoir rien à toucher... Moi, ça me vexe!

BEC-SALÉ, riant.

Tu voudrais ne pas travailler et toucher tout de même.

MES-BOTTES.

Voilà qui résoudrait la question sociale... Père Colombe, trois cognacs.

LE PÈRE COLOMBE.

Trois cognacs. (Il les sert. Mes-Bottes s'est assis.)

BEC-SALÉ, au père Colombe.

Hein! ce filou de père Colombe, va-t-il faire son beurre aujourd'hui!

BIBI.

On s'écrasera à votre comptoir dans une heure. Il y en a plus d'un que sa femme attend et que vous flanquerez à la porte le gousset vide.

LE PÈRE COLOMBE.

Je ne me plains pas, le commerce va bien.

BAZOUGE, appelant.

Père Colombe, un verre de vieille ! (Le père Colombe le sert.)

BEC-SALÉ, regardant Bazouge.

Ça fait trois... Cré matin! faut-il que le travail donne, dans sa partie!

MES-BOTTES.

Dites donc, les amis, j'ai rencontré tout à l'heure madame Coupeau.

BEC-SALÉ.

Chut ! (Il lui montre Lantier.)

MES-BOTTES, bas.

Tiens! il est là, ce particulier. Je ne l'avais pas vu... Eh bien! qu'est-ce que ça fait? Il est fâché avec les Coupeau, mais ça n'empêche pas de parler d'eux.

BIBI.

Alors, Coupeau?

MES-BOTTES.

Oh! mes amis, une vraie conversion... Dame! il était temps de s'arrêter. On ne faisait plus de noces comme autrefois, dans la boutique, vous vous souvenez? Coupeau avait fini par la boire, la boutique... Mais, quand il s'est vu dans un taudis, crevant de faim avec sa fille qui gagnait le goût de la coquetterie, avec sa femme qui perdait le goût du travail, il a juré de ne plus boire.

BIBI.

Et il tient son serment?

MES-BOTTES.

Mais oui! Voilà six jours qu'il va régulièrement à l'atelier. Et plus une goutte de liquide!

BEC-SALÉ.

Pas possible !... C'est donc ça qu'on ne le voit plus!
(Mouvement de Lantier, qui a écouté sans en avoir l'air.)

MES-BOTTES.

Parbleu !... Je vous disais donc que j'ai rencontré madame Coupeau. Elle était bien contente. (Lantier écoute.) Elle comptait sur ses doigts l'argent qu'il va rapporter ce soir... Six journées à sept francs, ça fait quarante-deux francs.

BIBI.

Malin ! il y aurait de quoi rigoler !

MES-BOTTES.

Et il paraît que ça tombe à propos... Elle attend ce soir la monnaie pour manger.

BEC-SALÉ.

Nous connaissons ça. Plus de bricheton dans le buffet !... N'importe ! Coupeau a tort de mépriser les amis. Quand il boirait un coup de temps à autre, ça ne l'empoisonnerait pas.

MES-BOTTES.

Bien sûr... A votre santé !

BAZOUGE, allant payer au comptoir.

Père Colombe, trois verres de vieille. Voilà ! (Il sort. Bibi la Grillade, Bec-Salé et Mes-Bottes boivent et continuent de parler à voix basse. Lantier s'est approché du comptoir.)

LANTIER, à demi-voix.

Père Colombe !

LE PÈRE COLOMBE.

Quoi ? monsieur Lantier.

LANTIER.

Vous êtes certain qu'il passe devant votre maison tous les jours ?

LE PÈRE COLOMBE.

Qui ça, monsieur Coupeau ?... Oh ! absolument certain, je vous l'ai dit. Je le vois qui file sur le trottoir à six heures quarante... Dans dix minutes, il passera.

LANTIER.

Merci (Il a gardé le journal et se remet à le lire, debout.)

MES-BOTTES, continuant à demi-voix.

C'est comme je vous le dis. Madame Poisson a pris la boutique de madame Coupeau, et elle y a installé un commerce de confiserie, grâce à un héritage que son mari a fait.

BEC-SALÉ.

Et c'est ce finaud de Lantier qui croque la boutique?

MES-BOTTES.

Juste! Il se nourrit de douceurs, il est tout en sucre... Ça l'engraisse.

BIBI.

Sapristi! en voilà un qui va de la brune à la blonde, et de la blonde à la brune! Quel métier!

BEC-SALÉ.

Mais le mari?

MES-BOTTES.

Le mari... Dame! il court toujours pour sa place de sergent de ville. Ça l'occupe. (Tous les trois rient.)

BEC-SALÉ, montrant Lantier.

Assez causé. Je crois qu'il nous moucharde. (Haussant la voix.) Alors, monsieur Lantier, il ne dit plus rien, votre journal?

MES-BOTTES, feignant de l'apercevoir.

Tiens! Lantier... Bonjour! (Ils se serrent la main.) Qu'est-ce qu'il y a de nouveau dans la politique?

LANTIER.

Des bêtises! Toujours la même chose... Je lisais les tribunaux, une drôle d'histoire. (Poisson entre et descend lentement, en écoutant.) Imaginez-vous un mari qui a surpris sa femme avec un particulier.

MES-BOTTES.

Et il lui a fait son affaire?

LANTIER.

Pas du tout, il s'est fait donner un billet de mille... Très malin, ça!

BEC-SALÉ, bas, poussant le coude à Mes-Bottes.

Ah! justement, le mari!

SCÈNE III

LES MÊMES, POISSON

MES-BOTTES, tendant la main à Poisson.

Bonjour!... Elle est bonne! Vous avez entendu l'histoire du mari?

POISSON.

Oui.

MES-BOTTES.

Moi, j'aurais sauté sur le particulier... Et vous?

POISSON.

Moi?... Je ne sais pas, il faudrait voir. (A Colombe.) Deux vermouth. (Il donne une poignée de main à Lantier et l'emmène à gauche.)

BIBI, bas à Mes-Bottes.

Ce qu'il aurait fait?... Il lui aurait offert une consommation. Regarde. (Mes-Bottes, Bibi et Bec-Salé continuent à causer bas, à droite.)

POISSON, à Lantier.

Très bien! Auguste... C'est ma femme qui m'a envoyé. Votre couvert était mis, mais du moment que vous ne pouvez pas, nous allons dîner sans vous.

LANTIER.

C'est ça... J'ai une affaire.

POISSON.

Justement, ma femme m'a dit : Va voir si l'affaire est terminée et tu me renseigneras.

LANTIER.

Non, l'affaire n'est pas terminée, mais elle est en bonne voie... Vous pouvez lui dire qu'elle est en bonne voie.

POISSON.

Et de quelle affaire s'agit-il?

LANTIER, hésitant.

Quelle affaire?... (Vivement.) Oh! un rendez-vous avec un marchand de chapeaux. Une place de trois mille francs.

POISSON.

Superbe! (Il lui donne une poignée de main.) Alors, bonsoir.

MES-BOTTES, bas.

Tiens! le mari qui file! Je parie qu'il vient de faire une commission de Madame. (L'arrêtant, haut.) Bonsoir, monsieur Poisson.

POISSON.

Bonsoir. (Il sort.)

MES-BOTTES, le regardant s'éloigner.

Allons! tant mieux, il passe encore sous les portes.

LE PÈRE COLOMBE, à Mes-Bottes.

Dites donc, votre patron qui entre à côté.

MES-BOTTES.

Ah! bigre! je retourne au travail... A tout à l'heure, les amis. (Il sort par la gauche.)

SCÈNE IV

LES MÊMES, moins POISSON, MES-BOTTES et BAZOUGE

BEC-SALÉ.

Il est bon, Mes-Bottes. A tout à l'heure! Nous n'avons pas le sou.

BIBI.

Et le père Colombe a coupé le crédit... Viens-tu au *Petit bonhomme qui tousse?*

LANTIER, qui les examine, à part.

Il ne faut pas qu'ils s'en aillent! (A Bec-Salé et à Bibi.) Dites donc, voulez-vous me rendre un service?

BIBI.

Quoi donc?

LANTIER.

Ça m'ennuie d'être fâché avec Coupeau... C'est l'heure où il passe. Et, tenez! le voilà là-bas qui arrive sur le boulevard. Je paye un déjeuner, si vous l'amenez ici... Je veux faire la paix, moi. Ça me fait trop de peine, quand je suis brouillé avec un ami.

BEC-SALÉ.

Un déjeuner! accepté!... Du moment que c'est pour l'amitié!

BIBI.

Et puis, nous allons voir la tête de Coupeau devant le liquide. (Tous les deux sortent.)

LANTIER.

Père Colombe!

LE PÈRE COLOMBE.

S'il vous plaît, monsieur Lantier?

LANTIER.

Quatre verres de fine.

LE PÈRE COLOMBE.

Voilà. (Il verse. Les quatre verres sont alignés sur le comptoir.)

SCÈNE V

LES MÊMES, COUPEAU

COUPEAU, sur le seuil, amené par les deux autres.

Je vous dis que je ne veux pas entrer. (Il a son sac de zingueur sur l'épaule.)

BEC-SALÉ.

On ne te mangera pas, peut-être!

COUPEAU.

Ma femme m'attend. Je suis déjà en retard... Non, je n'entrerai pas.

BIBI.

T'as bien une minute.

BEC-SALÉ.

On te répète que c'est quelqu'un qui veut te voir... Une belle affaire pour toi. Un capitaliste, un ambassadeur!

COUPEAU, entrant.

Allons! un mot, je veux bien, puis je file... Où est-il, votre capitaliste?

LANTIER, s'avançant la main tendue.

Comment! tu n'as pas deviné?

COUPEAU.

Toi!... (Aux deux autres.) Vous savez! je n'aime pas les mauvaises farces.

LANTIER.

Tu nous fuis. Il faut bien te conter des histoires... Voyons, Coupeau, nous ne pouvons rester fâchés?

COUPEAU.

Je ne suis fâché avec personne. Je fais ce qu'il me plaît, voilà tout... Comme je suis très heureux maintenant, je m'arrange pour que ça continue.

LANTIER.

Alors, tu vas trinquer avec nous.

COUPEAU.

Oh! ça, jamais!

LANTIER.

Voyons, c'est versé.

COUPEAU.

Jamais!

BEC-SALÉ, ironiquement.

Il ne peut pas. Sa femme le lui a défendu.

COUPEAU.

Oh! ma femme me l'a défendu.

BIBI.

Oui... Madame le battrait. (Les consommateurs rient.)

COUPEAU, gêné.

Ma femme me battrait... Faudrait voir!

BEC-SALÉ, ironiquement.

Elle l'attend, et c'est heureux encore qu'elle ne l'ait pas guetté à la porte de l'atelier, pour lui rafler sa paye.

COUPEAU.

Rafler ma paye! (Tapant sur son gousset.) L'argent est là. Il est à moi... C'est moi qui le gagne.

LANTIER.

Es-tu un homme? Oui!... Eh bien! avale-moi ça. Tu n'en mourras pas.

COUPEAU, hésitant, puis se décidant.

Bien sûr... C'est pour me débarrasser de vous. A votre santé !

BEC-SALÉ, tapant sur le gousset de Coupeau.

Alors, les monacos sont là ?

COUPEAU.

Oui, mon vieux, quarante-deux francs, et gagnés d'attaque, on s'en flatte !... Vous blaguez, vous autres ; mais si vous saviez le plaisir que ça me fait de porter ça à ma femme !... C'est très vrai qu'elle m'attend, cette pauvre Gervaise !... Adieu.

LANTIER, à part.

Quoi donc ? il s'en va !

BEC-SALÉ.

Tu te sauves. Eh bien ! tu es gentil... Comment ! tu as le magot et tu ne rends pas aux amis la politesse qu'ils te font ?

LANTIER.

Mais non, laissez-le aller... (Payant.) Père Colombe, voilà votre monnaie.

COUPEAU, s'arrêtant, à part.

Ah ! c'est lui qui paye.

BIBI.

Faut vraiment que tu sois devenu joliment pingre !

COUPEAU, revenant devant le comptoir.

Père Colombe, redoublez-moi ça, c'est mon tour. (Le père Colombe remplit les verres.) On se range ; mais, vous avez raison, une politesse en vaut une autre... A votre santé ! (Ils trinquent et ils boivent.)

LANTIER, posant son verre.

C'est du numéro un.

COUPEAU, très gai, en payant.

Il n'y a que le père Colombe pour maquiller ainsi son vitriol... (Il flaire le verre.) Ça vous a une odeur! Ah! mâtin! c'est bon tout de même, lorsqu'il y a longtemps qu'on n'a pas mis le nez dedans!

LANTIER.

A la bonne heure! Toi, un buveur d'eau!... Quand on pense qu'autrefois tu vidais un demi-setier d'eau-de-vie sans reprendre haleine!

COUPEAU, flatté.

Ce n'est pas pour me vanter, mais j'avais un rude souffle.

LANTIER.

Oh! j'ai vu plus fort que ça!

BEC-SALÉ.

Vraiment?

LANTIER.

Oui, en Angleterre... Un malin qui boit douze verres de brandy, pendant que l'on compte jusqu'à douze.

BEC-SALÉ, avec admiration.

Pas possible!

COUPEAU.

Avec ça que c'est difficile!... Je parie en faire autant.

LANTIER, vivement.

Je tiens le pari... Qu'est-ce que nous parions?

COUPEAU.

Ce que tu voudras... Vingt sous.

LANTIER, avec dédain.

Ça vaut mieux que ça... Parions vingt francs.

COUPEAU.

Vingt francs, ça m'est égal.

LANTIER.

Père Colombe, ajoutez huit verres.

BEC-SALÉ.

Cristi ! c'est émotionnant à voir !

COLOMBE, à Coupeau.

Monsieur est servi.

BEC-SALÉ.

Lâche donc ton poupon ! T'as l'air d'une nourrice.

COUPEAU.

C'est vrai qu'il est d'un lourd, ce sac ! (Il le pose par terre.)

LANTIER.

Je compte, et pas trop vite... Un... deux... trois... quatre... cinq... six... sept... (Pendant ce temps, Coupeau boit.) Tu as perdu, nous sommes à sept, tu n'en as bu que six.

COUPEAU.

Ma revanche.

LANTIER.

Non, je ne veux pas te voler ton argent.

COUPEAU.

Ah ! tu refuses !... Voilà tes vingt francs. (Il les lui donne.)

LANTIER.

Écoute, je te fais quitte ou double au tourniquet.

COUPEAU.

Ça va ! (Tous quatre s'asseyent à la table de gauche. Le père Colombe apporte le tourniquet et les six autres verres, que Coupeau boit pendant la scène.)

BEC-SALÉ.

Et ta bourgeoise ?

COUPEAU, tout à fait lancé.

Ah ! fiche-moi la paix !

LANTIER, tournant.

Vingt ! (On rit.)

COUPEAU.

A moi... (Il tourne.) Dix !... Nettoyé ! Mais j'ai encore de quoi payer une tournée... Père Colombe, donnez-nous donc quelque chose.

SCÈNE VI

LES MÊMES, MES-BOTTES

MES-BOTTES, entrant par la gauche.

Comment ? Coupeau ici ! Et joliment allumé, à ce que je vois !

COUPEAU, à Lantier qui se lève.

Tu t'en vas ?

LANTIER.

Oui, j'en ai assez.

COUPEAU.

T'es pas un homme, alors !

BIBI.

Tu nous lâches ?

BEC-SALÉ.

Tu fais Charlemagne ?

COUPEAU.

Laissez-le donc ! Nous n'avons pas besoin de lui. (Il boit et ricane avec Bibi et Bec-Salé.)

LANTIER, au père Colombe.

Ce n'est plus mon genre, voyez-vous. Quand ça devient du vilain, j'aime mieux me retirer... Donnez-moi un autre journal. (Il s'assied à droite et feint de lire.)

MES-BOTTES, debout, à part.

Est-ce qu'il y aurait de la Virginie là-dessous ? (Depuis un instant, on voit rôder Gervaise devant la porte. Elle paraît sur le seuil, hésitante. Mes-Bottes l'aperçoit.) Madame Gervaise !

SCÈNE VII

LES MÊMES, GERVAISE, puis GOUGET

(Pendant la scène précédente des consommateurs ont rempli l'Assommoir.)

GERVAISE.

Mon Dieu ! je n'oserai jamais !

MES-BOTTES, à part.

Pauvre femme ! (Haut.) Que voulez-vous, madame Gervaise ?

GERVAISE.

Ah ! c'est vous... Si vous saviez ! Il y a un quart d'heure que je suis là, à la porte. Jadis, on m'aurait plutôt coupée en morceaux que de me faire entrer ici... Et m'y voilà !

MES-BOTTES.

Bien sûr, ce n'est guère la place d'une femme.

GERVAISE.

Il faut pourtant que j'entre, puisque mon homme est ici... Je veux mon homme ! (Elle s'avance vers Coupeau.)

COUPEAU, l'apercevant.

Tiens ! c'est toi... Oh ! elle est rien farce, celle-là, par exemple !

GERVAISE.

C'est ici qu'il faut que je vienne te chercher... Après toutes tes promesses !

COUPEAU.

Je vas te dire, c'est les camarades !

GERVAISE.

Il y a deux heures que je t'attends. En ne te voyant pas rentrer, je suis allée au chantier... C'est par hasard que j'ai eu l'idée, en passant, de regarder ici... Allons, viens !

COUPEAU.

J' peux pas me lever, je suis collé... Oh ! sans blague !

GERVAISE.

Qu'as-tu fait de ta paye ?

COUPEAU.

Ma paye... On ne nous payera que lundi.

GERVAISE.

Tu mens !... J'ai vu ton patron.

COUPEAU.

Je vas t'expliquer...

GERVAISE.

Donne-moi ton argent... Je le veux !

COUPEAU.

Ah ! tu m'ennuies, à la fin !... Je l'ai placé, mon argent.

GERVAISE.

Misère de nous !... C'est fini. Nous voilà retombés, et nous ne nous relèverons plus, cette fois... Moi qui comptais les heures, moi qui ai promis de l'argent dans tout le quartier !

COUPEAU.

A Chaillot, les créanciers !

GERVAISE.

Et, veux-tu que je te dise ? je n'ai pas mangé de la journée, j'attendais du pain... Allons, viens !

MES-BOTTES, à Coupeau.

Tonnerre ! va donc avec elle, puisqu'elle a faim, cette femme !

COUPEAU, essayant de se lever.

J'peux pas. (A Gervaise.) Assieds-toi une minute... Quand tu feras une scène, à quoi ça avancera-t-il ?

GERVAISE.

J'ai faim, entends-tu ?

COUPEAU.

Bois un coup, ça nourrit.

LANTIER, qui s'est levé.

Un petit verre vous fera du bien.

GERVAISE, le reconnaissant.

Vous !... Ah ! je comprends !

LANTIER, bas à Gervaise.

Je t'avais bien dit que je me souviendrais !

GOUGET, entrant, à Mes-Bottes.

C'est comme ça que tu es à l'ouvrage, toi ?

COUPEAU, à Gervaise.

Ne fais pas la bête, t'as du chagrin, avale-moi ça. Tu n'en auras plus. (Il lui présente un verre.)

GERVAISE, avec une sombre décision.

Au fait, tu as raison. C'est une bonne idée. Comme ça, nous boirons la monnaie ensemble.

(Elle s'assied et porte le verre à ses lèvres.)

BIBI ET BEC-SALÉ.

A votre santé !

GERVAISE, après avoir bu.

C'est vrai... Ça réchauffe.

GOUGET, l'apercevant.

Oh ! la malheureuse ! la malheureuse !

(*Rideau.*)

ACTE CINQUIÈME

HUITIÈME TABLEAU. — LA DERNIÈRE BOUTEILLE

Une mansarde misérable. Dans un coin, un matelas jeté par terre. Une commode sans tiroirs, une vieille table, une chaise, un morceau de glace accroché au mur. Une porte au fond. Une porte à gauche.

SCÈNE PREMIÈRE

GERVAISE, NANA

Au lever du rideau, Gervaise est sur la chaise, les yeux fixes, la tête dans les mains. Nana achève de se coiffer devant le morceau de glace.)

GERVAISE, à demi-voix.

Hier soir, le boulanger m'a refusé un pain. Nous avons achevé les croûtes de la veille. Mais, aujourd'hui, que faire ? où frapper ?... Rien, je ne trouve rien, depuis une heure que je suis là, à me creuser la tête. Ah ! je voudrais être morte !... Nana !

NANA.

Maman ?

GERVAISE.

Tu n'as pas tâché d'emprunter cent sous à la patronne ?

NANA.

Si... Elle a dit que ça ne se faisait pas à l'atelier. (Un silence.)

GERVAISE.

Qu'est-ce que tu fais donc ?

NANA.

Tu vois bien que je me coiffe !... C'est ennuyeux. On n'a seulement pas de pommade, et j'ai un vieux ruban qui est tout fané. Vrai ! il faut en avoir, de la philosophie !... Allons, bon ! voilà encore ma robe qui a craqué !

GERVAISE, qui est retombée dans ses réflexions, bas.

Nous ne pouvons pourtant pas mourir de faim. Il faut manger... Mon Dieu ! mon Dieu !

NANA.

Est-elle assez mûre, cette robe ? Une vraie dentelle ! On m'en avait promis une pour ma fête, mais va-t'en voir s'ils viennent !... Non ! ça ne peut pas durer comme ça. (Elle coud, cassant son fil avec ses dents, prise de petites rages.)

GERVAISE.

Nana !

NANA.

Maman ?

GERVAISE.

C'est depuis l'autre samedi que ton père est à Sainte-Anne ?

NANA.

Je ne sais plus. Il y va tous les mois, maintenant... Oui, ça doit être l'autre samedi qu'on l'a ramassé devant la *Boule-Noire*... Voyons, j'ai là des chiffons. (Elle entre à gauche.)

GERVAISE, à demi-voix.

Non, je ne peux pas aller chez son ancien patron, il me mettrait à la porte... Ah ! quand il n'y a plus d'homme dans un ménage, c'est fini ! Un homme trouve toujours.

NANA, rentrant et allant à la commode.

Sans doute. Mais depuis que papa est fou, j'ai toujours peur qu'il ne nous massacre, lorsqu'il a bu... Il faut pourtant que je m'arrange quelque chose avec ce ruban. (Elle fait un nœud avec les bouts d'un vieux ruban.)

GERVAISE.

Alors, tu sors?

NANA.

Bien sûr que je sors!

GERVAISE.

Où vas-tu?

NANA.

Où je vais? mais me promener donc! C'est dimanche... Oh! sois tranquille, je rentrerai tout à l'heure pour dîner.

GERVAISE, à part.

Dîner... Avec quoi?

SCÈNE II

LES MÊMES, MADAME BOCHE

NANA.

Tiens! madame Boche!

MADAME BOCHE, à Gervaise.

Oui, c'est moi... Vous n'avez pas oublié que nous sommes le huit. Et je rends ma petite visite aux locataires... Je viens de chez les Lorilleux. En voilà qui sont exacts! ils payent rubis sur l'ongle... Je vous apporte vos quittances.

GERVAISE.

Mes quittances...

MADAME BOCHE.

Dame! vous devez deux termes, et vous savez que le propriétaire ne plaisante pas. Il m'a dit que, si vous ne payiez pas aujourd'hui même, il serait forcé de vous expulser.

GERVAISE.

Je n'ai pas de travail, Coupeau est à l'hôpital.

MADAME BOCHE.

C'est ce que je lui ai dit. Mais, que voulez-vous? il faut bien que l'argent rentre. Il vous mettra à la porte.

GERVAISE.

Et bien! il nous mettra à la porte. Nous ne serons pas plus mal dans la rue qu'ici.

NANA.

Laisse donc, maman! Les propriétaires, ça menace toujours... Là, voilà qui est fait! (Elle va se regarder dans le morceau de glace.) Très chic!... Je vais jusqu'au boulevard extérieur.

MADAME BOCHE, bas.

Dis donc, Nana? qu'est-ce que c'est que ce vieux monsieur qui est venu te demander?

NANA, bas.

Chut! n'en parlez pas à maman... (Haut.) A tout à l'heure. (Elle sort.)

SCÈNE III

GERVAISE, MADAME BOCHE

MADAME BOCHE, à part.

Au contraire, je vais lui en parler tout de suite... (Haut.) Madame Gervaise, faut que je vous prévienne. Ce matin il est venu un vieux monsieur. C'est Boche qui m'a conté la chose. Je n'y étais pas; sans ça, il aurait été bien reçu!... Il s'est informé de Nana. Enfin, méfiez-vous!

GERVAISE.

Mon Dieu! il ne manquerait plus que ça! C'est bon, je veillerai.

MADAME BOCHE.

Alors, vous ne pouvez rien donner au propriétaire ? Pas même un acompte ?

GERVAISE, pleurant.

Mais puisque je vous répète que je n'ai pas un sou !

MADAME BOCHE.

Ne vous désespérez pas. Il y aurait peut-être un moyen de vous en tirer.

GERVAISE.

Comment ça ?

MADAME BOCHE.

En vous adressant à des amis.

GERVAISE.

A qui voulez-vous que je m'adresse ?... Aux Lorilleux, peut-être ?

MADAME BOCHE.

Oh ! non. Ils sont trop durs à la détente, ceux-là !... Mais, enfin, vous avez d'autres connaissances. Madame Poisson, par exemple.

GERVAISE.

Non, pas celle-là ! Jamais !... Elle triomphe trop, dans mon ancienne boutique ! On dirait même que plus je souffre, plus ça lui fait plaisir.

MADAME BOCHE.

Ne croyez donc pas ça ! Quelle vilaine idée !... Mais il y a d'autres personnes encore.

GERVAISE.

D'autres personnes... Oui, il y a madame Gouget. Je ne les vois plus, ni elle ni son fils... J'aimerais mieux cent fois mourir sur le pavé que de recourir à eux.

MADAME BOCHE.

Ah! si vous êtes fière! Enfin, arrangez-vous... Je reviendrai ce soir. (Elle sort.)

SCÈNE IV

GERVAISE, seule, appuyée sur la table.

Mais qu'ai-je donc fait au bon Dieu, pour qu'il me fasse endurer tout ça! Voyons, tâchons de ne pas perdre la tête... Il faut manger. Si je trouvais quelque chose à vendre. (Elle fait le tour de la chambre.) La brocanteuse du coin me donnerait bien vingt sous... Pas une guenille, pas un objet. Rien que les quatre murs. J'ai vendu jusqu'à la laine de mon matelas, poignée par poignée. Coupeau a tout bu... Oh! la misère noire!... A qui demander? (On entend la voix des Lorilleux.) Les Lorilleux... Allons, quoi qu'il m'en coûte! (Elle ouvre la porte et appelle.) Monsieur Lorilleux.

SCÈNE V

GERVAISE, MONSIEUR et MADAME LORILLEUX.

(Ils restent tous deux sur le seuil de la porte.)

LORILLEUX.

Qu'est-ce que vous nous voulez?

MADAME LORILLEUX.

Dépêchez-vous, car nous allons reporter de l'ouvrage.

GERVAISE, avec embarras.

Je voulais... J'ai fait un savonnage, on ne m'a pas payée, parce que c'est dimanche et que les gens sont à la campagne. On me payera demain.

LORILLEUX, bas à madame Lorilleux.

Une craque !

GERVAISE, la voix étranglée.

Alors, je voulais... Vous ne pourriez pas me prêter vingt sous ?

LORILLEUX, à part.

Ça y est !... (Haut.) Vingt sous, mâtin !

MADAME LORILLEUX, bas à son mari.

En voilà une mangeuse ! Aujourd'hui, elle nous tape de vingt sous, demain ce serait du double... Pas de ça !

GERVAISE.

Vous me rendriez un bien grand service.

MADAME LORILLEUX.

Ma chère, vous savez que nous n'avons pas d'argent... Ça serait de bon cœur, naturellement.

LORILLEUX.

Le cœur y est toujours. Seulement, quand on ne peut pas, on ne peut pas.

GERVAISE.

Je vous les rendrai demain matin, quand j'aurai touché mon savonnage.

LORILLEUX, haussant les épaules.

Votre savonnage !... Nous n'ignorons pas que vous ne travaillez plus depuis longtemps.

MADAME LORILLEUX.

Ma chère, nous avons payé notre terme, nous restons sans un liard, si bien que nous sommes nous-mêmes très embarrassés pour ce soir... Et puis, voyez-vous, c'est votre faute. Il y a longtemps que nous vous avertissons. Il fallait travailler et être économe... A une autre fois... Bonsoir ! (Elle sort.)

LORILLEUX.

Oui, à une autre fois... Bonsoir ! (Il sort.)

SCÈNE VI

GERVAISE seule, puis VIRGINIE

GERVAISE, éclatant en sanglots

Mon Dieu ! tout m'abandonne ! (Elle tombe accablée sur la chaise. La porte s'ouvre, Virginie paraît. Elle regarde un moment Gervaise qui pleure.)

VIRGINIE.

C'est moi, Gervaise.

GERVAISE, se levant.

Qu'est-ce que vous me voulez?

VIRGINIE.

J'ai appris que vous étiez tout à fait dans la peine et je viens voir ce qu'on peut faire pour vous.

GERVAISE, farouche.

Merci ! je ne veux rien de personne, laissez-moi.

VIRGINIE, d'un ton doucereux.

Ne pleurez pas ainsi. Vous voyez sans doute les choses en noir... Je sais que vous ne trouvez plus d'ouvrage nulle part, et je suis venue pour vous proposer un petit travail, dans l'idée de vous rendre service... Une fois par semaine, si vous voulez venir chez moi laver la boutique...

GERVAISE.

Laver... laver par terre ?

VIRGINIE.

Ça ne vous va pas ?... A votre aise !... Songez que vous n'avez à compter sur personne. Tout le monde s'est éloigné de vous. On ne vous ferait pas crédit d'un sou dans le quartier... Le propriétaire va vous mettre sur le pavé, et vous serez bientôt tout à fait seule, car Nana...

GERVAISE, avec un sanglot.

Taisez-vous! Vous me rendez folle.

VIRGINIE, toujours doucereuse.

Mais, ma chère, c'est pour votre bien que je vous montre votre position... Encore si vous aviez votre mari!

GERVAISE.

Oh! oui!... Si Coupeau était là, je me croirais sauvée.

VIRGINIE.

Mais il n'est pas là... Et même quelqu'un l'a vu à Sainte-Anne, il y a trois jours. Les médecins ont dit qu'il ne pouvait s'en relever... Pardonnez-moi de vous donner cette mauvaise nouvelle.

GERVAISE.

Seigneur! c'est le dernier coup!

VIRGINIE, à part.

Enfin! je vais donc pouvoir lui dire une bonne fois... (Haut.) Ainsi, vous en êtes là, sans aucune ressource. Une fille qui tourne mal, un mari qui se meurt...

SCÈNE VII

LES MÊMES, COUPEAU, MES-BOTTES

COUPEAU, entrant.

Salut à la société!

GERVAISE.

Coupeau! (Elle se jette dans ses bras.) Ah! Dieu de Dieu! mon pauvre homme!

L'ASSOMMOIR.

VIRGINIE, à part, avec rage.

Non, elle n'est pas encore à terre.

GERVAISE, à Coupeau.

Mais comment se fait-il?

MES-BOTTES.

Voici la chose... Ce matin, je suis allé à Sainte-Anne pour le voir. Je le croyais fichu. Oui, mon vieux, je peux te dire ça, je te croyais fichu. Pas du tout! Il était hors d'affaire, et le médecin m'a dit : « Si vous voulez l'emmener, ne vous gênez pas. »

COUPEAU.

Aussi ne me suis-je pas fait prier. (Embrassant Gervaise.) Je suis content tout de même de te revoir.

GERVAISE.

Et moi donc!

COUPEAU.

Et Nana? Où est-elle, que je l'embrasse?

GERVAISE, avec embarras.

Nana... Elle est sortie.

COUPEAU.

Ah!... Tiens! c'est madame Poisson... Ça va bien, madame Poisson?

VIRGINIE.

Très bien. (A part.) Allons! partie remise!

COUPEAU.

Ça fait plaisir de se retrouver chez soi. Et en bonne santé! Car je me porte comme le Pont-Neuf, à présent... Ah! nom d'un chien! ce que je vais travailler!

GERVAISE, avec élan.

Mon Dieu! nos malheurs sont finis!

VIRGINIE, à Coupeau.

Alors, vraiment, vous voilà guéri ?

COUPEAU.

Tout ce qu'il y a de plus guéri !

MES-BOTTES.

A une condition. (A Coupeau.) Tu sais ce que le médecin t'a dit ?

COUPEAU.

N'aie pas peur !

MES-BOTTES.

S'il t'entre seulement un petit verre d'eau-de-vie dans le corps, tu seras flambé, oh ! mais flambé comme un bol de punch ! (Il souffle.) Plus de Coupeau !

COUPEAU.

Oui, mais il m'a permis le bordeaux, le vieux bordeaux. Quant à l'eau-de-vie, sois tranquille, s'il n'y a que moi pour enrichir le père Colombe, il peut fermer boutique.

GERVAISE.

Tu l'as dit si souvent !

COUPEAU.

Cette fois, c'est la bonne. Merci ! je sais ce qu'il en coûte. (Frissonnant.) Si tu crois qu'on s'amuse, là-bas !... Ne pensons plus à tout ça. J'ai un appétit ! Qu'est-ce qu'il y a à manger ?

GERVAISE.

Rien.

COUPEAU.

C'est peu.

VIRGINIE, vivement.

Je vais vous envoyer quelque chose, monsieur Coupeau. Faut bien s'entr'aider... Au revoir. (Elle sort.)

COUPEAU.

Au revoir.

SCÈNE VIII

LES MÊMES, moins VIRGINIE

COUPEAU.

Comme ça, le tiroir à la monnaie, hein? tout à fait vide?... Sapristi! j'arrive bien... Voyons, tu vas aller tout de suite chez mon ancien patron, tu lui demanderas s'il veut de moi. Dès demain, je serai au chantier. Et tu le prieras de me faire une petite avance.

GERVAISE.

C'est ça... J'y vais.

MES-BOTTES.

Et moi, je cours après Bibi. Ce gredin-là me doit dix-huit sous depuis six mois... S'il me les rend, je vous les apporte.

GERVAISE.

Descendons ensemble.

MES-BOTTES.

A tout à l'heure, mon vieux.

GERVAISE.

Ne t'impatiente pas. (A part, en sortant.) C'est le bonheur qui revient. (Elle sort avec Mes-Bottes.)

SCÈNE IX

COUPEAU, puis MADAME BOCHE

COUPEAU, seul, regardant autour de lui.

Bigre! ça ne sent pas l'opulence, ici. Ma pauvre Gervaise doit avoir eu bien du mal. Mais je veux qu'elle soit heureuse à cette heure... (Regardant dans l'armoire.) Pas un morceau de pain! Famine complète! Il est temps que je travaille!... Mâtin! comme j'ai l'estomac creux!

MADAME BOCHE, entrant avec une bouteille à la main.

Bonjour, monsieur Coupeau, ça va bien?

COUPEAU.

Très bien, merci.

MADAME BOCHE.

Enchantée de vous revoir... Je vous apporte ça de la part de madame Poisson. Une bonne bouteille de vieux bordeaux! (Elle pose la bouteille sur le buffet.)

COUPEAU.

Ce n'est pas de refus.

MADAME BOCHE.

C'est pour arroser votre dîner. Attendez que votre femme soit revenue des provisions.

COUPEAU.

Bien sûr! Et nous boirons à la santé de madame Poisson et à la vôtre.

MADAME BOCHE.

C'est ça... Au revoir! (Elle sort.)

SCÈNE X

COUPEAU, seul.

Il y a encore de braves gens. Nous allons fêter mon retour... Ça n'empêche pas, j'ai joliment faim. Et Gervaise qui ne revient plus. Si je buvais deux doigts de vin pour me soutenir. Ce n'est pas défendu, au contraire! (Il va prendre la bouteille.) Fichtre! ça doit être du fameux, et une odeur!... (Il flaire la bouteille qu'il a débouchée.) Tiens! c'est drôle, on se sera trompé... (Avec effroi.) Qu'est-ce que c'est que ça? Mais, tonnerre! c'est du poison! c'est de l'eau-de-vie!... Je n'en veux pas! je n'en veux pas! je n'en veux pas!... (Il pose la bouteille sur la table et s'enfuit à l'autre bout de la scène.) Pourquoi m'a-t-on apporté cette bouteille? Le médecin l'a dit : un seul petit verre et je suis mort. Jamais! jamais!... (Il se rapproche.) Voyons, je suis un homme. C'est bête de trembler devant une bouteille. Je n'y toucherai pas, voilà tout! Gervaise va la reporter... (Un silence.) Après ça, les médecins vous racontent un tas de machines pour vous effrayer. Comme si un petit verre pouvait tuer un homme! En voilà une farce! (Il reprend la bouteille.) Parbleu! quand on ne veut pas boire, on ne boit pas!... Si je me trompais, pourtant. Ce n'est peut-être pas de l'eau-de-vie... (Il goûte.) Ça en est! (Il repose la bouteille en tremblant.) Mon Dieu! on me laisse seul, et cette bouteille qui est là, et il ne faut pas que je boive!... Ah! bast! ce sont des menteries, ça ne tue pas, ça fait vivre. Je veux vivre! oui, je veux vivre!... Gervaise. (Il se précipite avec la bouteille dans la pièce voisine.)

SCÈNE XI

GERVAISE, puis NANA

GERVAISE, le voyant fermer la porte.

Eh bien! qu'a-t-il donc?... Il saura toujours assez tôt la mauvaise nouvelle. Son patron refuse de le reprendre. Les bons ouvriers ne manquent pas, dit-il. Inutile de faire travailler les mauvais... (Tristement.) Allons, ce ne sera pas commode d'en sortir, pas commode du tout.

NANA, entrant.

Ah! la belle journée! Il y a un monde sur les boulevards! J'ai gagné une faim!... Est-ce qu'on ne mange pas?

GERVAISE.

Non!

NANA.

Comment! pas même du pain?

GERVAISE.

Non!

NANA.

Hier, au moins, il y avait du pain... Alors, bonsoir!

GERVAISE.

Où vas-tu?

NANA, avec effronterie.

Je vais dîner.

GERVAISE.

Malheureuse!

NANA.

Oh! je t'en prie, maman, pas de scène!

GERVAISE.

Tu ne sortiras pas... Ton père est revenu, il saura bien te faire rester, lui!

NANA.

Papa est là. Je n'ai pas envie d'être massacrée, bonsoir!

GERVAISE, appelant.

Coupeau! Coupeau! ta fille s'en va... Coupeau!

SCÈNE XII

LES MÊMES, COUPEAU

COUPEAU, entrant en chancelant, la bouteille vide à la main.

Hein? quoi?... Qui est-ce qui m'appelle? (Nana se sauve et laisse la porte ouverte.)

GERVAISE, avec terreur.

Grand Dieu! il est ivre!

COUPEAU, jetant la bouteille vide dans un coin.

Celle-là est vide, j'en veux une autre.

GERVAISE, reculant.

Nous sommes perdus.

COUPEAU, délirant, pris d'un accès de *delirium tremens*.

C'est gentil ici, il y a des chalets, une vraie fête! Et de la musique un peu chouette!... V'là que ça s'illumine, des lanternes dans les arbres, des ballons rouges en l'air: et ça saute, et ça file!... Des fontaines partout, des cascades, de l'eau qui chante. Oh! l'on dirait la voix d'un enfant de chœur.

GERVAISE.

Mon Dieu, il devient fou!

COUPEAU, furieux.

Encore des traîtrises, tout ça!... Je me méfiais... Silence, tas de gouapes! Oui, c'était pour me vexer... Je vas vous démolir, moi, dans votre chalet!... Ah! je brûle, je brûle! (Il tombe en criant.)

SCÈNE XIII

GERVAISE, COUPEAU, MADAME BOCHE, MONSIEUR et MADAME LORILLEUX, puis MES-BOTTES

GERVAISE, à la porte, appelant.

Au secours!

MADAME BOCHE, arrivant.

Qu'y a-t-il?

GERVAISE.

Coupeau, regardez!

MADAME LORILLEUX, arrivant avec Lorilleux.

Encore un accès qui le prend !

MADAME BOCHE.

C'est effrayant, il faudrait un médecin.

LORILLEUX.

Si vous croyez qu'un médecin y ferait quelque chose !

COUPEAU, délirant.

Bon ! les rats ! v'là les rats, à cette heure !... Voulez-vous me laisser, sales bêtes !... Tiens ! ce gros-là qui me grimpe après la jambe ! Va-t'en ! Il me dévore la main... Les rats, les rats, délivrez-moi ! (Il chancelle.)

MES-BOTTES, arrivant.

Ah ! le malheureux ! (Il veut le relever.)

COUPEAU, debout.

Ne me touchez pas... (Regardant dans le vide.) Ma femme ! Comme tu es belle !

GERVAISE, reculant.

J'ai peur, j'ai peur.

COUPEAU.

T'as de la toilette... Dis donc, quel est le particulier qui se cache derrière toi ?... Tonnerre ! c'est encore lui, le chapelier ! (Écumant.) A nous deux, mon cadet ! Faut que je te nettoie à la fin !... Empoche ça. Et atout ! et atout !... Ah ! le gredin, il m'a tué ! c'est plein de sang... Ah ! (Il tombe comme une masse sur le matelas où il meurt.)

GERVAISE, à genoux.

Il est mort !

TOUS.

Mort !

MES-BOTTES, ramassant la bouteille et la flairant.

De l'eau-de-vie. (Bas à madame Boche.) Qu'est-ce donc que cette bouteille-là ?

MADAME BOCHE, bas.

Une bouteille que madame Poisson a envoyée. Elle m'a dit que c'était du bordeaux.

MES-BOTTES, à part.

Ah! la gueuse!

LORILLEUX, à sa femme.

Bah! un ivrogne de moins!

(Rideau.)

NEUVIÈME TABLEAU. — LE BOULEVARD ROCHECHOUART

Le boulevard Rochechouart. Au fond, l'Élysée-Montmartre. Un marchand de vin, à droite. Un banc, à gauche. Il fait nuit, le gaz est allumé.

SCÈNE PREMIÈRE

BIBI, BEC-SALÉ, GERVAISE

(Au lever du rideau, on entend la musique d'un quadrille dans l'Élysée-Montmartre. Des passants traversent le boulevard, enveloppés jusqu'au nez. Gervaise en guenilles, la tête enveloppée dans un vieux fichu, méconnaissable, regarde à travers les vitres du marchand de vin.)

BIBI, battant la semelle.

Gredin de froid! il va en tomber tout à l'heure, une sacrée neige!

BEC-SALÉ.

Ça n'empêche pas qu'il y en a qui s'amusent.

BIBI, montrant Gervaise qu'il ne reconnait pas.

Pas celle-là, toujours! V'là une demi-heure qu'elle regarde les gens boire et manger chez le marchand de vin; ça doit la creuser. (Gervaise s'en va lentement.) Dis donc, Bec-Salé, est-ce que tu rentres chez toi?

BEC-SALÉ.

On m'a mis à la porte de mon garni.

BIBI.

Moi aussi.

BEC-SALÉ.

Et, comme il y a une noce là, il va y avoir besoin de voitures.

BIBI.

Mon vieux, la vie tourne mal pour nous... Je n'ai pas un sou d'économie et ça me fait rudement réfléchir.

BEC-SALÉ.

C'est comme moi... Je crois qu'il va falloir travailler.

BIBI.

Je n'osais pas te le dire... Oui, je crois qu'il est temps de travailler.

SCÈNE II

BEC-SALÉ, BIBI, MES-BOTTES

MES-BOTTES, sortant de chez le marchand de vin.

Tiens! vous voilà? Vous prenez le frais?

BEC-SALÉ.

Il est joli, le frais... Je grelotte.

MES-BOTTES.

Moi, je suis en train de marier Gouget, notre patron. (Montrant le marchand de vin.) La noce est là... Ah! mes amis, ça fait du bien d'être avec d'honnêtes gens! Le patron a fini par épouser une bonne petite femme que sa mère lui gardait. Et ils rient, et ils sont heureux! (Avec importance.) Vous savez, je me range.

BEC-SALÉ.

Hein?

MES-BOTTES.

Regardez-moi, je suis de noce, et sain comme l'œil!... Mon demi-litre, pas davantage.

BIBI, stupéfié.

Pas possible!

MES-BOTTES.

Vous n'avez pas vu mourir Coupeau, vous autres! Moi, je l'ai vu... Ah! tonnerre! ça m'a guéri. J'avalerais plutôt un fer rouge que d'entrer prendre une goutte à l'Assommoir du père Colombe... Canaille de père Colombe!

BIBI et BEC-SALÉ, ensemble.

Canaille de père Colombe!

MES-BOTTES.

Et si vous saviez, la pauvre femme de Coupeau! En voilà une qui est punie! Une misère, ça fait froid dans le dos. J'aime mieux passer dix heures par jour à l'enclume.

BEC-SALÉ.

Alors, tu travailles?

MES-BOTTES.

Je crois bien, du matin au soir.

BIBI, à Bec-Salé.

Cet animal de Mes-Bottes! Il a toujours été le plus malin. Demain, nous allons au chantier.

BEC-SALÉ.

C'est dit! Et plus de vitriol!

MES-BOTTES.

Bravo, camarades! (Musique dans l'Élysée. De nouveaux passants traversent le théâtre, Virginie et Lantier paraissent et se dirigent vers le bal.)

SCÈNE III

LES MÊMES, LANTIER, VIRGINIE

LANTIER, à Virginie.

Si nous allions à l'Élysée?

VIRGINIE.

Non, je vous en prie, rentrons.

LANTIER.

Que craignez-vous? Ne sommes-nous pas libres jusqu'à demain?

BEC-SALÉ, bas aux deux autres.

Eh! oui, c'est Lantier avec la femme à Poisson... Je comprends! Poisson a dû partir ce matin. Il est allé dans son pays chercher ses papiers, pour sa place de sergent de ville qu'il a enfin obtenue.

MES-BOTTES, voulant s'avancer vers eux.

Les gredins!

BIBI, le retenant.

Tu vas te faire une affaire. Ça ne te regarde pas.

MES-BOTTES.

Vous ne savez pas, vous autres. J'en ai long sur le cœur. (Haussant la voix.) Tous les coquins ne sont pas à Mazas.

BEC-SALÉ.

Tais-toi donc!

MES-BOTTES, s'avançant encore.

Alors, c'est la canaille qui prend du plaisir, tandis que les bons cœurs crèvent la faim? (Il s'est planté devant Lantier et Virginie.)

LANTIER.

Que nous veut cet homme?... Passez votre chemin, ivrogne.

MES-BOTTES.

Tu fais bien de ne plus me tutoyer... Ivrogne, oui, mon petit, on l'a été, mais on ne l'est plus; tandis que, lorsqu'on a commis des abominations, ça ne s'efface jamais.

LANTIER.

Prenez garde!

MES-BOTTES.

Je voulais vous dire ça depuis longtemps, à tous les deux. Vous pouvez passer, maintenant. (Lantier et Virginie s'éloignent et entrent à l'Élysée-Montmartre.) Ça m'a un peu soulagé!

BEC-SALÉ.

Ils n'ont pas l'air à leur aise.

MES-BOTTES.

Et dire qu'on ne peut pas les coffrer, ces gredins qu savent respecter la loi!... Si vous donnez de l'arsenic votre voisin, on vous coupe le cou. Mais si vous le tue en lui faisant boire de l'eau-de-vie, les sergents de vill vous ôtent leur chapeau. Il y a des poisons qui son permis... Est-ce qu'il ne tombera pas une tuile d quelque part pour écraser ces deux misérables? (Poisso entre et se promène.)

SCÈNE IV

MES-BOTTES, BIBI, BEC-SALÉ, POISSON

BIBI, apercevant Poisson.

Eh! voilà Poisson!

MES-BOTTES.

Hein?

BEC-SALÉ.

Est-ce qu'il guetterait les deux autres?... Non, il est trop jobard!

BIBI.

Je me défie de ces gens qui ne parlent pas. On ne sait jamais ce qu'ils roulent dans leur tête.

MES-BOTTES.

Bonsoir, monsieur Poisson.

POISSON, sèchement.

Bonsoir.

MES-BOTTES.

On prétendait que vous étiez parti en voyage.

POISSON.

J'ai changé d'avis.

MES-BOTTES.

Ah!... Et qu'est-ce que vous venez faire par ici.

POISSON.

Je me promène.

MES-BOTTES.

Vous choisissez un fichu temps.

POISSON.

C'est possible.

MES-BOTTES, à part.

Il n'est pas aimable... Bien sûr, il y a quelque chose. (A Bibi et à Bec-Salé.) Dites donc, vous autres, laissez-me causer avec ce particulier.

BEC-SALÉ.

Volontiers. On gèle, nous allons marcher un peu (Ils s'en vont.)

SCÈNE V

POISSON, MES-BOTTES

(Poisson regarde toujours à droite et à gauche.)

MES-BOTTES.

Monsieur Poisson.

POISSON.

Quoi?

MES-BOTTES.

Il fait un froid de loup.

POISSON.

Vous croyez?

MES-BOTTES.

C'est-à-dire que, si nous restons là, nous allons êt[re] figés... Voulez-vous accepter un vin chaud?

POISSON.

Merci, j'ai affaire.

MES-BOTTES.

Là, chez ce marchand de vin.

POISSON, après avoir regardé l'Élysée.

Là?... Je veux bien.

MES-BOTTES.

Alors, passez devant... Après vous, monsieur Poisson.
(Ils entrent chez le marchand de vin.)

SCÈNE VI

GERVAISE, puis LANTIER et VIRGINIE, puis POISSON et MES-BOTTES

(Gervaise se promène lentement. Tout un jeu muet d'affamée suivant les gens, en hésitant à tendre la main. Lantier et Virginie sortent de l'Élysée et descendent la scène en causant.)

VIRGINIE.

Non, j'aime mieux rentrer, je ne suis pas tranquille.

LANTIER.

Parce que nous avons rencontré cet homme?... Vraiment, ce n'est pas raisonnable. Votre mari est loin, et nous n'avons guère à le craindre.

VIRGINIE.

C'est égal, rentrons.

LANTIER.

Voilà notre soirée gâtée. (Gervaise s'est approchée de Virginie et finit par tendre la main.)

GERVAISE.

La charité, s'il vous plaît... Je n'ai pas mangé depuis deux jours. (Le vieux fichu qui la masque tombe, et on la voit en larmes, les cheveux tout blancs.)

VIRGINIE, la reconnaissant.

Gervaise!

GERVAISE.

Virginie!

VIRGINIE, avec éclat.

Elle mendie, elle mendie! Regardez donc, Lantier, elle mendie!

LANTIER, voulant l'entraîner.

Allons, venez... C'est inutile.

VIRGINIE.

Non, non, je ne suis plus pressée, maintenant... Je veux rester.

GERVAISE.

Ayez pitié.

VIRGINIE.

Mais tu ne sais donc pas que, depuis le jour du lavoir, je guette ton malheur!... Enfin, je suis vengée.

GERVAISE.

Elle me fait peur... (A Lantier.) Mais vous, vous?

LANTIER.

Est-ce fini? j'ai horreur des scènes. (Poisson paraît.)

VIRGINIE.

Je t'ai tout pris, tu n'as plus rien. Et je ne crains personne... (Au cou de Lantier.) Je l'aime!

POISSON, qui s'est approché.

Tu l'aimes... Tiens! (Il la frappe d'un coup de couteau.)

VIRGINIE, tombant morte.

Ah!

POISSON, prenant Lantier au collet.

Et quant à toi... (Il le pousse dans la coulisse où il le frappe et où l'on entend son cri.)

GERVAISE.

Grand Dieu! Dieu juste! (Elle recule et tombe évanouie sur l banc. Du monde accourt. Des sergents de ville se précipitent. Mes-Bottes Bibi et Bec-Salé entrent, pendant qu'on emporte le corps de Virginie e que deux sergents de ville emmènent Poisson.)

SCÈNE VII

GERVAISE, MES-BOTTES, BIBI, BEC-SALÉ

MES-BOTTES.

Qu'est-ce donc ?

BEC-SALÉ.

Le mari les a frappés tous les deux.

MES-BOTTES.

Enfin, il y a un bon Dieu !

BIBI, riant, à Bec-Salé.

Et lui qui voulait entrer à la préfecture !... Il y est !
(Tous trois sortent. La neige tombe.)

SCÈNE VIII

GERVAISE, GOUJET

GOUJET, sortant de chez le marchand de vin.

Ce monde qui s'éloigne, une femme évanouie, mourante... (Il reconnaît Gervaise.) Gervaise !... Gervaise, c'est moi, moi, Goujet !

GERVAISE.

Vous !... Je vous revois donc avant de m'en aller ! Ah ! que je remercie le bon Dieu !

GOUJET.

Attendez, je vais chercher des secours.

GERVAISE.

Inutile... Ne me plaignez pas. Mes malheurs sont finis. Vous voyez, je puis sourire... Il avait raison, le jour de mes noces.

GOUGET.

Qui donc?

GERVAISE.

L'homme!... Il y a des femmes qui sont heureuses, bien heureuses, quand on les emporte. Oh! oui, je suis bien heureuse!

GOUGET.

Mais c'est un crime de vous laisser ainsi!

GERVAISE.

Écoutez, monsieur Gouget, je vais vous le dire, maintenant. Je n'offense plus personne... Je vous ai toujours aimé. (Elle meurt.)

GOUGET.

Pauvre créature!

SCÈNE IX

LES MÊMES, MES-BOTTES, BIBI, BEC-SALÉ, BAZOUGE, PASSANTS

MES-BOTTES, entrant au milieu d'un groupe.

Oui, il a bien fait! Si j'étais juge, je l'acquitterais. (Voyant le cadavre de Gervaise.) Gervaise morte!

BAZOUGE, entrant.

Une femme morte... La blanchisseuse! (Il s'agenouille près d'elle.) T'es guérie du malheur, tu te reposes enfin... Fais dodo, ma belle.

(Rideau.)

NANA

PIÈCE EN CINQ ACTES

Représentée
pour la première fois à Paris, sur le théâtre
de l'Ambigu, le 29 janvier 1881.

PRÉFACE

I

D'abord, il paraît que j'ai commis une action abominable en autorisant M. William Busnach à tirer un drame de mon roman. Sur ce point, la critique est unanime à m'écraser de ses foudres. Ma dignité, affirme-t-on, m'obligeait à faire le drame moi-même.

C'est ici que commencent mes effarements. Eh quoi! j'aurais commis cette première abomination sans m'en douter! Mais, pour ne citer qu'un grand exemple, il me semblait que Victor Hugo avait permis à Paul Foucher de mettre *Notre-Dame-de-Paris* à la scène; et je me souviens même qu'il y a deux ans, après le succès de l'*Assommoir* à l'Ambigu, les amis de l'illustre poète eurent l'idée de battre monnaie avec cette vieille adaptation, qu'ils portèrent au théâtre des Nations. Seulement, elle était si ridicule, qu'il fallut la retaper : on y voyait, au dénouement, la Esméralda sauvée par Phœbus, lequel se trouvait être le propre frère de Trouillefou, le chef des Truands, qui lançait ses hommes contre le bourreau. Personne alors ne songea à accuser Victor Hugo de vénalité et de vilenie littéraires. On ne lui jeta pas à la tête son œuvre défigurée. Ce fut à peine si l'on osa sourire, devant cette pièce détestable.

Avec moi, tout change. Je n'ai ni conscience ni dignité. Pendant quinze ans, j'ai crevé la faim, et l'on me méprisait pour l'argent que je ne gagnais pas ; aujourd'hui que mes livres se vendent, après tant de souffrance et tant de travail, on m'injurie pour cet argent qui vient à moi, par la force même des choses, sans que je le veuille. Cela contrarie donc bien du monde, que je ne mange plus mon pain sec ? Et comme ces bonnes gens me connaissent, quand ils font de moi un homme de lucre ! Questionnez donc mes amis, demandez-leur quel est mon dédain. Hélas ! je n'ai pas même un vice.

Mais, fait-on remarquer, ma position est particulière. Je me serais posé en chef d'école, j'aurais nié les œuvres de nos grands hommes, en promettant de les remplacer par des œuvres supérieures. Eh! bon Dieu! vous m'épouvantez! Ai-je jamais dit ces folies? Je tremble vraiment devant la situation qu'on me fait, en confondant sans cesse mon rôle de producteur et mon rôle de critique. Comme critique, j'ai pu dire la vérité aux plus grands, j'ai pu souhaiter de voir disparaître les conventions et naître des chefs-d'œuvre. Mais, comme producteur, je n'ai cessé de repousser ce rôle ridicule de chef d'école, j'ai répété vingt fois que je cherchais, que je tâtonnais, toujours mécontent de la page écrite, désespérant de me satisfaire jamais. Ah! le pauvre orgueilleux, ravagé par son sens critique, et qui ne peut se relire, sans pleurer des misères de sa création humaine!

L'histoire du drame tiré de *Nana* est pourtant bien simple. J'ai expliqué ailleurs dans quelles circonstances j'avais accordé à MM. Busnach et Gastineau l'autorisation de mettre l'*Assommoir* au théâtre. Lorsque *Nana* parut, M. Busnach vint me demander de faire également la pièce pour l'Ambigu. Cela allait de soi. On n'a pas assez remarqué que, philosophiquement, les deux drames se tiennent et se complètent; ce sont les deux faces d'une même idée. Si je ne l'avais pas choisi, non seulement je me serais montré ingrat envers M. Busnach, qui avait obtenu un si beau succès avec l'*Assommoir*, mais encore j'aurais nui à la logique que je voyais entre ce premier drame et *Nana*, qui en est la conséquence.

Reste la grosse question de savoir si j'ai collaboré à la pièce et dans quelle mesure. En vérité, MM. Dumas fils et Sardou ne sont-ils pas dix fois restés dans la coulisse, sans qu'on leur en ait fait un crime. J'estime que je n'ai pas à répondre. On ne m'a pas nommé, cela doit suffire. Cherchez les causes, dites que j'ai juré de ne jamais rien signer en collaboration, ajoutez que *Nana* pourrait bien être une expérience et un acheminement, imaginez encore que je veux un autre terrain. Et il y a de grandes chances pour que vous soyez dans la vérité. Mais ce sont là des suppositions. Un fait seul demeure: on ne m'a pas nommé, je ne suis pas de la pièce.

N'ai-je donc pas le droit de mener ma vie littéraire comme je l'entends? Soyez tranquilles, le jour où un drame sera de moi, vraiment de moi, je le signerai, et tous les sifflets du monde ne m'y feront pas changer un mot. Je répète que ma situation est terrible, on veut que j'aie promis un chef-d'œuvre effaçant les chefs-d'œuvre contemporains. Mon Dieu! je ne donnerai jamais que ce que je pourrai, une œuvre où j'aurai mis mon effort, une tentative plus ou moins heureuse. Seulement, qu'elle tombe ou qu'elle réussisse, on me trouvera debout ce soir-là, pour accepter toutes les responsabilités, comme on m'a trouvé le soir de *Thérèse Raquin*, comme on m'a trouvé le soir du *Bouton de rose*.

II

Quelle étude il y aurait à faire sur le public qui s'est rué à la première représentation de *Nana*! Jamais la honte et la bêtise d'une foule ne se sont étalées à ce point. Filles sur le retour, souteneurs en gants blancs, hommes de plaisir et hommes de finance tombés au trottoir parisien, tous les personnages du drame étaient dans la salle, multipliés, grandis, pâles et ricanant devant leur propre pourriture. Et ce public gâté apportait avec lui une telle préoccupation des saletés humaines, qu'il mettait des indécences monstrueuses sous les phrases les plus simples et les plus innocentes. Oui, ces dames et ces messieurs se sont livrés publiquement à des allusions ignobles, qu'une chambrée de soldats ne se permettrait pas.

On leur avait promis des ordures, disaient-ils, ils venaient pour des ordures. Un joli public, comme on voit, ce public des alcôves et des tripots de Paris! Qui donc, grand Dieu! leur avait promis des ordures? Leur imagination sans doute, leur besoin de scandale. Ils espéraient sur la scène les libertés du roman, et c'est là que leur bêtise égale leur corruption. Pour eux, l'audace au théâtre serait de déshabiller entièrement M⁽ˡˡᵉ⁾ Massin. Ils ne mettent pas l'audace dans les franchises de l'analyse, dans la vérité humaine, mais dans la nudité plus ou moins risquée d'une actrice. Et ils n'ont pas même l'air de se douter que, s'il se rencontrait un auteur, un directeur et des artistes consentant à faire une maison publique d'un théâtre, il existe une censure qui interdirait immédiatement la pièce.

La censure est comme les jésuites, auxquels on a reproché leur casuistique. Elle connaît le fond abominable des foules et elle voit des indécences dans chaque mot. Ce qui s'est passé, l'autre soir, à l'Ambigu, lui donne presque raison. Sait-on qu'elle s'est montrée particulièrement sévère pour *Nana*, qu'elle a fait effacer le mot « nuit » partout où il se trouvait, très innocemment d'ailleurs? Sait-on qu'elle a témoigné de vives inquiétudes pour l'idylle du petit Georges et de Nana, et qu'elle voulait absolument supprimer la scène entre Nana et le comte, scène de tentation vingt fois mise au théâtre? Elle tremblait surtout devant le consentement de Nana, le « oui » qui termine le tableau; elle aurait voulu un « nous verrons », d'un ridicule parfait.

Et c'est avec la censure, et c'est avec nos mœurs dramatiques, que des gens plus bêtes encore que pourris, se rendent à un de nos théâtres, en espérant y voir à nu les tableaux d'un Juvénal, Paris glissant dans les cloaques de Sodome et de Lesbos! Ils osent se plaindre qu'on n'ait pas mis tout le roman au théâtre. Parbleu! le roman est libre, le théâtre ne l'est pas. Pour le dramaturge, le problème n'était pas de transporter sur les planches certains tableaux impossibles, mais d'y tenter la plus grande somme permise de vérités, dans le cadre mélodramatique de l'Ambigu; et j'estime que ce problème a été résolu par M. Busnach.

J'arrive ainsi à cette autre moitié des spectateurs qui venaient à *Nana* comme à une bataille littéraire. Eh! qui leur avait donné ce rendez-vous? pas moi certainement, puisque je ne signais pas la pièce. En vérité, c'est trop aisé de battre les gens, quand les gens restent tranquillement dans leur cabinet, au coin de leur feu. Puis, quelle étrange attitude dans cette partie du public, criant elle aussi à la déception, voulant qu'on lui ait promis un chef-d'œuvre d'audace révolutionnant le théâtre, et déclarant ensuite que la pièce est répugnante, d'une vérité basse et crapuleuse!

Il était pourtant bien aisé de prendre la pièce pour ce qu'elle est. Je ne signais pas : donc il n'y avait pas à demander une bataille en règle au nom des théories littéraires que j'ai pu défendre. M. Busnach signait et acceptait la responsabilité : donc on avait devant soi un homme de théâtre, qui tirait de *Nana* le meilleur parti possible, tout en faisant la plus large part à l'originalité. J'ajoute qu'on était à l'Ambigu, dans un théâtre où la nécessité des grands décors s'impose, où il faut frapper fort si l'on veut frapper juste. On a parlé de spéculation. Citez-moi donc une vaste machine comme *Nana*, qui ne soit pas une spéculation ? Toutes ces colères sont enfantines. Il est certain que, si l'on allait à la Comédie-Française pour y voir des gymnastes, et aux Folies-Bergère pour y entendre du Molière, on en sortirait absolument indigné.

Et, si l'on me demande pourquoi j'ai voulu cela, je répondrai simplement comme les femmes : « Parce que ! »

III

Quelques critiques commencent à comprendre. Ils ont avoué, dans leurs articles, que le succès de l'*Assommoir* avait porté un terrible coup au mélodrame. Un d'entre eux a même confessé que l'indifférence si caractéristique du public pour *Diana* venait de là. Eh bien ! laissez *Nana* s'imposer à son tour, et nous verrons si les planches ne seront pas entièrement déblayées pour le naturalisme triomphant.

N'est-ce pas de bonne guerre, d'aller attaquer le mélodrame chez lui, à l'Ambigu, avec des pièces qui le tuent? Et si le terrain que nous choisissons nous force à des compromis, si nous sommes obligés d'emprunter à la convention des armes que nous retournons contre elle, le pas fait en avant n'en sera pas moins énorme, lorsqu'on le constatera. J'ai souvent répété que les pièces tirées des romans, découpées en tableaux, me semblaient excellentes pour habituer le public à l'évolution naturaliste, malgré leur infériorité certaine comme unité d'action et comme puissance dramatique.

Soyez persuadés que *Nana* vient à son heure. Elle apporte ce qu'elle doit apporter et fait la besogne qu'elle doit faire. Peu importe l'aveuglement plus ou moins volontaire de la critique qui joue le dédain. Le public est là pour sentir et pour marcher. Malgré toutes les concessions, la pièce restera le premier essai de la fille vraie au théâtre. Et je parle de la fille dans son rôle de fille, avec le débraillé de sa vie, le galop de ses amants, ses coups de cœur et ses cruautés, son inconscience des catastrophes qu'elle détermine à chacun de ses pas. Là est l'originalité, que pas un critique n'a voulu voir.

Je finirai en cherchant une querelle à M. Sarcey. On sait que M. Sarcey est un délicat, il se plaît aux spectacles aimables. L'agonie de Nana l'a donc absolument bousculé dans ses goûts, et il déclare, en toutes lettres, qu'il a fermé les yeux, lorsque Mlle Massin a sauté du lit, le visage tuméfié par la petite vérole.

Diable! voilà une singulière façon de regarder pour un critique! Je sais que M. Sarcey aimerait mieux Mlle Massin dans un déshabillé galant. Mais, en vérité, il n'était pas venu à l'Ambigu pour ça. J'imagine qu'il y était pour voir et pour dire ce qu'il y verrait. Eh bien! la meilleure façon de voir jusqu'ici, n'est pas de fermer les yeux, mais de les ouvrir.

Et je vous assure, monsieur, que vous trouverez rarement l'occasion de les ouvrir davantage. Comment! vous vous fâchez chaque semaine dans votre feuilleton, vous constatez qu'il n'y a plus de grands acteurs; et, le soir où une grande artiste se révèle, juste au moment où elle va être acclamée par tout Paris, vous fermez les yeux! Permettez-moi de dire que c'est comique.

Savez-vous que nous aurions lieu d'être très fiers? Voilà Mlle Massin, voilà une artiste que M. Sardou, pour en citer un, a eue entre les mains, et dont M. Sardou n'a absolument rien su faire. Nous la rencontrons et nous en faisons une comédienne de premier ordre. Lorsque ni l'Odéon ni la Comédie-Française ne révèlent des talents nouveaux, l'Ambigu révolutionne les théâtres et arrache un cri d'admiration au public blasé des premières, en produisant un vigoureux talent, près duquel les hommes les plus habiles ont passé, sans le pressentir. Le même fait s'était produit pour Mme Hélène Petit, dans l'*Assommoir*. L'Ambigu, à deux reprises, a été plus utile à l'art dramatique que tout le Conservatoire réuni.

Eh bien! cela suffirait à la gloire de l'*Assommoir* et de *Nana*. Ce sont les grands rôles qui font les grandes artistes. Ce rôle de Nana est superbe, car il tient tout le clavier humain. Je conseille à M. Sarcey de retourner voir le dernier tableau, et d'ouvrir les yeux, de les ouvrir très grands, lors même que Nana mourante devrait troubler à jamais la douceur de ses nuits.

Émile ZOLA.

PERSONNAGES

LE COMTE MUFFAT.........	MM. Lacressonnière.
STEINER................	Dailly.
PHILIPPE HUGON.........	Delessart.
GEORGES HUGON..........	Hébert.
LE MARQUIS DE CHOUARD...	Courtès.
BOSC...................	Vollet.
LA FALOISE.............	Gatinais.
PRULLIÈRES.............	Leriche.
DAGENET................	Acelly.
FRANCIS................	Ploton.
JOSEPH.................	Lamarque.
LOUISET................	La petite Belisson.
NANA...................	Mmes Léontine Massin.
MADAME HUGON...........	Lacressonnière.
ZOÉ....................	Augustine Leriche.
MADAME MALOIR..........	Valatte.
MADAME LERAT...........	Derouet.
POMARÉ.................	Honorine.
SIMONNE................	Dolly.
CLARISSE...............	Darthois.
BLANCHE DE SIVRY.......	Stella.
LUCY STEWART...........	Baret.

Cette pièce, jouée d'abord en neuf tableaux, a été ensuite réduite en cinq actes.

NANA

ACTE PREMIER

Un cabinet de toilette. Porte au fond, portes latérales. La toilette, surmontée d'une glace, est à gauche. Une table, un canapé, des chaises. Mobilier sans luxe et sans goût.

SCÈNE PREMIÈRE

ZOÉ, DAGENET

(Au lever du rideau, Dagenet debout, le chapeau sur la tête, cause avec Zoé, également debout, près de la porte de gauche, ouvrant sur la chambre de Nana.)

DAGENET.

Cependant, Zoé...

ZOÉ.

Non, monsieur Dagenet, personne!... Madame a dit : Personne!

DAGENET.

Mais tu sais bien que moi...

ZOÉ.

Je sais qu'après la représentation d'hier soir, où Madame a eu tant de succès, Madame est allée souper avec les auteurs, le directeur, les amis du directeur et des acteurs, un tas de monde! Aussi, n'est-elle rentrée qu'à cinq heures passées.

DAGENET.

Seule?

ZOÉ.

Oh! monsieur Dagenet... Et Madame m'a bien recommandé de ne pas entrer dans sa chambre avant qu'elle m'ait sonnée... Aussi, ni pour or ni pour argent, voyez-vous...

DAGENET, l'interrompant.

Alors, tu lui diras que je viendrai la prendre à cinq heures pour dîner.

ZOÉ.

Bien, je le lui dirai.

DAGENET.

Donne-moi une allumette.

(Il tire un porte-cigarettes de sa poche et allume une cigarette. A ce moment, Mme Lerat entre par la porte, du fond. Il sort après l'avoir saluée.)

SCÈNE II

ZOÉ, MADAME LERAT

ZOÉ.

Bonjour, madame Lerat.

MADAME LERAT.

Bonjour, Zoé... Quel est ce monsieur?

ZOÉ.

Monsieur Dagenet, le fils d'un préfet, qui a mangé trois cent mille francs avec les femmes, et qui bibelote à la Bourse, pour leur payer encore des bouquets de temps à autre. Un garçon sans conséquence... J'espère bien que Madame, après la soirée d'hier...

MADAME LERAT, l'interrompant.

Alors, tout a bien marché? Nana est contente?

ZOÉ.

Comment! madame Lerat, vous la tante de Madame, vous n'étiez pas hier soir au théâtre, vous n'avez pas vu la *Blonde Vénus?*

MADAME LERAT.

Je ne vais jamais au spectacle. Les grosses émotions me tuent... Puis, mon confesseur me le défend.

ZOÉ.

Ah! oui! tout a bien marché! Il fallait entendre Madame dégoiser son air d'entrée :

Lorsque Vénus rôde le soir...

Oh! un succès!

MADAME LERAT.

Un joli costume? en soie?

ZOÉ.

En presque rien... C'est Madame qui faisait Vénus.

MADAME LERAT, pudiquement.

Zoé!... Ma nièce n'est pas levée? Elle m'a fait prier de venir.

ZOÉ.

Je sais qu'elle vous attend... Elle ne tardera pas. Vous prendrez le café ensemble, car Madame vient de déjeuner dans son lit... Ah! madame Lerat, on peut dire que la soirée d'hier est arrivée à pic, car notre situation était joliment embarrassée! Nous étions dans la dèche, mais dans une dèche!

MADAME LERAT, vivement.

Vous savez, ma chère, que je ne veux pas fourrer le nez dans ces histoires-là. Ce sont les affaires de Nana, ce ne sont pas les miennes.

NANA, de sa chambre.

Avec qui donc causes-tu, Zoé?

ZOÉ.

Avec madame Lerat qui vient d'arriver.

NANA.

Ah! bon!... Le coiffeur n'est pas là?

ZOÉ.

Pas encore, Madame.

SCÈNE III

LES MÊMES, NANA

NANA, entrant en chantant.

Lorsque Vénus rôde le soir...

Oh! cet air, il m'a bercée toute la nuit!... Bonjour, ma tante.

MADAME LERAT.

Bonjour, ma chérie. (Elles s'embrassent.)

ZOÉ.

Pardon, Madame, monsieur Dagenet est venu tout à l'heure.

NANA.

Mimi!... Comment! tu ne l'as pas laissé entrer?

ZOÉ.

J'ai pensé que peut-être il serait préférable, maintenant...

NANA.

Oui, tu as raison... Je verrai.

ZOÉ.

D'ailleurs, monsieur Dagenet doit revenir ce soir, à cinq heures, prendre Madame pour dîner... Madame y sera-t-elle?

NANA.

Je verrai... Je suis si contente et si lasse aujourd'hui, que je voudrais bien me payer une partie, oh! une partie gentille, tranquille, comme on ne vous en offre jamais!... En attendant, fais-nous du café.

ZOÉ.

Bien, Madame. (Elle sort.)

SCÈNE IV

NANA, MADAME LERAT

MADAME LERAT.

Alors, ma fille, grand succès, hier soir?

NANA, enthousiasmée.

Immense! un triomphe! et des rappels, et des bouquets, oh! des bouquets!... Tiens! en voilà un sur cette chaise. (Elle désigne un gros bouquet à moitié fané.) Il y en a plein le salon... Hein? qui aurait dit cela, quand je traînais mes galoches de gamine, rue de la Goutte-d'Or, tu te souviens?

MADAME LERAT.

Si je me souviens!

NANA.

Et le soir où je me suis sauvée de chez nous!... Ce n'était pas gai tous les jours, chez nous. Une sainte n'aurait pas pu y rester.

MADAME LERAT.

Oui, de vilains souvenirs, des choses à ne pas remuer souvent. Mais le passé est le passé... Et, maintenant, il n'y a plus que nous deux. Je suis ta seconde mère, puisque la vraie est allée rejoindre ton pauvre père.

NANA, très émue.

Ma bonne tante! (Elles s'embrassent de nouveau.)

MADAME LERAT.

Je ne te demande pas ta vie. Dans notre famille, les femmes ont toujours su se conduire. (Avec émotion.) Il n'y a pas de ta faute si tu as mal tourné, j'en fais le serment! Ce monsieur si comme il faut, avec son paletot noisette, qui venait t'attendre à la porte de notre atelier, nous a bien trompées toutes les deux. Un noble, le marquis de Chouard!... (Curieusement.) Tu le revois?

NANA.

Non. Je sais qu'il est devenu raisonnable, forcément... Voyons, ne causons plus de ces choses-là. J'ai un service à te demander. (Elles s'assoient à gauche.)

MADAME LERAT, inquiète.

Ce n'est pas de l'argent au moins?

NANA.

Non, sois tranquille... Tu sais que j'ai un enfant. Oh! mais, c'est un gaillard! Il y a six ans déjà, mon petit Louiset.

MADAME LERAT.

N'est-il pas resté chez sa nourrice, près de Rambouillet

NANA.

Oui... Je n'étais jamais sûre du lendemain, et il était mieux chez cette femme. Mais quel crève-cœur, chaque fois que je reviens seule de là-bas! J'en pleure comme une bête en chemin de fer... La dernière fois, il s'est pendu à mon cou, ce cher mignon, en criant : « Je veux m'en aller avec maman! je veux m'en aller avec maman! » Et il a des petites mains, et il est tout rose, avec des cheveux blonds qui frisent!

MADAME LERAT.

Le chérubin!

NANA.

Alors, la soirée d'hier me décide. Maintenant que j'ai une position sérieuse, je reprends Louiset... Tu vas aller le chercher.

MADAME LERAT.

C'est d'une bonne mère. Je savais bien que ma nièce avait du cœur!... Tu le garderas avec toi?

NANA.

Je ne peux pas. Mais je te le confierai, et j'irai le voir chez toi, tant qu'il me fera plaisir.

MADAME LERAT, gênée.

Chez moi, c'est bien petit.

NANA.

Tu déménageras... Je payerai ton logement et je te donnerai cent francs par mois.

MADAME LERAT, ravie.

Cent francs! Ah! oui, tu as du cœur, ma nièce! Va, je ne veux pas savoir de qui il est, ce gamin, mais je le soignerai comme s'il était le fils d'un prince.

NANA.

Voici l'adresse de la nourrice... Je lui dois trois cents francs que tu lui remettras.

MADAME LERAT, qui s'est levée.

Donne.

NANA, riant.

Comme tu y vas! Je n'ai pas dix francs à la maison... Mais sois sans crainte. Tout à l'heure, j'irai demander une avance à mon directeur, qui ne peut me la refuser.

MADAME LERAT.

Alors, je t'attendrai et je ne me rendrai à Rambouillet que demain.

NANA.

C'est cela... Ah! voici le coiffeur... (A Francis qui entre.) Toujours en retard, Francis!

SCÈNE V

LES MÊMES, FRANCIS

FRANCIS.

Mille pardons!... Aujourd'hui, c'est votre faute.

NANA.

Comment! ma faute? (Elle s'est assise, et il la coiffe.)

FRANCIS.

Certainement... On a su que j'étais votre coiffeur; et, ce matin, mon salon n'a pas désempli de gens qui venaient me demander sur vous des détails, des renseignements... Ah! vous allez en recevoir des visites, cette après-midi!... Je parie que vous n'avez pas lu le journal?

MADAME LERAT.

Le journal, le *Petit Journal?*

FRANCIS.

Mais non! le *Figaro!*

NANA.
Il y a un article? déjà!... Je vais l'envoyer chercher.

FRANCIS.
Inutile! j'ai apporté le numéro. (Il tire un numéro de sa poche.

NANA.
Oh! lis-moi ça, ma tante.

MADAME LERAT, qui a mis ses lunettes.
Voyons, voyons... (Elle lit.) « 14 mai 1867. »

NANA, l'interrompant.
Eh! non, plus loin!

MADAME LERAT, reprenant.
« Première représentation : *La Blonde Vénus.* »

FRANCIS.
Non! c'est l'article sérieux. Ne lisez pas ça... Plus loin, la Soirée Parisienne. (Il achève de coiffer Nana.)

MADAME LERAT, lisant.
« La débutante, que l'affiche appelle simplement Nana,
« sera célèbre demain, car nous venons certainement
« d'assister au lever d'une étoile... »

NANA.
Une étoile! ah, ma tante!

MADAME LERAT.
Une étoile!... C'est ta pauvre mère qui serait heureuse! (A Francis.) Pardon, monsieur. (Elle va embrasser Nana, puis se rassoit.) Où en étais-je?

NANA.
Au lever d'une étoile.

MADAME LERAT.
Une étoile, c'est ça... (Lisant.) « Impossible de jouer avec moins de talent... » Hein!

FRANCIS.

Ça ne fait rien! ça ne fait rien! ça n'a pas d'importance! Continuez.

MADAME LERAT, lisant.

«... de jouer avec moins de talent le rôle principal de la pièce. Mais le charme et la beauté fulgurante de la Vénus nouvelle sont tellement indiscutables, que tout Paris... »

NANA.

Donne, donne, ma tante! tu lis trop lentement. (Elle lui arrache le journal.)

FRANCIS.

Le charme, la beauté, voilà ce qui est important!... Avec un article pareil, Madame est lancée. Paris est à elle!

MADAME LERAT, très attendrie.

Ah! le ciel me devait bien ça pour tous les malheurs que j'ai eus. Ce sera la consolation de mes vieux jours.

NANA, repliant le journal.

Très aimable, ce journaliste... Je me le ferai présenter.

FRANCIS.

Madame est coiffée... (Nana se lève.) J'aurai l'œil sur les journaux du soir. Comme je passe dans la rue vers quatre heures, si Madame avait besoin de quelque chose, je pourrais monter.

NANA.

Alors, apportez-moi un paquet de poudre de riz.

FRANCIS.

Bien!

NANA, le rappelant.

Et une livre de pralines de chez Boissier. (Francis salue et par la porte du fond. Zoé paraît à la porte de gauche.)

SCÈNE VI

NANA, MADAME LERAT, ZOÉ, puis MADAME MALOIR

ZOÉ.

Madame, c'est madame Maloir.

NANA.

Eh bien! qu'elle entre!

MADAME MALOIR, entrant.

Ma chère Nana, j'ai tenu à vous féliciter, ce matin même. (Saluant madame Lerat.) Madame!

MADAME LERAT, saluant.

Madame!

NANA, les présentant.

Madame Lerat, ma tante... Madame Maloir, mon amie.

TOUTES DEUX, saluant.

Madame!

MADAME LERAT, bas à Zoé.

Qui est-ce, cette amie-là?

ZOÉ.

Une dame qui accompagne Madame.

NANA.

Vous êtes bien aimable d'être venue, ma chère. Vous allez prendre le café avec nous.

MADAME MALOIR.

Pour vous faire plaisir. (Nana allume une cigarette, pendant que Zoé va chercher le café.)

NANA.

Ah! que ça m'agace d'avoir à sortir! Je serais si heureuse de rester ici!

MADAME MALOIR.

Voulez-vous que je fasse votre course?

NANA, riant.

Ce ne serait pas la même chose... Je vais chercher ue l'argent, chez mon directeur. (Elle s'allonge sur le canapé, au fond.)

MADAME MALOIR.

Oh! alors!

ZOÉ, rentrant.

Voici le café... Servez-vous. Je vais servir Madame... Est-il bon?

MADAME LERAT.

Exquis!

ZOÉ.

Vrai! il est si bon que ça?... Voyons. (Elle s'en verse une tasse.) Le café, c'est une chance. Un jour il est excellent, le lendemain il n'est pas buvable... Ah! que je suis lasse, aujourd'hui! (Elle s'assoit et boit une gorgée.) En effet, très bon! Madame Blanche prétendait que ça dépend du temps.

MADAME LERAT.

Qui ça, madame Blanche?

NANA.

Une ancienne maîtresse à Zoé.

ZOÉ.

La première femme chez laquelle j'ai servi... Ah! je n'étais pas née pour être domestique. (Buvant toujours à petites gorgées.) Et c'est bien dur, allez! bien dur, bien dur!

MADAME MALOIR.

Vous êtes peut-être la fille d'un ancien militaire?

ZOÉ.

Justement, un officier, madame... Ma mère était sage-femme à Vincennes.

MADAME MALOIR.

Métier honorable!

MADAME LERAT.

Et lucratif, des fois!

ZOÉ.

Nous n'avons pas de chance dans la famille. Ma mère a fait de mauvaises affaires... Alors, je me suis mise en service, d'abord chez Blanche de Sivry, puis chez Caroline Héquet, et enfin chez Lucy Stewart. Mais je les ai toutes lâchées pour Madame. Moi, je crois à l'avenir de Madame... Jamais je ne la quitterai!

MADAME LERAT.

Ces bons sentiments vous honorent, ma fille. (A madame Maloir.) Vous offrirai-je un canard?

MADAME MALOIR.

Volontiers.

NANA, regardant la pendule.

Deux heures! (Elle se lève.) Zoé, une robe et un chapeau.

ZOÉ.

Bien, Madame!... Et s'il vient des visites?

NANA.

Renvoie tout le monde... Maintenant que j'ai une position, j'ai bien le droit de m'amuser un jour à ma fantaisie.

ZOÉ.

Madame réfléchira. (Elle sort.)

MADAME MALOIR.

Nous allons faire un bézigue avec madame, en vous attendant.

NANA.

C'est cela. Je reviens dans une demi-heure avec l'argent... Ne vous impatientez pas. (Elle sort.)

SCÈNE VII

MADAME LERAT, MADAME MALOIR, puis ZOÉ

MADAME MALOIR, allant prendre des cartes dans un tiroir.

Vous jouez le bézigue, n'est-ce pas, madame?

MADAME LERAT.

A la perfection! (Toutes deux s'assoient, repoussent le café et jouent sur un coin de la table.)

MADAME MALOIR.

A qui fera?

MADAME LERAT.

Un dix.

MADAME MALOIR.

Un roi.

MADAME LERAT.

A vous de faire. (Elles jouent.)

ZOÉ, entrant.

Là, Madame est partie... Plus souvent que je renverrais tout le monde! Encore un coup de tête de Madame! Si je n'étais pas là, elle en ferait des bêtises! (Elle s'assoit derrière madame Maloir.) Mâtin! beau jeu... L'atout est à...?

MADAME MALOIR.

A cœur.

ZOÉ, à madame Maloir.

Mais non, pas ça!... Ne jouez donc pas cette carte-là!

MADAME MALOIR.

Pourquoi?

ZOÉ.

Parce que... (Elle lui parle bas.)

MADAME LERAT, avec aigreur.

Si l'on se met deux contre moi, je ne joue plus.

MADAME MALOIR.

C'est juste... D'ailleurs, je ne veux pas qu'on me conseille. Ça m'embrouille. (On sonne.)

ZOÉ.

Bon! voilà le carillon qui commence! (Elle sort.)

MADAME MALOIR.

Ah! enfin! (Annonçant.) Deux cent cinquante... Au fait, que jouons-nous?

MADAME LERAT.

Maintenant que vous avez deux cent cinquante, il est temps! Nous jouons l'honneur... C'est bien assez.

MADAME MALOIR, vexée.

Comme il vous plaira! (Zoé rentre.)

MADAME LERAT, sans la regarder.

Qui est-ce?

ZOÉ.

Rien! un bouquet. (Elle le pose sur la toilette.)

MADAME MALOIR, le regardant.

Il est beau, ce bouquet... Dommage que ce soit si cher!

ZOÉ.

Et l'on n'en pourrait seulement pas tirer dix sous.

MADAME LERAT.

De l'argent perdu, quoi!

MADAME MALOIR.

Moi, je me contenterais de ce que les hommes dépensent par jour en fleurs pour les femmes, à Paris.

MADAME LERAT.

Je crois bien! on aurait seulement l'argent du fil!

ZOÉ, à madame Maloir.

Avez-vous toujours la chance?

MADAME MALOIR.

J'attends un animal de valet de carreau, qui ne veut pas venir.

ZOÉ, qui est allée voir le jeu de madame Lerat.

Ah bien! vous pouvez courir après!

MADAME LERAT, furieuse.

C'est ça, dites mon jeu à madame! (On sonne.)

ZOÉ.

Encore! on ne peut pas être tranquille une minute! (Elle sort.)

MADAME MALOIR.

Si vous avez tous les valets, il serait plus simple de le dire.

MADAME LERAT.

Je n'ai rien à dire. Jouez votre jeu, je joue le mien.

MADAME MALOIR.

C'est bon!

ZOÉ, rentrant très excitée.

Mes enfants, le gros Steiner!

MADAME LERAT.

Steiner? Qu'est-ce que c'est que ça?

MADAME MALOIR.

Je connais... Un banquier! un richissime!

ZOÉ, riant.

Et qui a la spécialité de lancer les étoiles... Sa visite chez nous est la preuve du grand succès de Madame.

MADAME MALOIR.

Vous ne l'avez pas renvoyé, sans doute?

ZOÉ.

Le renvoyer! Pour qui me prenez-vous? Je l'ai fait entrer dans le salon.

MADAME LERAT, marquant.

Cent d'as! (On sonne.)

ZOÉ.

Oh! si Madame débutait tous les jours, je lâcherais la place. (Elle sort.)

MADAME LERAT, à madame Maloir.

Soyez gentille, dites-moi si vous avez la dame de pique.

MADAME MALOIR, sèchement.

Je n'ai rien à dire. Jouez votre jeu, je joue le mien.

MADAME LERAT.

C'est bon! (Zoé reparait, suivie de Georges, le chapeau à la main droite, un bouquet dans la main gauche. Les deux femmes cessent de jouer.)

SCÈNE VIII

MADAME LERAT, MADAME MALOIR, ZOÉ, GEORGES

ZOÉ, à Georges.

Puisque vous y tenez absolument, entrez là. (Elle montre la porte à gauche.) Et attendez.

GEORGES.

Oh! merci!

ZOÉ.

Je vous préviendrai, quand Madame sera de retour.

GEORGES.

Merci! oh! merci, mademoiselle! (Il entre dans le cabinet.)

SCÈNE IX

LES MÊMES, moins GEORGES

ZOÉ.

Il est gentil, ce petit!

MADAME MALOIR.

Qui est-ce?

ZOÉ.

Je ne sais pas. Un gosse qui aura vu Madame hier soir, au théâtre.

MADAME LERAT.

Si jeune! Il n'y a plus d'enfants... (Marquant.) Soixante de dames.

MADAME MALOIR.

Elle est bien longtemps dehors, Nana.

ZOÉ.

Quand on va chercher de l'argent, c'est toujours long.

MADAME LERAT.

Oui, les affaires sont les affaires. Elle ne s'amuse pas, bien sûr... Puis, nous ne peinons guère en l'attendant. On est bien ici... Où a passé le cognac?

ZOÉ.

Le voilà. (Elle verse des petits verres d'eau-de-vie, en présente un à madame Lerat et un à madame Maloir.)

MADAME LERAT, à Zoé.

A la vôtre, ma fille!

ZOÉ.

A la vôtre, mesdames! (Elles trinquent toutes les trois. A ce moment, la porte de la chambre s'ouvre, et Nana paraît.)

SCÈNE X

LES MÊMES, NANA

NANA.

J'ai été longtemps, hein? Bordenave ne voulait pas se laisser attendrir. Mais comme il y a cinq mille francs de location...

MADAME MALOIR, l'interrompant.

Cinq mille!

NANA.

Oui, ma chère, cinq mille francs... Bordenave a fini par se rendre. Tenez! ma tante, voici trois cents francs pour la nourrice. (Elle lui remet trois billets.) Je voudrais vous donner cinquante francs pour vos premiers frais; mais, comme il ne me reste que ce billet et que je n'ai pas de monnaie...

ZOÉ.

J'en ai, moi, de la monnaie.

NANA, lui remettant le billet.

Eh bien! donne cinquante francs à ma tante, et mets les autres cinquante francs sur la cheminée.

ZOÉ, à madame Lerat.

Voici, madame Lerat.

MADAME LERAT, prenant les cinquante francs.

Bon! j'irai demain à Rambouillet.

ZOÉ, mettant cinquante francs sur la cheminée.

C'est tout en pièces de cent sous. Ça ne fait rien à Madame, n'est-ce pas?... A propos, Madame, il y a là, dans le salon, monsieur Steiner.

NANA, irritée.

Je t'avais dit de renvoyer tout le monde.

ZOÉ, doctement.

Madame me permettra-t-elle de lui donner un conseil? On ne renvoie pas monsieur Steiner, un homme si riche, et qui gêne si peu les femmes.

NANA, se calmant.

Allons, fais-le entrer... En effet, il n'est pas dangereux : un actionnaire qui verse toujours et qui ne touche jamais de dividendes.

SCÈNE XI

LES PRÉCÉDENTS, STEINER, puis LA FALOISE

STEINER, entrant avec un bouquet.

J'espère, madame, que vous excuserez une visite due à la seule admiration. Je n'ai pu vous voir hier sans être bouleversé... (Apercevant madame Maloir et madame Lerat.) Oh! mesdames, pardon... Tiens! madame Maloir. Vous allez bien?

MADAME MALOIR.

Parfaitement, monsieur Steiner.

STEINER, à Nana.

Et j'ai même été bouleversé à ce point, madame, que mon neveu étant avec moi tout à l'heure, je n'ai su comment l'empêcher de me suivre... Voulez-vous me permettre de vous le présenter?

NANA.

Mon Dieu! si cela vous fait plaisir.

STEINER, à la porte.

Entre, La Faloise. (La Faloise entre et salue.) C'est le fils de ma propre sœur. Il est débarqué depuis huit jours dans la capitale... Je ne savais trop que faire de lui. J'ai étudié ses aptitudes, et comme j'ai vu qu'il se mêlait volontiers de ce qui ne le regardait pas, je me suis dit qu'il serait peut-être un excellent journaliste.

NANA, riant.

Bonne idée!

STEINER.

Je l'ai fait entrer au *Nain Jaune*. Il n'est encore qu'à trois sous, mais il sera bientôt à cinq sous.

LA FALOISE.

Mon oncle, ces détails...

NANA.

C'est très intéressant au contraire.

STEINER, bas à La Faloise.

Maintenant, tu vas voir l'effet de mon bouquet. (A Nana.) Madame, je me suis permis...

NANA.

Un bouquet... J'en ai tant reçu depuis hier!

STEINER, finement.

Je ne crois pas qu'on vous en ait donné beaucoup comme celui-ci.

NANA, étonnée.

Des lilas!

STEINER.

Oui, mais regardez dedans.

NANA, en tirant un papier.

Un papier. Des vers peut-être?

LA FALOISE.

Oh! des vers, mon oncle! ça m'étonnerait.

NANA, lisant.

Un titre de propriété... La Mignotte, dix hectares, un petit bois, une basse-cour, tout mon rêve! (Se jetant au cou de Steiner.) Ah! vous êtes un homme charmant!

STEINER.

Madame, je suis payé. (A la Faloise.) Elle m'a embrassé, mon ami. Tu le vois, il s'agit de savoir donner. (A Nana.) Et si vous nous autorisez à aller pendre avec vous la crémaillère?...

NANA.

Mais il y aura toujours pour vous une chambre d'ami.

STEINER, entre ses dents.

Hein?

LA FALOISE, bas.

C'est cher, pour une chambre d'ami.

STEINER, bas.

Laisse donc, elle est à moi. Tu verras, à la Mignotte... Madame, permettez-nous de prendre congé. A bientôt. (Saluant madame Lerat et madame Maloir.) Mesdames.

NANA.

A bientôt, messieurs. (Comme ils sortent, le timbre retentit. A Zoé.) Fais-les passer par le petit salon. Et, tu sais, je ne reçois plus personne.

SCÈNE XII

NANA, MADAME LERAT, MADAME MALOIR

MADAME MALOIR, qui a entendu.

Mais pourquoi fermez-vous ainsi votre porte?

NANA.

Parce que ça me plaît. J'en ai par-dessus la tête.

MADAME LERAT.

Tu as raison, recueille-toi, ma nièce. Tu entres dans la fortune, ne te presse pas, pèse tes décisions : ton avenir en dépend... (Se remettant à jouer.) Quarante de bibi.

SCÈNE XIII

LES MÊMES, ZOÉ

ZOÉ, remettant deux cartes à Nana.

Madame recevra ces messieurs.

NANA, irritée.

Comment! tu as dit que j'étais là, malgré mes ordres?

ZOÉ.

Madame recevra ces messieurs. Il le faut.

NANA, lisant une des deux cartes, avec un léger cri de surprise.

Le marquis de Chouard!

ZOÉ.

Madame le connaît?

NANA.

Oh! oui!... (Lisant l'autre carte.) Le comte Muffat de Beuville... Son gendre, je crois.

ZOÉ.

Si Madame connaît monsieur le marquis, je n'ai pas besoin d'insister... Moi, je l'ai rencontré chez madame Blanche. Un homme galant et bien étourdi pour son âge. En a-t-il fait des bêtises!... Au contraire, le comte Muffat, paraît-il, est un homme sévère, marié, riche, très riche, et qui a une belle place à la Cour : chambellan, comme ils disent.

NANA.

Que me veulent ces messieurs?

ZOÉ.

Ils le diront à Madame. Je sais seulement qu'ils ont sonné à toutes les portes de la maison.

MADAME MALOIR.

Ma chère, voyez-les venir.

MADAME LERAT, sentencieuse.

Sois toujours polie, ma nièce.

NANA.

Fais-les entrer.

ZOÉ, bousculant les deux vieilles.

Allons! houp! vous autres, décampez!... Vous finirez votre bézigue dans la cuisine.

MADAME LERAT.

Attendez donc!

MADAME MALOIR.

Et les cartes?... Ne dérangez pas le jeu. J'avais coupé.

MADAME LERAT.

Et le cognac?

ZOÉ, les poussant vers la porte de gauche.

Houp! vous recommencerez la partie.

MADAME LERAT.

Pour changer la chance, n'est-ce pas? (Revenant s'emparer du sucrier.) Et le sucre? Je prendrai bien un canard.

ZOÉ, fermant la porte sur elles.

Enfin! (Elle fait entrer Muffat et le marquis, puis elle se retire.)

SCÈNE XIV

NANA, MUFFAT, LE MARQUIS

NANA.

Messieurs, je regrette de vous avoir fait attendre.

LE MARQUIS, saluant.

Madame... (Bas à Nana.) Nous ne nous connaissons pas.

MUFFAT, gravement.

C'est nous, madame, qui vous prions d'excuser notre insistance... Nous venons pour une quête. Monsieur et moi sommes membres du bureau de bienfaisance de l'arrondissement.

LE MARQUIS.

Quand le concierge m'a dit qu'une grande artiste habitait cette maison...

NANA, avec modestie.

Oh! une grande artiste!

MUFFAT.

Monsieur a tenu à ce que nous montions vous recommander nos pauvres d'une façon toute particulière.

LE MARQUIS, galant.

Le talent ne va pas sans le cœur.

NANA.

Certainement, messieurs, vous avez eu raison de frapper à ma porte... On est trop heureux de pouvoir donner.

MUFFAT.

Ah! madame, si vous saviez quelle misère! Des enfants sans pain, des femmes malades, privées de tout secours, mourant de froid!

NANA, se levant.

Les pauvres gens! Que je voudrais être riche, dans ces occasions! Enfin, chacun fait ce qu'il peut... (Elle prend les cinquante francs sur la cheminée.) Voici mon offrande... Ce n'est peut-être pas assez. Vous savez, je n'ai pas l'habitude.

LE COMTE.

C'est beaucoup, au contraire.

NANA, riant.

Je vous demande pardon de vous charger de ces grosses pièces. C'est pour les pauvres, messieurs.

LE MARQUIS, s'avançant.

Ne vous excusez pas. Nous acceptons tout ce que l'on veut bien nous donner, jusqu'à des sous et à du linge. (Il veut prendre les pièces, mais Nana manœuvre pour les offrir au comte.)

MUFFAT, troublé, prenant les pièces.

Merci, madame.

NANA, riant.

Vous en oubliez une, je ne veux rien garder.

MUFFAT, tout à fait troublé.

Merci, madame, merci mille fois, au nom de nos pauvres. Et veuillez pardonner notre importunité. (Ils se dirigent tous deux vers la porte.)

NANA.

Du tout, monsieur, c'est moi qui vous remercie.

MUFFAT, saluant.

Madame... (Il sort.)

LE MARQUIS, bas.

Je voulais vous revoir en ami.

NANA, bas.

Taisez-vous, de grâce!

LE MARQUIS, bas.

Rien qu'en ami. (Il salue et sort.)

SCÈNE XV

NANA, ZOÉ

ZOÉ, entrant.

Eh bien?

NANA, éclatant de rire.

Une belle idée que tu as eue! Ils m'ont fait mes cinquante francs!

ZOÉ, gravement.

Que Madame soit tranquille, Madame les reverra.

NANA, gaîment.

Bah! j'ai le temps. Je veux être libre, aujourd'hui... Tu as renvoyé tout le monde?

ZOÉ.

Oui, tout le monde.

NANA.

Tu es sûre?... Attends, j'aime mieux faire la visite. (Elle va ouvrir les portes, regarde et les referme.) Non, personne dans le salon... Personne dans la chambre... Et dans le cabinet?... (Apercevant Georges.) Ah! mon Dieu! il y en a encore un là-dedans!

ZOÉ.

Le petit!... Je l'avais oublié. (Elle range dans la pièce pendant la scène suivante.)

SCÈNE XVI

NANA, GEORGES, ZOÉ

NANA.

Les enfants au maillot, alors!... (A Georges qui reste effaré, son bouquet à la main.) Tu veux donc qu'on te mouche, bébé?

GEORGES, d'une voix basse et suppliante.

Oui!

NANA.

Est-il drôle!... Voyons, qui es-tu?

GEORGES.

Je m'appelle Georges Hugon et j'ai dix-sept ans.

NANA.

Tu t'appelles Georges Hugon, tu as dix-sept ans... Zizi, va!

GEORGES.

Hier, j'étais au théâtre. Alors, aujourd'hui, je suis venu.

NANA, riant toujours.

Mais je ne prends pas d'enfants en sevrage!

GEORGES.

Oh! ne vous moquez pas, je vous en prie!

NANA.

C'est pour moi, ces fleurs?

GEORGES.

Oui.

NANA.

Donne-les donc, nigaud. (En lui donnant les fleurs, Georges se jette sur ses mains qu'il dévore de baisers.) Eh bien! veux-tu me lâcher! A-t-on jamais vu!... Zoé, mets-moi ce petit homme à la porte!

GEORGES.

Madame, je pourrai revenir, n'est-ce pas?

NANA.

Oui, si vous êtes sage.

GEORGES.

Merci! merci! (Il sort, poussé par Zoé, en jetant des baisers à Nana du bout des doigts. Puis, il embrasse Zoé.)

ZOÉ.

Veux-tu bien finir! Il est enragé, ce petit-là!

SCÈNE XVII

NANA, puis ZOÉ et FRANCIS

NANA, seule.

C'est beau, la jeunesse. Son bouquet sent très bon. Et il était si tremblant, avec son air hardi! Quel enfant!

ZOÉ, rentrant.

Madame, le coiffeur.

FRANCIS, vidant ses poches.

La poudre de riz... les pralines...

NANA.

Dites donc, Francis, pourriez-vous ajouter cinq louis?

FRANCIS.

Cinq louis?

NANA.

Je vous les rendrai dimanche.

FRANCIS.

Cinq louis, certainement! Davantage, si vous en avez besoin... Après la soirée d'hier!

NANA, prenant l'argent.

Merci... Je vais sortir.

ZOÉ.

Et monsieur Dagenet, Madame l'oublie.

NANA.

Tiens! c'est vrai, il doit venir à cinq heures... Décidément, il faut en finir. Madame Maloir va me faire une lettre que tu lui remettras.

ZOÉ, ouvrant la porte et appelant.

Madame Maloir!

SCÈNE XVIII

LES MÊMES, MADAME LERAT, MADAME MALOIR

MADAME MALOIR.

Qu'y a-t-il?... Vous savez, j'ai gagné, ma chère!

MADAME LERAT.

Heureusement, je n'ai joué que l'honneur.

NANA, à madame Maloir.

Écoutez, vous allez me faire une lettre.

MADAME LERAT, effarouchée.

Une lettre d'amour?

NANA.

Au contraire, une lettre de congé... Seulement, mettez-y du cœur. Je me fie à vous pour ça. Vous signerez de mon nom, comme d'habitude... (A madame Lerat.) Et toi, c'est bien entendu, prends le premier train, que j'embrasse mon pauvre mignon demain soir.

MADAME LERAT.

Sois tranquille.

NANA.

Zoé, mon chapeau... (A madame Maloir.) Tenez! voilà de l'encre et du papier... Allons, bon! où y a-t-il une plume?

FRANCIS.

Une plume... En voilà une, là, dans la brosse.

NANA.

Donnez. (Elle la passe à madame Maloir, qui s'installe devant le guéridon. Madame Lerat fait une réussite. Zoé, qui est entrée dans la chambre, en revient avec le chapeau.)

MADAME MALOIR.

Voyons, comment commencerai-je?

FRANCIS.

« Mon trésor. »

MADAME MALOIR.

N'aimeriez-vous pas mieux : « Mon petit homme chéri »?

NANA.

C'est peut-être un peu tendre pour un congé.

MADAME LERAT.

Quand on lâche un homme, on doit le lâcher gentiment.

FRANCIS.

C'est mon avis.

MADAME MALOIR, écrivant.

« Mon petit homme chéri, j'ai le regret de t'annoncer que tu dois dorénavant cesser de venir me voir, parce que... » (Cessant d'écrire.) Parce que... voilà l'embarrassant.

MADAME LERAT, continuant sa réussite.

Pourquoi donc? Vous n'avez qu'à mettre : parce que je veux rentrer dans le chemin de l'honneur.

ZOÉ, vivement.

Ne mettez pas ça... Madame aurait l'air de se ficher de lui.

NANA.

Zoé!... Mettez simplement : parce que ça ne se peut plus.

FRANCIS.

Ça dit tout.

MADAME MALOIR.

Et je termine par : mille baisers.

MADAME LERAT.

Ajoutez : Sur tes beaux yeux... Ça leur fait toujours plaisir.

MADAME MALOIR, écrivant.

« Mille baisers sur tes beaux yeux... Nana »... Elle est très bien !

NANA.

Enfin, je suis donc libre ! Une idée ! Si je dînais seule? Oui, je vais faire un tour au Bois, et je dînerai seule. Il y a si longtemps que ça ne m'est arrivé !... (Elle se dirige vers le fond.) Bonsoir tout le monde !

(Rideau.)

ACTE DEUXIÈME

Au premier plan, une prairie, ombragée de grands arbres. Au deuxième plan, une route qui passe sur un pont et qui monte au troisième plan par des praticables. Au fond, les ruines de l'abbaye de Chamont. — A gauche, un vieux pommier. — A droite, le ruisseau qui passe sous le pont, forme cascade, coule et se perd dans la coulisse. — Soleil couchant.

SCÈNE PREMIÈRE

BOSC, LA FALOISE, PRULLIÈRES

(Au lever du rideau, la scène est vide. On entend au loin une cloche. Puis on voit arriver, en costumes d'été, La Faloise, Prullières et Bosc.)

PRULLIÈRES.

Je commence à en avoir assez, de grimper comme ça.

LA FALOISE.

Tiens! le joli coin! de l'herbe et de l'ombre... Reposons-nous, en attendant les autres.

PRULLIÈRES, regardant derrière lui.

Eh bien! où es-tu donc, mon vieux Bosc?... (Appelant) Ohé! oh!

BOSC, paraissant.

Ouf! je n'en peux plus!... Écoute ça, Prullières : la campagne, c'est bon pour les campagnards.

PRULLIÈRES.

Oui, je sais. Et est-elle assez ratée, la crémaillère de Nana à la Mignotte!... Ah bien! les autres de la troupe ont eu du nez de ne pas venir. Il n'y a que Simonne, Clarisse et nous deux qui nous soyons laissés pincer.

BOSC.

Moi, je ne serais pas venu, si Bordenave, notre aimable directeur, ne m'avait chargé de ramener Nana qui s'oublie ici à faire la bergère. Et dire que nous devons retourner ce soir à Paris, pour jouer cette insanité de *Blonde Vénus*.

PRULLIÈRES.

En attendant, voulez-vous me dire pourquoi Nana nous a fait faire cette promenade?

LA FALOISE.

Pour visiter Chamont. (Montrant la gauche.) Le village est là, vous apercevez l'église. (Montrant la droite.) Ici, se trouve le château, qui appartient à une ancienne danseuse, je crois. Cette route mène de l'église au château. (Montrant le fond.) Puis, là-haut, sont les ruines de l'abbaye... On vient les visiter de tout le département. Vous avez bien vu les voitures qui suivaient les nôtres : le comte Muffat et sa famille, pour le moment en villégiature chez leur vieille amie, madame Hugon... Ah! diable! les voici. Je les connais, j'ai dîné chez eux, à Paris, avec mon oncle... Tiens! justement Steiner est avec eux. Il les aura rencontrés.

BOSC.

Mais nous ne les connaissons pas, nous autres... Viens-tu, Prullières? J'aime mieux aller retrouver Nana. (Ils se retirent.)

SCÈNE II

PHILIPPE, STEINER, MUFFAT, LE MARQUIS, LA FALOISE

LA FALOISE, saluant.

Monsieur le comte.

LE COMTE.

Ah! monsieur La Faloise... Vous êtes donc aussi dans notre pays?

LA FALOISE.

Avec mon oncle, oui, monsieur le comte.

PHILIPPE, continuant une conversation commencée avec le marquis.

Laissez donc, la beauté du diable! et une vulgarité!

LA FALOISE, bas à Steiner.

Quel est cet officier?

STEINER, bas.

Philippe Hugon, le fils aîné de madame Hugon, le frère du petit Georges... Leur père, qui en est mort, s'est presque ruiné en faisant ses farces avec le marquis.

LE MARQUIS, reprenant la conversation.

Mon cher Philippe, vous êtes bien sévère.

STEINER.

De qui parlez-vous donc, messieurs?

PHILIPPE.

De cette Nana qui fait courir Paris et dont vous causiez tous ce matin encore chez ma mère. Cela m'exaspère à la fin, et l'indignation m'emporte, lorsque j'entends les plus honnêtes femmes s'occuper ainsi de ces demoiselles.

LE MARQUIS, souriant.

Décidément, vous êtes un vertueux.

PHILIPPE.

Je vous en prie, ne me faites pas trop ridicule pour un lieutenant de vingt-huit ans. Je ne suis pas plus rigoriste qu'un autre, puisque j'ai cédé au désir bête de tout le monde et que je suis allé à ce théâtre... Mais, en vérité, votre Nana m'a révolté.

STEINER, l'interrompant.

On voit bien que vous ne la connaissez pas. Si vous la connaissiez!

LE MARQUIS, souriant toujours.

C'est singulier comme la jeunesse d'aujourd'hui pousse au noir les choses les plus aimables de la vie. Eh! prenez donc Nana gaiement, pour le peu qu'elle vaut!

PHILIPPE.

Gaiement!... Ah! monsieur le marquis!

LE MARQUIS, très grave.

Oui, je sais, Philippe, que votre mère a souffert beaucoup des fautes de votre père, mon vieil ami Hugon, dont je vous demande pardon d'évoquer le souvenir... Seulement, croyez-moi, contentez-vous de mépriser ces dames, ne les grandissez pas.

PHILIPPE.

C'est vrai, je les hais pour toutes les larmes que j'ai vu verser à ma mère... Mais elles grandissent bien toutes seules, elles débordent et emplissent Paris... Si l'alcool brûle le peuple aux entrailles et l'assomme, ce sont les filles comme Nana qui nous détraquent et nous empoisonnent, nous les heureux et les riches, si fiers de notre éducation.

STEINER.

Oh! oh!

MUFFAT, qui jusque-là a écouté en silence.

N'interrompez pas, monsieur Steiner.

STEINER, riant.

C'est que je trouve ça drôle.

PHILIPPE.

Vous trouvez ça drôle, monsieur. Eh bien! vous avez tort. C'est d'une grande tristesse, au contraire... Voulez-vous que je vous dise l'origine de votre Nana?

STEINER.

Vous la connaissez?

PHILIPPE.

Non, mais toutes ont la même origine ou à peu près... Votre Nana est née de quatre ou cinq générations d'ivrognes, le sang gâté par une longue hérédité de misère et de boisson. Elle a certainement poussé dans un faubourg, sur le pavé parisien; et, grande, superbe, ainsi qu'une plante de plein fumier, elle venge les siens, les affamés et les gueux.

LE MARQUIS.

Le voilà qui tourne au révolutionnaire!... Alors, c'est notre faute?

PHILIPPE.

Parfaitement!... Avec votre Nana, la pourriture que vous laissez fermenter dans le peuple, remonte et pourrit l'aristocratie; car, sans le vouloir elle-même, elle devient une force de la nature, un ferment de destruction.

LA FALOISE, bas à Steiner.

Je prends des notes. Un sujet d'article magnifique! (A Philippe, haut.) Après, après.

PHILIPPE.

Après?... J'ai fini. Votre Nana, c'est la mouche couleur de soleil, envolée du ruisseau, une mouche qui prend la mort sur les charognes tolérées le long des chemins, et qui, bourdonnante, dansante, jetant un éclat de pierrerie, empoisonne les hommes rien qu'à se poser sur eux, dans les palais, où elle entre par les fenêtres.

LA FALOISE.

Très chic! Et je tiens mon titre : la Mouche d'or.

STEINER, à Philippe.

Vous, monsieur, je vous mènerai chez Nana demain... Le soir, vous serez à ses pieds, et vous baiserez ses pantoufles.

PHILIPPE, riant.

Je ne crois pas, monsieur.

LE MARQUIS.

Vous avez peut-être raison, mais que vous êtes peu Parisien! Ces choses-là se disent plus légèrement, du bout des lèvres.

MUFFAT, très grave, à Philippe.

Et moi, je vous assure que vous avez parlé comme on doit le faire. (Bas au marquis.) Ah! cette passion abominable, ne l'arracherai-je pas de ma chair!

LE MARQUIS, bas.

Prenez garde!... C'est un peu ma faute, je le confesse. J'ai cédé à une curiosité de vieux pécheur en vous menant quêter chez le diable. Mais pouvais-je prévoir que vous si sage, si prudent... Voyons, au nom du bonheur de votre femme, jurez-moi de ne pas retourner chez cette fille, de ne jamais chercher à la revoir.

MUFFAT, bas, avec effort.

Je vous le jure.

LE MARQUIS.

Merci.

PHILIPPE.

Ces dames n'arrivent pas. Voulez-vous que nous redescendions à leur rencontre?

LE MARQUIS.

C'est cela... (A Muffat.) Vous venez, n'est-ce pas? (Ils sortent.)

STEINER.

Adieu! messieurs. (A La Faloise.) Qu'as-tu fait de Nana?

LA FALOISE.

Moi, rien du tout... Ah! voici notre monde!

SCÈNE III

LES MÊMES, SIMONNE, BOSC, PRULLIÈRES, CLARISSE

STEINER.

Eh bien! et Nana?

PRULLIÈRES.

Comment! elle n'est pas avec vous?

CLARISSE.

Nous ne l'avons pas vue.

SIMONNE.

Elle sera restée en arrière avec Georges.

STEINER, vexé.

Avec Georges!

BOSC.

Le fait est qu'il est toujours pendu à ses jupes, ce gamin-là.

STEINER.

Et je trouve ça peu convenable. Quand on a des invités, on ne les lâche pas en pleine campagne... Je veux absolument savoir...

BOSC, le retenant.

Restez donc tranquille! Elle va arriver, bien sûr... Contez-nous plutôt où vous en êtes avec elle.

TOUS.

Oui, oui.

CLARISSE, riant.

Oui... C'est intéressant, ça.

STEINER, avec ferveur.

Ah! mes bons amis, une femme divine! Non, vous n'imaginez pas cette grâce, cette aménité, cette noblesse! Elle était née pour avoir des châteaux... Hier, quand je suis débarqué, elle ramassait des pommes de terre; oui, avec ses bagues, les bras enfoncés dans les trous, jusque-là. J'ai aussi ramassé des pommes de terre. Oh! nous avons ri!... Puis, quelle soirée délicieuse!

BOSC.

Et après, homme adoré?

LA FALOISE.

Enfin, mon oncle, vous êtes heureux?

STEINER, embarrassé.

Heureux... C'est selon comment vous l'entendez.

SIMONNE.

Dites donc, ce matin, à notre arrivée, je vous ai trouvé couché sur le billard.

TOUS, riant.

Ha! ha! ha! sur le billard!

STEINER.

Quand vous crierez tous : sur le billard! Qu'est-ce que ça prouve? Avant de faire les malins, il faut savoir comment ça s'est passé... Nana m'avait donné une chambre d'ami. Il y faisait très chaud. Alors, vers minuit, j'ai voulu descendre causer avec elle pour me rafraîchir. Mais je me suis perdu... J'ai rencontré par bonheur un billard, et je me suis couché. Voilà!

TOUS, riant.

Ah! elle est bonne!... Bravo, Steiner

LA FALOISE, riant.

Ce pauvre oncle!

BOSC, au fond.

Qui donc vient là?

STEINER.

Nana, sans doute... C'est heureux!

LA FALOISE, qui s'est avancé.

Eh non! c'est encore le comte. (Le comte Muffat redescend seul au fond et semble chercher du regard.)

PRULLIÈRES.

Qui cherche-t-il donc?

BOSC.

T'es bête! il nous a vus, il cherche Nana... Ah! il est joliment pincé, à ce qu'il paraît.

CLARISSE.

Oui, moi qui vous parle, je l'ai surpris dans la loge de Nana, au théâtre, en train de lui baiser l'épaule... Elle le rend fou.

SIMONNE.

Encore une qui aura de la chance! Elle finira par avoir une fortune de reine, comme cette Irma d'Anglars, à qui appartient ce château. (Elle indique le château dans la coulisse.)

LA FALOISE.

Une ancienne danseuse, m'a-t-on dit.

SIMONNE.

Ah! ouiche, une danseuse qui n'a jamais fait danser que les hommes!... L'année dernière, je suis venue passer huit jours par ici, chez le petit vicomte, quand il a été nommé sous-préfet. Et il m'a conté que cette

Irma d'Anglars, une ancienne du temps de Charles X, était jadis une mâtine, enfin une noceuse comme il n'y en a plus... Maintenant, elle a un château de deux millions, et elle donne dans les curés.

BOSC, à Clarisse.

Hein! ça te fait rêver?

PRULLIÈRES.

Irma d'Anglars... Mais, attendez donc! j'ai connu ça, quand j'étais petit. Elle doit aller dans les quatre-vingts ans.

CLARISSE.

Quatre-vingts ans!... Non, c'est trop beau!

STEINER.

Voyons, montons-nous ou ne montons-nous pas aux ruines?... Nana doit être là-haut.

TOUS.

Nous montons! nous montons!... Tonton, tontaine et tonton! (Ils montent. Steiner et La Faloise passent les derniers.)

STEINER, à La Faloise, en s'en allant.

Pourquoi ne fais-tu pas la cour à Simonne? Elle est très gentille... Rappelle-toi mes leçons.

LA FALOISE.

J'en ai assez de vos leçons. Cent dix mille francs pour coucher sur un billard!

STEINER.

Encore le billard!... Eh bien! tu vas voir! Si je rencontre Nana seule dans un bosquet... Ah! mon gaillard, tu me défies! Eh bien, tu vas voir! (Ils disparaissent.)

SCÈNE IV

MADAME HUGON, PHILIPPE

MADAME HUGON, montant au bras de son fils et continuant une conversation.

L'autre route est trop fatigante, je préfère prendre celle-ci... Et puis, mon enfant, je suis si heureuse de marcher ainsi, doucement, à ton bras! Je t'ai si rarement à moi seule! (Tous deux s'arrêtent sur le pont.)

PHILIPPE.

Chère mère!

MADAME HUGON.

Il ne nous manque que notre petit Georges.

PHILIPPE.

Il a dû aller ce matin à Paris, n'est-ce pas?

MADAME HUGON.

Oui, un examen, m'a-t-il dit... (Après un silence.) Philippe, il faut que je te parle de Georges. Cet enfant m'inquiète. Je te prie de le surveiller ainsi que je le surveille moi-même.

PHILIPPE.

Je vous le promets.

MADAME HUGON.

Tu sais tout ce que j'ai souffert, autrefois, à mon foyer détruit...

PHILIPPE, l'interrompant.

Ne parlons pas du passé... (L'embrassant.) Là, c'est fini... Voulez-vous marcher encore?

MADAME HUGON.

Oui, mais nous ne monterons pas jusqu'en haut... A cent mètres de ce pont, on a déjà une vue superbe. (Ils disparaissent.)

SCÈNE V

NANA, GEORGES

(La scène reste vide un instant. Puis, à droite, au plus épais des feuillages, les branches s'écartent, et l'on voit apparaître Nana et Georges, les bras à la taille.)

GEORGES, continuant une conversation.

Et ils avaient un grand chien qui les suivait dans les bois... C'était plein de palmiers, de plantes hautes comme des maisons, de fruits sauvages délicieux. Là-dedans, au milieu des verdures, ils restaient cachés pendant des journées entières, et ils s'aimaient tellement, qu'ils rêvaient d'y vivre toujours, sans jamais voir personne... Comment! tu n'as pas lu *Paul et Virginie?*

NANA.

Eh! non! je n'ai rien lu, je suis une bête! Il faudra que j'apprenne, ça m'ennuie trop de ne pas savoir... C'est comme la campagne, je ne la connaissais pas. Quand j'étais petite, longtemps j'ai souhaité vivre dans un pré, avec une chèvre, parce qu'un matin, sur le talus des fortifications, j'avais vu une chèvre qui bêlait, attachée à un pieu. Et, maintenant, toute cette terre qui m'appartient, tous ces champs alentour, ça me gonfle le cœur. Il me semble que je redeviens gamine.

GEORGES.

Alors, dis-moi, pourquoi n'aimes-tu pas davantage ton Zizi?... Tu devrais mettre ce monde à la porte, et cet affreux Steiner, et l'autre, le comte, qui rôde sans cesse.

NANA.

C'est fait, monsieur... Ce soir, ils partent tous, et j'ai refusé de les suivre... Veux-tu que nous ne retournerions jamais à Paris? Nous vivrons à la campagne, toujours ensemble.

GEORGES.

Oh! oui! oh! oui! (On entend chanter un rossignol.)

NANA.

Chut!

GEORGES.

C'est un rossignol... Tiens! là-haut. Tu le vois?

NANA.

Non... (Le rossignol chante.) Ah! oui, sur cette branche. (Très émue.) Mon Dieu! qu'il chante bien!

GEORGES.

Tu pleures?

NANA.

Il y a une romance là-dessus, et je pleurais malgré moi, à l'atelier, quand on la chantait... Ah! tout ce que ça me rappelle! (Elle s'assoit au pied de l'arbre. Le rossignol chante.) Jamais je n'en avais entendu... Ça me donne un petit frisson.

GEORGES, voulant la prendre dans ses bras.

Cher amour, que je t'aime!... Pourquoi me repousses-tu toujours?

NANA.

J'ai honte, laisse-moi!

GEORGES.

Honte! nous sommes seuls... Rien qu'un baiser.

NANA.

Laisse-moi! Je t'aime bien, mais, je t'en prie, laisse-moi!... Nous sommes si gentils comme ça, tous les deux. Pourquoi veux-tu des choses qui me feraient de la peine? (Il veut encore la saisir, elle se dégage violemment et se lève.) Non, non, jamais! (Gaiement, en apercevant le pommier.) Oh! des pommes! Si le garde-champêtre ne nous voyait pas!

GEORGES.

Tu en veux? attends!

NANA.

Prends garde de tomber... Ah! la belle rouge, là, sous ta main.

GEORGES.

Celle-ci?... Tiens, attrape! (Il la lui jette.)

NANA, mordant dans la pomme.

Elle est d'un sucre! C'est ça qui est bon!

GEORGES.

Méfie-toi! (Il secoue les branches, une grêle de pommes tombe.)

NANA, criant et riant.

Descends donc! Nous allons en remplir nos poches.

GEORGES.

C'est ça... Je vais t'aider. (Il la prend à la taille, en jouant.)

NANA, riant.

Laisse-moi les ramasser, taquin!

GEORGES, l'embrassant.

Je savais bien que je t'embrasserais!

(A ce moment, madame Hugon et Philippe reparaissent sur la route.)

SCÈNE VI

NANA, GEORGES, MADAME HUGON, PHILIPPE

MADAME HUGON, apercevant Georges et Nana.

Philippe, regarde... Là, avec cette femme.

PHILIPPE.

Georges!

GEORGES, sans les voir, embrassant encore Nana.

Ça fait deux, Nana!

MADAME HUGON.

Nana!

GEORGES, se retournant.

Oh!... maman! (Il se sauve.)

NANA, debout, immobile.

Sa mère!

PHILIPPE, à madame Hugon.

Venez, ne restez pas là. Je me charge de cet enfant.
(Ils descendent et disparaissent.)

SCÈNE VII

NANA, puis STEINER, puis LA FALOISE

NANA, seule.

Mon pauvre Zizi!... Va-t-on le gronder!

STEINER, paraissant de l'autre côté du ruisseau, à part.

C'est elle! et toute seule!... Voilà l'occasion que je cherchais... (Haut.) Enfin, je vous retrouve.

NANA, sursautant.

Ah! que c'est bête, de tomber ainsi sur le dos des gens!

STEINER.

Il y a une demi-heure que je vous demande à tous les échos.

NANA.

Moi aussi.

STEINER.

Vrai? ça c'est très aimable... Et vous êtes là toute seule, comme une pauvre bichette!... Tenez! voici des pâquerettes que j'ai cueillies pour vous. Vous pouvez les consulter. Elles vous répondront toutes : Passionnément.

NANA.

Donnez-les-moi.

STEINER.

Tout de suite. (Hésitant.) Hum! il est large, ce ruisseau... (A Nana.) Si vous me tendiez la main.

NANA.

Comment! vous seriez poltron à ce point!

STEINER.

Poltron, jamais! Dites prudent.

NANA.

Il est vrai que vous êtes si lourd.

STEINER.

Moi, lourd!... Vous allez voir... (Il veut sauter, il tombe dans l'eau, en poussant des cris atroces.) Au secours! au secours!

LA FALOISE, accourant.

Quoi donc? qu'y a-t-il?

NANA.

C'est votre oncle... Tenez, là!

LA FALOISE.

Mon oncle dans l'eau!

STEINER, furieux.

Donne-moi donc la main, animal!

LA FALOISE, le tirant de l'eau.

Vous voilà propre!

STEINER, éternuant.

Atchi!... J'en ai pour huit jours à éternuer comme ça... Où diable vais-je me changer?

LA FALOISE.

Par ici... Je viens de découvrir un petit cabaret à mi-côte, où l'on vous prêtera un vêtement.

STEINER.

Charmante Nana, consultez ces pâquerettes. Elles vous répondront toutes... (Il éternue.) Atchi!

LA FALOISE, l'emmenant.

Eh bien! si c'est là ce que vous vouliez me faire voir!

STEINER.

C'est un accident... Il arrive des accidents à tout le monde. (Il sort, soutenu par La Faloise.)

SCÈNE VIII

NANA, puis MUFFAT

NANA, riant.

Ah! ce pauvre Steiner... M'en voilà débarrassée pour un moment au moins.

MUFFAT, à part.

La voici... Ah! je ne puis renoncer à elle, un petit souffle de sa bouche emporte mes serments.

NANA.

Voyons, il faut pourtant que je rejoigne mes invités. Ils ne doivent plus savoir ce que je suis devenue. (Elle remonte et se trouve devant Muffat.) Vous!

MUFFAT.

Pardonnez-moi de vous guetter et de vous surprendre ainsi; mais, puisque vous évitez de me recevoir depuis trois jours, je suis bien forcé de profiter du hasard.

NANA.

Prenez garde!... On pourrait vous voir.

MUFFAT.

Eh! qu'on me voie, qu'importe!... Je préfère tout à la

souffrance que j'endure. Dites, pourquoi refusez-vous de me recevoir?

NANA.

Vous vous trompez.

MUFFAT.

Non, ne mentez pas. Je vous aime, je sens bien que vous m'éloignez. Et, cependant, rappelez-vous, c'est vous-même qui m'avez invité à venir ici... Tenez! le baiser que je vous ai pris me brûle encore les lèvres. Depuis trois jours, depuis que je vous ai revue, je sanglote, la nuit, la tête dans l'oreiller.

NANA.

Peut-être ai-je été un peu coquette, c'est vrai. Je le regrette, à présent, puisque vous en souffrez à ce point. Mais, en vérité, si tous les hommes avec qui les femmes sont coquettes avaient vos exigences.

MUFFAT.

Ne recommencez pas à railler, vous me brisez le cœur... Alors, vous refusez, je n'ai pas d'espoir?

NANA.

Mon Dieu! nous sommes bons amis.

MUFFAT.

Mais vous ne m'aimez pas?

NANA.

Non, pas maintenant.

MUFFAT.

Et vous en aimez un autre?

NANA.

Vrai! je l'ignore. Vous êtes plus curieux que moi. Je me repose, je suis à la campagne et je m'y plais beaucoup... Si vous saviez combien je me sens jeune et heureuse! Pourquoi voulez-vous me gâter tout ça?

MUFFAT.

Quelle femme êtes-vous donc?

NANA, souriant.

Quelle femme je suis? Mais une très bonne femme, je vous assure. Jamais je n'ai fait de mal à personne, et je n'en ferai jamais, du moins par calcul... Est-ce ma faute, si vous êtes tombé amoureux de moi? Vous étiez parfaitement libre de ne pas m'embrasser, l'autre soir, dans ma loge... Ce serait drôle, s'il n'était plus permis d'être belle! Ma foi, je suis venue au monde comme ça. Tant pis pour ceux que ça gêne!

MUFFAT, suppliant.

J'ai eu tort d'être violent, pardonnez-moi. C'est à genoux que je devrais vous supplier... Écoute, j'avais rêvé pour toi une existence de luxe, tous les désirs réalisés.

NANA.

Le luxe, l'argent, je m'en moque!... Si vous saviez comme je m'en moque en ce moment!

MUFFAT.

Réfléchis, je t'aime, je t'aurai!... A mon âge, on en meurt. On oublie tout, famille, position, dignité. Ah! je sens que je deviens fou!... Tu consens, n'est-ce pas?

NANA.

Non! laissez-moi! (On entend des cris et des rires.)

MUFFAT.

J'attendrai que tu dises oui. (Il se cache à demi dans les feuillages.)

SCENE IX

NANA, MUFFAT caché, BOSC, PRULLIÈRES, CLARISSE, SIMONNE

BOSC, apercevant Nana.

Eh! la voilà!... Tu es gentille!

SIMONNE.

Une jolie lâcheuse!

NANA.

Je m'étais perdue.

BOSC.

Et le petit jeune homme?

NANA, naïvement.

Georges, je ne l'ai pas vu. Il sera retourné aux voitures.

BOSC.

Bon!... Filons vite, dînons et rentrons à Paris. (A Nana.) Tu sais que Bordenave t'attend. Il me collera à l'amende, si je ne te ramène pas.

NANA.

Eh bien! il te collera à l'amende. Je reste.

BOSC.

Voyons, ce n'est pas sérieux. (On entend la cloche.)

CLARISSE.

On sort de l'église. (Des groupes de paysans passent sur la route.)

BOSC.

Tiens! cette vieille dame... Regardez.

PRULLIÈRES.

C'est Irma d'Anglars. Je la reconnais.

SIMONNE, à Nana.

On t'en a parlé, n'est-ce pas, ma chère? Quatre-vingts ans, et tout un village à ses pieds!

PRULLIÈRES.

On dirait une vieille marquise.

BOSC.

Une vieille marquise échappée aux horreurs de la Révolution. (Irma d'Anglars paraît sur la route et traverse lentement la scène, suivie d'un laquais portant son livre de messe.)

SIMONNE, à gauche de Nana.

Ah! c'est un beau rêve, vivre gaiement, librement, et vieillir ensuite, saluée par le monde! Mais il faut avoir de l'ordre et ne pas céder à des toquades bêtes.

CLARISSE, à droite de Nana.

Oui, si l'on savait, on ne gâterait pas sa vie, on mettrait de côté pour finir, comme celle-là, comblée d'ans et d'honneurs.

SIMONNE.

Bah! nous mourrons toutes à l'hôpital!

NANA, à part, avec un frisson.

L'hôpital!... (Haut.) Bosc, je rentre avec vous à Paris.

PRULLIÈRES.

En route!

TOUS.

En route! en route! (Ils s'éloignent.)

MUFFAT, bas à Nana.

Eh bien?

NANA, bas.

Eh bien, oui!

BOSC, à part.

Elle a fini de croquer des pommes. Aux millions, maintenant!

ACTE TROISIÈME

Un salon encombré de bibelots de toutes les époques, parmi lesquels des curiosités du Japon. Un piano. Au fond, une grande porte vitrée, garnie de stores, donnant sur l'avenue de Villiers. Quand la porte est ouverte, on aperçoit, au delà d'une étroite pelouse et d'une grille, l'enfoncement oblique de l'avenue, avec la double file des becs de gaz. — En pans coupés : à gauche, une porte vitrée, ouvrant sur une serre, dont on voit les grandes plantes vertes; à droite, une porte menant à la salle à manger. — A gauche, au premier plan, une petite porte; au deuxième plan, une cheminée. — A droite au deuxième plan, la porte du vestibule. — Les lustres et les lampes sont allumés.

SCÈNE PREMIÈRE

ZOÉ, MADAME MALOIR, JOSEPH

(Madame Maloir entre, suivie de Zoé, par la petite porte, à gauche. La baie du fond est ouverte, et l'on voit l'avenue, à la tombée du jour, sans que les becs de gaz soient encore allumés.)

ZOÉ, à Joseph qui achève d'allumer.

Dites donc, ils sont encore à table?

JOSEPH.

Oui... Vous voulez quelque chose?

ZOÉ.

Non, rien... Je suis en train de montrer l'hôtel à madame Maloir. Elle est là, qui admire la salle de bains... (A la porte.) Venez donc, madame Maloir. (Joseph s'en va, après avoir allumé.)

MADAME MALOIR, entrant.

Mon Dieu! que c'est beau!

ZOÉ.

Attendez, vous n'avez pas tout vu... De ce côté, la serre; de l'autre, la salle à manger. Et, à la suite de la salle à manger, une grande salle de billard. Ici, le vestibule, par lequel vous êtes entrée tout à l'heure. Le tout, sur l'avenue de Villiers... Neuf heures. Comme la nuit vient tard, en mai! (Elle ferme le store au fond, l'avenue disparait.)

MADAME MALOIR.

Non, c'est trop beau! Mais, ici, où sommes-nous?

ZOÉ.

Dans le salon japonais, une fantaisie de Madame. Elle avait vu quelque chose en ce genre, à l'Exposition. Ah! elle a parfois des fantaisies coûteuses, Madame!

MADAME MALOIR.

Et c'est le comte qui a donné tout! Alors, il aime Nana?

ZOÉ.

A en perdre le boire et le manger. (On entend des rires dans la salle à manger.)

MADAME MALOIR.

Est-ce qu'il y a beaucoup de monde à dîner, ce soir?

ZOÉ.

Non... Monsieur Steiner...

MADAME MALOIR.

Monsieur Steiner... Quel monsieur comme il faut! et quel bel homme!

ZOÉ.

Vous trouvez? un drôle de goût!... (Reprenant.) Monsieur Steiner, son neveu le journaliste, Zizi, puis deux amies de Madame, Lucie Stewart et Blanche de Sivry... Maintenant que Madame a quitté le théâtre, il faut qu'elle voie des femmes bien.

MADAME MALOIR.

Ah! elle a complètement quitté le théâtre.

ZOÉ.

Oui... Le théâtre, c'est bon quand on commence. Après, ça fait perdre trop de temps.

MADAME MALOIR.

La voilà tout à fait lancée.

ZOÉ.

Je vous crois!... Dites donc, vous vous rappelez? ça ne ressemble guère ici au petit appartement du boulevard Haussmann.

MAMAME MALOIR.

Moi, ça m'effarouche un peu, tout ce luxe... A propos, et le petit Louiset?

ZOÉ.

Le bébé... Toujours chez madame Lerat, aux Batignolles.

MADAME MALOIR.

Et ce jeune homme, celui à qui nous avons écrit une lettre, le lendemain du début de Nana?

ZOÉ.

Dagenet... Tiens! vous m'y faites penser. Il devait venir diner aujourd'hui.

MADAME MALOIR.

Comment! il revient?

ZOÉ.

Oh! en ami, pas davantage. (Rires plus bruyants dans la salle manger.) En font-ils un bruit, là-dedans!... Ils en sont au dessert.

SCENE II

LES MÊMES, MADAME LERAT, LOUISET

MADAME LERAT, au fond, ayant à la main Louiset, qui tient une grosse balle.

Zoé!

ZOÉ.

Madame Lerat... Vous à cette heure! qu'y a-t-il?

MADAME LERAT.

C'est Louiset...

ZOÉ.

Il est malade?

LOUISET.

Non, je ne suis pas malade... Je veux voir maman.

MADAME LERAT.

Voilà ce qu'il me répète depuis ce matin... (On entend rire.) Il y a du monde. C'est ce que je craignais.

ZOÉ.

Ça ne fait rien... Madame n'est donc pas allée chez vous, hier?

MADAME LERAT.

Non... Dans les premiers temps, elle venait embrasser le petit tous les jours, et plutôt deux fois qu'une... (A Louiset.) Assieds-toi sur ce canapé, et tiens-toi tranquille.

MADAME MALOIR.

Bonjour, madame Lerat.

MADAME LERAT, l'apercevant.

Tiens! bonjour, madame Maloir.

LOUISET, à Zoé.

Je verrai maman.

ZOÉ.

Oui, tout à l'heure... (Elle l'assoit sur le canapé, et revient.) Après?

MADAME LERAT.

Après, elle est venue moins souvent. Enfin, depuis quinze jours qu'elle est installée ici, nous ne l'avons pas vue une seule fois... Avec ça, le petit devient triste. Ce matin, il s'est mis à sangloter. Je lui ai acheté un ballon, mais ça n'a rien fait. Quand j'ai voulu le coucher, il s'est pendu à mon cou, en pleurant plus fort et en criant : « Pas avant d'avoir vu maman! »

LOUISET, sur le canapé.

Non, pas avant!

MADAME MALOIR.

Pauvre chérubin!

MADAME LERAT, bas aux deux femmes.

Comme il est délicat et que le médecin défend de le contrarier, j'ai pris sur moi de l'amener un instant.

ZOÉ, se dirigeant vers la porte de la salle à manger.

Attendez, je vais voir si Madame...

LOUISET, regardant autour de lui.

C'est beau ici! Maman est riche alors? Pourquoi qu'elle ne me garde pas avec elle, maman?

MADAME LERAT.

Parce que.

LOUISET.

Ah!

ZOÉ, qui a fait un signe par la porte entre-bâillée.

Madame m'a vue... Elle vient.

SCÈNE III
LES MÊMES, NANA

NANA.

Qu'est-ce donc, Zoé?

LOUISET, courant à elle.

Ah! maman! maman!

NANA, heureuse.

Comment! c'est toi, mon chéri? (A madame Lerat.) Il lui est arrivé quelque chose?

MADAME LERAT.

Non, rien... Il te demandait, il sanglotait. Alors, je me suis permis...

NANA.

Tu sanglotais, mon trésor? Attends, conte-moi ça. (Elle s'assoit et le prend sur ses genoux.) Tu avais donc du chagrin?

LOUISET.

Oh! oui... Tu ne venais plus. Il y a si longtemps!

MADAME LERAT.

Quinze jours.

NANA, stupéfaite.

Allons donc! quinze jours!... (Désespérée.) Mais c'est vrai! mais c'est très mal!... On n'a pas une minute. Hier encore, je partais, j'allais chez vous, lorsque Blanche est venue me prendre pour un dîner... (Baisant coup sur coup Louiset.) Tiens! tiens! voilà pour ces quinze jours! (Elle le serre dans ses bras, le berce doucement et continue à voix basse, oubliant les autres.) Tu m'en veux?

LOUISET.

Méchante maman! méchante maman!

NANA.

Non, ne dis pas ça, tu me ferais pleurer... Si tu savais! Je t'aime bien, je voudrais toujours te tenir ainsi. Ce serait si bon!... Tu n'es pas souffrant, au moins? Tu n'as bobo nulle part? Il ne faudrait pas me le cacher.

LOUISET.

Méchante!

NANA, l'interrompant.

Non, mon amour... (On entend des éclats de rire et des chocs de verres dans la salle à manger.) C'est insupportable! Zoé, fais-les donc taire!... (A Louiset, reprenant sa voix douce.) Écoute, j'irai tous les jours.

LOUISET.

Oh! tu m'as déjà dit ça.

NANA.

Bien vrai, je te le jure... Et je te porterai tout ce que tu voudras.

LOUISET.

Des macarons.

NANA.

Oui, et des joujoux.

LOUISET.

Un cheval... Ah! tu n'es pas méchante! Je t'aime bien, aussi! (Il se jette à son cou et l'embrasse.)

NANA, très émue.

Mon pauvre enfant! mon pauvre enfant! (Elle le tient un moment embrassé.)

MADAME MALOIR, bas à Zoé.

Elle est bonne mère.

ZOÉ.

Oui, des fois.

LOUISET, à sa mère.

Tu vois, je ne suis plus triste... Dis, tu veux bien que

je joue? (Il se laisse glisser de ses genoux et court dans le salon, en lançant sa balle.)

NANA.

Joue, mon chéri. (Se levant, à madame Maloir.) On ne vous voit plus, ma chère Maloir.

MADAME MALOIR.

Tout ce luxe me gêne un peu.

MADAME LERAT.

Le cœur de ma nièce n'a pas changé.

NANA.

Bien sûr... Venez faire votre partie, une de ces après-midi. Et, d'ailleurs, pourquoi ne resteriez-vous pas avec nous, ce soir? Vous connaissez ces dames et ces messieurs. Entrez donc boire un verre de champagne.

MADAME MALOIR.

Ma foi, je veux bien. (Elle entre dans la salle à manger. A ce moment, Louiset, en jouant avec sa balle, atteint une potiche, qui tombe à terre et se brise avec fracas.)

LOUISET.

Oh! maman! maman!

NANA.

Qu'est-ce qu'il y a?

ZOÉ, ramassant les morceaux.

Pardi! c'est cette potiche qu'il a brisée!

MADAME LERAT.

Petit malheureux!

LOUISET, sanglotant.

Je ne l'ai pas fait exprès.

NANA.

Voyons, grosse bête, ne pleure donc pas! Est-ce que je

te gronde?... Tu as bien fait de la casser, cette vilaine potiche... Tu vas voir. (Elle casse l'autre.)

LOUISET, très joyeux.

Oh! maman! que c'est amusant!

ZOÉ.

Il est gai, ce petit-là!

MADAME LERAT, à Nana.

Heureusement qu'il ne vient pas souvent ici. Il serait commode à élever.

NANA.

Laisse donc! Est-ce que j'ai été élevée, moi! Je désire qu'il soit content, mon petit homme... (Bruits dans la salle à manger.) Les voilà, maintenant! Quelle vie!... Allons, vite, partez! Je ne veux pas que tout ça voie ce mignon. (Elle pousse madame Lerat et Louiset devant elle. Zoé sort, en emportant les débris de la potiche.)

LOUISET.

Tu viendras demain?

NANA.

Oui, demain... Au fait, non! Demain, je déjeune chez Lucy... Après-demain.

LOUISET.

Et tu n'oublieras pas les macarons ni le cheval?

NANA.

Sois tranquille. (Le prenant dans ses bras et le baisant coup sur coup.) Tiens! tiens! voilà pour attendre! (Elle remet Louiset à madame Lerat qui l'emmène.)

SCÈNE IV

NANA, BLANCHE, LUCY, puis MADAME MALOIR

LUCY, entrant, suivie de Blanche.

On peut entrer?

NANA.

Certainement.

BLANCHE.

Lucy prétendait que tu étais avec le comte.

NANA.

Mais non.

BLANCHE.

Viens donc, Maloir! (Madame Maloir paraît avec un verre de champagne, dans lequel elle trempe un biscuit.)

NANA.

Et ces messieurs?

LUCY, qui vient de prendre une cigarette dans une coupe et qui l'a allumée.

Ils fument. Alors, comme la fumée me fait horriblement mal... Voulez-vous une cigarette, Maloir?

MADAME MALOIR.

Non, ma petite.

LUCY.

Pardon, j'oubliais que ce n'était pas encore la mode de votre temps.

MADAME MALOIR, aigrement.

Ma chère, de mon temps, on était poli.

BLANCHE, riant.

Pourquoi tracasses-tu la vieille garde?

MADAME MALOIR.

Vieille garde!

NANA, à Joseph qu'elle a sonné.

Vous servirez le café là, dans la serre, et vous préviendrez ces messieurs, quand il sera servi. (Joseph s'incline et sort.)

LUCY, fumant, à Nana.

Hein! tu nous as dit que le comte ne viendrait pas, ce soir? Tant mieux! on va pouvoir rire... Il est si amoureux, qu'il en est assommant... A propos, t'ai-je raconté que la comtesse se venge avec un jeune homme, un auditeur au conseil d'État, je crois?

NANA.

Oui, un assez joli garçon.

LUCY.

Je l'ai rencontré avec elle.

NANA.

Bah! on dit tant de choses.

BLANCHE.

Et Dagenet?... Vous savez qu'il se range. Plus de soupers, plus de femmes, plus rien. Je l'ai aperçu, l'autre jour, froid et guindé comme un notaire... Est-ce qu'il ne devait pas dîner avec nous, ce soir? (La porte s'ouvre, Dagenet paraît.)

NANA.

Eh! si... Je ne sais ce qui l'aura retenu. Encore un lâcheur!

SCÈNE V

LES MÊMES, DAGENET

DAGENET, s'avançant.

Mais un lâcheur bien élevé qui vient vous présenter ses excuses, madame.

NANA.

Enfin!... C'est une jolie heure, pour dîner chez les gens.

DAGENET, riant.

Oh! j'ai dîné!

MADAME MALOIR.

Alors, c'est complet.

LUCY.

On voit bien que Dagenet veut être sérieux. Le voilà qui devient malhonnête avec les femmes.

(Lucy se met au piano et joue un quadrille en sourdine. Blanche et madame Maloir sont près d'elle. L'une l'écoute, l'autre feuillette un album.)

DAGENET, prenant Nana à part, et s'asseyant avec elle sur le canapé.

Oui, j'ai dîné, et chez un de tes bons amis, chez le comte.

NANA, surprise.

Comment! vous vous connaissez?

DAGENET.

Sans doute. Autrefois, mon père a été en relations avec lui... A dix heures, le comte est parti pour les Tuileries. Moi, je me suis échappé, désirant venir quand même, et ayant d'ailleurs une demande à t'adresser.

NANA.

A moi?

DAGENET.

Oui, je cherche à me marier.

NANA, riant.

Ah! ça, c'est drôle!

DAGENET.

Pourquoi drôle?... Je suis vieux, j'ai trente ans passés. Il est grand temps que je fasse une fin.

NANA, avec une gravité plaisante.

Alors, mariez-vous, monsieur.

DAGENET, du même ton.

J'étais sûr d'avoir votre approbation, madame... Permettez-moi donc de vous faire ma demande. (Il se lève, tire une paire de gants blancs et les met vivement.)

NANA, surprise.

Comment! ce serait moi?

DAGENET, riant.

Oh! non!... Toi, tu peux aspirer plus haut... (Très cérémonieux.) Madame la comtesse, j'ai l'honneur de vous demander la main de mademoiselle Estelle Muffat de Beuville pour votre vieil ami, monsieur Paul Dagenet.

NANA.

La fille du comte!... Est-ce que ça me regarde!

DAGENET.

Si tu ne dis pas non, le mariage est fait... Avant de m'adresser au comte, j'ai voulu obtenir ton consentement.

NANA.

Je ne demande pas mieux, mon pauvre Mimi, mais je n'ai aucun pouvoir là-dedans.

DAGENET.

Laisse donc! tu lui en parleras, un de ces matins.

NANA.

Oh! ce Mimi, on fait tout ce qu'il veut!

DAGENET, lui baisant la main.

Merci.

(A ce moment, Lucy achève bruyamment la figure du quadrille, où se trouve la phrase de la *Blonde Vénus.*)

NANA, se levant.

Tiens! la valse de la *Blonde Vénus!* (Chantant.)

Lorsque Vénus rôde le soir,
La belle blonde...

(La porte de la salle à manger s'ouvre. Steiner, Georges et La Faloise paraissent. Lucy cesse de jouer.)

SCÈNE VI

LES MÊMES, STEINER, LA FALOISE, GEORGES

STEINER, continuant l'air.

Tunique au vent, on croit la voir
Sortant de l'onde.

NANA, se bouchant les oreilles.

Assez, Steiner! Vous chantez d'un faux, mon pauvre ami!

STEINER.

Moi! je chante faux! par exemple!... C'est la première fois qu'on me dit ça.

LA FALOISE, à Dagenet.

Ah! voici Paul! (Chantant sur l'air de la *Grande Duchesse*.)

Pour épouser une princesse,
Le prince Paul...

STEINER, à Nana.

Tenez! en voilà un qui chante faux! Mais moi, vrai, elle est forte!

LA FALOISE, le prenant à part.

Pardon... Vous savez, mon oncle, qu'il ne me convient plus que vous me blaguiez. C'est moi, aujourd'hui, qui vous donne des leçons. Ne vous déferez-vous donc jamais de votre ton provincial!

STEINER.

C'est bon... Parce que Paris t'a corrompu tout de suite! Moi, j'ai mis vingt ans à avoir le pied parisien... (Haut, à Nana.) N'est-ce pas, Nana, que j'ai le pied parisien?

NANA, riant.

Vous êtes bête, Steiner!

STEINER.

Vous serez donc toujours cruelle?

NANA, gracieusement.

Toujours! Et puis, mon cher, vous ne tentez rien pour me conquérir. Faites vos preuves. Ayez de la gloire. Enfin, qu'on parle de vous!

STEINER.

Vrai! si l'on parlait de moi... (Gravement.) Irez-vous au Grand Prix, le mois prochain?

NANA.

Cette question!

STEINER.

Très bien. Vous verrez.

NANA.

Le café est servi dans la serre... Mesdames, messieurs.

STEINER, s'en allant avec La Faloise.

J'ai mon plan... Cette fois, elle est à moi. Tu verras!

SCÈNE VII

GEORGES, NANA

GEORGES, suppliant.

Nana...

NANA, s'arrêtant.

Tu ne viens pas?

GEORGES.

Nana... Écoute, je n'ai pu me trouver une minute seul avec toi, depuis que tu habites cet hôtel... On m'a enfermé pendant un mois; puis, maman m'a cru guéri. Alors, je suis revenu... Nana, ma chère Nana...

NANA.

Quoi?... (Revenant, très douce, très maternelle.) Voyons, sois raisonnable. Tu sais bien ce que je t'ai dit. Jamais! je ne veux pas!... Ce serait trop vilain.

GEORGES.

Ah! tu mentais donc!... Rappelle-toi, là-bas, le jour de Chamont. Tu m'aimais, tu me le disais, et moi je te croyais. Nous devions vivre toujours ensemble.

NANA.

Mais, grand enfant, nous étions fous tous les deux, ce jour-là.

GEORGES.

Si tu savais combien je crains de ne plus te voir!... C'est justement de ça que je voulais te parler.

NANA.

Qu'y a-t-il encore?

GEORGES.

Maman se doute que je passe mes soirées ici. Elle ne viendra certainement pas me chercher, mais j'ai une frayeur qu'elle n'envoie Philippe!

NANA.

Ton frère! Je voudrais voir ça, par exemple!... Il a beau être capitaine, et avoir de grandes moustaches!

GEORGES, surpris.

Tu le connais donc?

NANA.

Depuis quinze jours que je fais des promenades à cheval, je le rencontre tous les matins, au Bois. On me l'a montré, et je ne m'étonne plus, s'il me lance des regards si sévères... Ah! il doit venir! Eh bien! nous allons nous amuser!

SCENE VIII

NANA, GEORGES, JOSEPH

JOSEPH.

Une carte pour Madame... Comme Madame avait du monde et que je ne connais pas ce monsieur, j'ai dit que Madame ne recevait pas... Mais ce monsieur a insisté.

NANA.

Bien! donnez. (Elle lit la carte et la passe à Georges.) C'est lui.

GEORGES.

Je t'en prie, ne le reçois pas.

NANA.

Pourquoi donc?... (A Joseph.) Faites entrer ce monsieur.

JOSEPH.

C'est qu'il n'a pas l'air aimable. Il a déjà bousculé un peu le suisse pour passer.

NANA.

Ah! vraiment! Allez!... (Joseph sort. A Georges.) Si je ne le recevais pas, il croirait que j'ai peur... Va rejoindre ces messieurs.

GEORGES.

Mens carrément, mais sois très poli.

NANA.

Va, va, et dis que je ne serai pas longtemps.

GEORGES, sur la porte.

Songe que c'est mon frère. (Il entre dans la serre.)

SCÈNE IX

NANA, puis PHILIPPE

(Nana reste seule un instant. Après être allée rabattre la portière de la serre, elle marche d'une glace à une autre, jetant des coups d'œil sur sa toilette, arrangeant une boucle de ses cheveux. Quand la porte s'ouvre, elle est debout, très grave. Philippe entre, le chapeau sur la tête.)

PHILIPPE, durement.

Mademoiselle, vous avez ici un jeune homme, presque un enfant, mon frère, et je viens le chercher... (Un silence. Nana le regarde fixement, sans répondre.) C'est notre mère qui m'envoie. Vous devez comprendre que la place d'un enfant n'est pas dans une maison comme la vôtre... (Un nouveau silence. Nana, toujours muette, le regarde.) Je me contiens, vous le voyez, et il vaudrait mieux, pour vous et pour moi, que cet entretien fût bref... Répondez, j'attends.

NANA, hautaine.

C'est moi qui attends, monsieur. (Elle le regarde toujours fixement. Philippe, troublé, finit par ôter lentement son chapeau.) Maintenant, monsieur, veuillez m'expliquer le but de votre visite.

PHILIPPE.

Je vous l'ai dit, je viens chercher mon frère.

NANA.

Votre frère est ici, en effet. Mais, si vous désirez simplement lui parler, si vous n'avez rien de personnel à me dire, il eût suffi de le faire demander par un de mes domestiques.

PHILIPPE.

Pardon, j'ai à vous défendre de le recevoir désormais, et j'ai à vous dire que c'est une honte, d'attirer ainsi chez vous jusqu'à des enfants.

NANA.

Que supposez-vous donc, monsieur? et qui vous a donné le droit de me parler de la sorte?... C'est vous qui apportez ici des idées abominables. Votre imagination salit une tendresse qui a été de ma part une pure amitié... Vous interrogerez votre frère et vous reviendrez me faire des excuses.

PHILIPPE.

Oh! ne jouez pas la comédie, voulez-vous? J'ai assez vécu pour connaître vos pareilles. Entre nous, un mot doit suffire : je vous défends, je vous défends de recevoir Georges, ou j'emploierai les grands moyens pour vous faire lâcher prise.

NANA.

Allons, continuez, insultez-moi encore... Je suis une femme et je suis seule. C'est un beau rôle pour un soldat.

PHILIPPE, mal à l'aise.

Mon Dieu! madame...

NANA.

J'ai là des amis, et je pourrais les appeler. Vous voyez donc que je suis plus sage que vous... Vous disiez donc qu'un monstre de mon espèce...

PHILIPPE.

Oh! vous êtes belle, très belle, madame, et c'est ce qui me fait peur... Je tranquillisais notre mère, je souriais de cette escapade d'écolier. Mais, en vous rencontrant chaque jour, j'ai compris votre puissance, je me suis décidé à venir... Pardonnez ma violence de tout à l'heure. C'est le bonheur d'une famille déjà bien éprouvée, que vous tenez entre vos mains.

NANA.

Mais vous êtes tout pardonné, cher monsieur. Est-ce

qu'on se gêne avec moi? Je dois sans doute me mettre à genoux et vous faire des excuses... Attendez, je vais appeler votre frère, et avant de l'emmener, vous lui donnerez ce spectacle comme une leçon.

PHILIPPE, de plus en plus troublé.

Je vous en prie... Il y a déjà eu trop de scandale, je le reconnais. Veuillez simplement congédier Georges vous-même... (Il la salue et se dirige vers la porte.) Madame...

NANA, tombant sur un fauteuil et éclatant en sanglots.

Ah! quelle misère!

PHILIPPE, revenant.

Je ne puis vous quitter dans un état pareil.

NANA.

Non, non, laissez-moi pleurer... J'étouffais.

PHILIPPE.

Croyez que je regrette ma brutalité... J'étais venu sous l'empire d'un sentiment...

NANA.

Eh! ne vous excusez pas! Vous aviez raison, vous étiez dans votre droit. Qui suis-je, après tout? Nana, une femme avec qui l'on peut se permettre tout, une fille qui se donne ou qui se vend.

PHILIPPE.

Je n'ai point dit cela.

NANA.

Vous êtes un honnête garçon. Et vous m'avez traitée!... (Éclatant de nouveau en larmes.) Ah! c'est d'avoir été ainsi traitée par vous que j'ai honte! Jamais je n'avais senti ma misère à ce point. Dites encore que je joue la comédie... Faut-il que je sois lâche, de ne pouvoir me contenir et de sangloter ainsi devant vous!

PHILIPPE.

Vous êtes sincère, je le vois, et je ne sais comment vous prouver, maintenant...

NANA.

Non, c'est moi qui voudrais vous convaincre... (Elle lui prend les mains et l'assoit près d'elle sur le canapé.) Regardez-moi donc! Est-ce que j'ai l'air d'une femme méchante?... Je vis sans savoir. Ensuite, on vient me dire des sottises, et je suis la première punie... Oh! oui, je suis punie!

PHILIPPE.

On vous aime.

NANA.

On me désire.

PHILIPPE.

Le comte vous aime follement... Excusez-moi, ces choses ne me regardent pas. Mais je sais qu'il vous aime au point de tout vous sacrifier.

NANA.

Moi, je ne l'aime pas, je ne l'ai jamais aimé... (Après un silence.) Je n'aime personne.

PHILIPPE, très ému.

Personne.

NANA, rêveuse.

Si j'aimais quelqu'un, ce serait si bon! J'oublierais tout, je ne pleurerais plus. Mais je voudrais qu'il fût mon maître.

PHILIPPE, qui lui a pris la main.

Je vous ai fait du chagrin, tout à l'heure... Dites-moi que vous me pardonnez.

NANA.

Oh! de grand cœur! Je n'y pense plus. C'est loin déjà.

PHILIPPE.

Merci... (Il lui baise la main et se lève.) Adieu.

NANA, en l'accompagnant avec un sourire.

Non, à demain.... Au Bois.

PHILIPPE.

A demain.

SCÈNE X

NANA, puis GEORGES

NANA, seule, rêveuse.

Comme il m'a parlé! J'ai cru qu'il allait me battre. Et il était beau! et il était grand!... J'ai voulu jouer un rôle, lutter de fierté, mais je n'ai pas pu. J'ai éclaté en larmes comme une enfant.

GEORGES, entrant.

Eh bien! il est parti?

NANA, se retournant.

Oui.

GEORGES.

Alors, c'est arrangé, il ne m'emmène pas?

NANA.

C'est arrangé... Qu'as-tu donc? Est-ce que tu croyais que nous allions nous dévorer?

GEORGES.

Il m'avait semblé entendre... Tu n'as pas pleuré?

NANA.

Pleuré, moi! Pourquoi veux-tu que j'aie pleuré!... Ton frère a compris, et il a été charmant.

GEORGES, très pâle.

Ah! il a été charmant... Écoute, Nana, ne vas pas aimer mon frère. J'en mourrais.

NANA.

Tu es fou! (Georges reste un moment pensif et sort.)

SCÈNE XI

NANA, LUCY, puis BLANCHE, STEINER, LA FALOISE, MADAME MALOIR, DAGENET

LUCY, revenant de la serre.

Cette fois, c'est avec le comte que tu étais?

NANA.

Mais non. Pourquoi veux-tu donc toujours que ce soit le comte?

LUCY.

Je vais te dire... J'ai eu un prince, moi, qui me tombait sur le dos à tout moment. Ce qu'elle m'a assommée, cette altesse-là! (On entend un bruit de voix.)

NANA.

Qu'est-ce donc?

LUCY.

Rien! une idée de Steiner... Il a vu passer une chiffonnière sur l'avenue, et il a ouvert la porte de la grille, pour l'appeler et faire le généreux devant nous. Maintenant, ils s'amusent tous, avec cette vieille. (Elle va lever le store au fond. On aperçoit l'étroit jardin, puis au delà de la grille, l'enfilade de l'avenue de Villiers, avec les becs de gaz allumés.) Tiens! les voilà. (Ils rentrent tous par la baie qui reste ouverte.)

BLANCHE.

Comment! Steiner, c'était pour lui donner dix sous!

LA FALOISE.

Fi! mon oncle, jamais je ne vous décrasserai.

STEINER.

Qu'est-ce que tu lui as donné, toi?

LA FALOISE.

Un louis, parbleu!... Ça va me porter la veine, car nous allons jouer, hein?

MADAME MALOIR.

C'est ça, jouons, jouons! Faisons un trente et un.

DAGENET.

Pourquoi pas le loto... C'était bon sous Louis-Philippe.

MADAME MALOIR, furieuse.

Monsieur, sous Louis-Philippe, les hommes étaient galants.

STEINER.

Ne la tourmentez pas, Dagenet... Elle a du chagrin.

MADAME MALOIR.

Moi, du chagrin, pourquoi?

STEINER.

Tu le caches, Maloir, mais tu en as... Imaginez-vous que madame est l'ange de la fidélité. Elle n'a pu encore se consoler de l'abandon de son premier amant.

NANA.

Qui donc, son premier amant?

STEINER.

Talma.

MADAME MALOIR, furieuse.

Si vous croyez que ça me touche! On sait bien mon âge. J'ai trente-trois ans, et je les avoue.

BLANCHE.

Dites donc, mes enfants, nous ne sommes pas ici pour dire nos âges... Moi, si l'on ne joue pas, je m'en vais. Je propose un petit bac.

NANA.

C'est ça, jouons... Et nous passerons la nuit, si vous voulez. Oh! je suis heureuse, ce soir! Que c'est bon de vivre! (Lucy roule une cigarette. Caroline apporte la table de jeu. Blanche bat les cartes. Beaucoup de mouvement et de sans-gêne.)

LUCY.

Nana est trop gaie. Elle veut jouer, elle ne traite plus Steiner d'imbécile. C'est grave!

NANA.

Que veux-tu, ma chère, il y a des heures où l'on écraserait le monde. Je sais que mon bébé se porte bien, j'ai reçu une visite qui m'a fait plaisir; et puis, c'est encore autre chose, c'est l'idée que je suis jeune, que je suis riche, que je peux tout ce que je veux, et que je finirai certainement reine quelque part, dans un palais.

LA FALOISE, riant.

Irma d'Anglars.

NANA.

Justement, Irma d'Anglars... Ah! celle-là m'a donné une fière leçon! Vous voyez, j'ai déjà cet hôtel, des voitures, des diamants. Le monde est à moi, et je défie la fortune!
(Dans la baie du fond, une chiffonnière a paru, affreuse, en guenilles.)

SCÈNE XII

LES MÊMES, POMARÉ

POMARÉ.

Pardon... excuse...

LA FALOISE.

Tiens! la chiffonnière de tout à l'heure.

NANA, à Pomaré.

Que voulez-vous?

POMARÉ.

Excuse, mesdames et messieurs... C'est par rapport à ce jaunet. Peut-être bien que vous avez cru donner vingt sous. Alors, comme on a beau crever de faim et qu'on est honnête tout de même...

LA FALOISE.

Non, gardez!

STEINER, répétant.

Gardez, gardez!

POMARÉ.

Merci bien. Que Dieu vous le rende!... Je vois que vous êtes de braves dames et de braves messieurs. Quand on s'amuse, on a toujours bon cœur.

NANA, à demi-voix.

Renvoyez-la.

LUCY, riant.

Mais non, elle est très drôle... Nana qui tremble!

POMARÉ.

Nana... (Elle descend en scène.) Attendez donc! on parle de vous. Ah! c'est vous, la maîtresse d'ici... Eh bien! ma petite, il y a quarante ans, nous aurions rigolé ensemble. Hein! ça ne paraît guère aujourd'hui, avec ma toilette. Mais c'est comme je vous le dis. On m'a mise dans une chanson, telle que vous me voyez. (Chantant.)

> Pomaré, Maria,
> Mogador et Clara...

Pomaré, c'est moi! Je suis votre ancêtre, mes amours!

LA FALOISE.

Bigre! elle a du galbe, la vieille!

MADAME MALOIR.

Pomaré!... Oh! comme elle est décatie!

NANA, reculant, à demi-voix.

Cette femme me fait peur.

POMARÉ, prenant le milieu.

Oui, j'ai été reine, la reine Pomaré!... Et si vous m'aviez vue, portée en triomphe dans les bastringues! Moi aussi, j'ai ruiné des hommes; moi aussi, j'ai eu des chevaux, des voitures, des diamants... (D'une voix qui s'assombrit.) Puis, un jour, des fièvres m'ont travaillée; et, au bout de six mois, j'étais comme ça, si jaune et si laide, que les gamins me jetaient des pierres, dans les rues... (A Nana.) Faut pas crâner, ça peut te prendre!

NANA, terrifiée.

Renvoyez-la, renvoyez-la.

DAGENET.

Va-t'en!

STEINER, la poussant.

Va-t'en donc, la vieille!

POMARÉ, très humble.

Pardon, excuse... J'ai peut-être bu un coup de trop. Mais vous êtes tout de même bien honnêtes... Bonsoir, la compagnie! (Elle sort.)

STEINER.

Fichtre! ce n'est plus Irma d'Anglars!

(*Rideau.*)

ACTE QUATRIÈME

Un boudoir très luxueux. — Au fond, une grande porte donnant sur l'escalier
— A gauche : premier plan, la porte du cabinet de toilette; deuxième plan,
une cheminée; troisième plan, une porte de dégagement. — A droite :
deuxième plan, la porte de la chambre à coucher; troisième plan, une
fenêtre donnant sur le jardin.

SCÈNE PREMIÈRE

ZOÉ, MADAME MALOIR, NANA, MUFFAT

(Madame Maloir est allongée dans un fauteuil. Nana et Zoé lui font prendre
de l'eau de mélisse. Muffat, assis à côté du guéridon, lit un journal, en
homme qui est chez lui. Sur le guéridon, les restes d'un déjeuner.)

ZOÉ.

Buvez, madame Maloir. L'eau de mélisse, il n'y rien de meilleur pour les embarras d'estomac.

NANA.

Eh! bien! ça va mieux?

MADAME MALOIR, après avoir bu.

Un peu mieux, merci... C'est la faute du foie gras. Quand je mange du foie gras, ça me fait toujours du mal. Et je l'adore!... (Se tournant vers Muffat.) Monsieur le comte, que d'excuses!... Je ne voulais pas déjeuner. On aurait dit que je me méfiais... Mais Nana a tellement insisté!

MUFFAT, sans quitter son journal.

Bien, bien... Remettez-vous.

MADAME MALOIR.

Ah! que je suis malade!

NANA.

Maintenant, ma chère, vous devriez vous reposer.

MADAME MALOIR.

Oui... Ça me pèse. Si je pouvais seulement dormir pendant un petit quart d'heure!

NANA.

Alors, mettez-vous là, dans mon cabinet de toilette, sur ma chaise longue... Personne n'entrera.

MADAME MALOIR.

Vous êtes trop bonne. J'abuse vraiment... (Elle se dirige vers le cabinet, en s'appuyant sur Zoé.)

ZOÉ.

Je vais fermer les rideaux, pour que le grand jour ne vous empêche pas de dormir.

MADAME MALOIR.

Merci, ma bonne Zoé... C'est la faute du foie gras, et je l'adore! (Elles entrent dans le cabinet de toilette.)

SCÈNE II

NANA, MUFFAT, puis ZOE

(Nana a pris une corbeille à ouvrage et s'est assise. Elle coupe des écheveaux de laine avec une paire de ciseaux.)

NANA, après un silence.

Vous ne sortez pas, cette après-midi?

MUFFAT.

Non.

NANA.

Il fait un temps superbe, vous devriez en profiter pour vos affaires.

MUFFAT.

Je n'ai plus d'affaires. (Il se remet à lire son journal.)

ZOÉ, rentrant.

La... Elle est déjà assoupie. (Nana lui fait signe d'approcher.)

NANA, bas à Zoé.

Quand Philippe arrivera, mène-le dans le pavillon et viens me prévenir.

ZOÉ, bas.

Monsieur ne sort donc pas ?

NANA.

Non... (Zoé s'éloigne. Bas, à elle-même.) Quelle idée imbécile j'ai eue, de le laisser quitter sa femme et s'installer chez moi !

ZOÉ, haut.

Je puis desservir, Madame ?

NANA, haut.

Sans doute.

ZOÉ.

En voilà un remue-ménage pour cette fête que Madame doit donner !... Madame sera obligée de dîner ici, car les tapissiers en ont au moins jusqu'à demain, dans la salle à manger et dans le salon. (Elle dessert, sort un instant, puis rentre.)

MUFFAT, se levant.

Alors, vous donnez cette fête, c'est décidé ?

NANA.

Oui... Cela vous contrarie ?

MUFFAT.

Vous savez bien que vos moindres caprices sont des lois... (S'approchant et baissant la voix.) Seulement, je trouve que c'est peu raisonnable, dans les terribles embarras d'argent où nous sommes, lorsque cet hôtel est saisi et que les fournisseurs se fâchent.

NANA.

Mais, mon cher, je ne vous demande rien... D'abord, cet hôtel ne me plaît plus. Vous savez que j'étais résolue à le quitter.

JOSEPH, au fond, à Zoé qui est rentrée.

J'en ai assez, je veux qu'elle me paye. Le cocher et les autres m'envoient... Je vais lui parler, moi.

NANA.

Qu'est-ce donc, Zoé ?

ZOÉ.

C'est Joseph qui désire parler à Madame.

NANA.

Eh bien ! qu'il entre !

JOSEPH, à Zoé.

Vous comprenez, la cuisinière a avancé un millier de francs pour les provisions. Charles dit qu'on lui doit deux mois de paille et d'avoine. Ils demandent à être réglés tout de suite... Et vous ?

ZOÉ.

Merci ! ma pelote est faite. (Elle sort.)

SCÈNE III

NANA, JOSEPH, MUFFAT

NANA.

Qu'y a-t-il, Joseph ?

JOSEPH.

Madame, c'est pour mes gages. Voici longtemps que

j'attends... Ça ne me va pas. (Muffat, embarrassé, s'assoit et reprend son journal.)

NANA, se levant, irritée.

Vous allez partir sur-le-champ.

JOSEPH.

Je ne demande pas mieux... Payez-moi.

NANA.

Insolent!

JOSEPH.

Oh! Madame! pas de gros mots, parce que, si nous nous mettions à nous dire nos vérités...

MUFFAT, se levant.

Assez!... (Un silence.) Que vous doit-on, à vous?

JOSEPH, très humble.

Quatre cent soixante francs, monsieur le comte.

MUFFAT, fouillant dans son portefeuille et dans son porte-monnaie.

Quatre cent quarante... (A Nana.) Vous avez bien vingt francs?

NANA.

Je ne sais pas, voyez sur la cheminée.

MUFFAT, après avoir pris vingt francs dans une coupe.

Voilà... (A Joseph, en le payant.) Partez.

JOSEPH.

Je remercie mille fois monsieur le comte... On m'avait bien dit que je n'avais qu'à réclamer devant monsieur le comte...

MUFFAT.

C'est bon... Laissez-nous. (Joseph sort à reculons, en saluant.

SCENE IV

NANA, MUFFAT

MUFFAT, après un silence.

Pour une pareille somme!... Mais où en êtes-vous donc?

NANA.

Vous le savez, je vous l'ai dit... (Elle indique un meuble.) Les mémoires sont là, vous pouvez voir les chiffres.

MUFFAT.

Comment avez-vous pu vous endetter ainsi, avec tout ce que je vous ai donné?

NANA.

Est-ce que je sais, mon cher?... On me vole, parbleu! C'est ici un gaspillage, un coulage dont vous n'avez pas l'idée. La maison flambe, et je laisse flamber, moi, parce que ça m'assomme de m'occuper d'argent... D'ailleurs, c'est drôle!

MUFFAT.

Mais la fin de tout cela?

NANA.

Les créanciers seront payés, puisqu'ils font vendre l'hôtel.

MUFFAT.

Et vous?

NANA.

Moi?... Oh! ne vous inquiétez pas de moi. Je trouverai toujours. Peut-être quitterai-je Paris. J'irai en Égypte ou en Russie.

MUFFAT.

Ce n'est pas sérieux... Voyons, vous me disiez hier:

« Si j'avais cinquante mille francs, quel petit nid je m'arrangerais ! »

NANA.

Sans doute.

MUFFAT.

Et je n'ai plus rien, et je suis ruiné!... (Avec un éclat de désespoir.) Ah! tenez, la honte me prend pour vous et pour moi! C'est une existence abominable que nous menons ensemble, depuis trois mois bientôt. J'ai dû donner ma démission, j'ai rompu tous mes liens de famille, je me suis mis hors du monde : on chuchote, on me montre au doigt, quand je passe. Et tout cela pour vivre ici, dans des querelles et dans de continuelles blessures, au milieu d'habitudes et de gens qui me répugnent... Non, non, le dégoût m'étouffe à la fin, je ne puis en supporter davantage!

NANA.

Mon Dieu! mon cher, puisque vous vous apercevez que cette existence est insupportable, j'en suis très heureuse... Je n'osais vous le dire, parce que je suis bonne fille. Mais j'avoue que j'en ai par-dessus la tête, oh! plus que vous, certainement.

MUFFAT, à voix plus basse.

Allons! voilà que la réalité se dresse. On croyait à une éternité de joie, et c'est dans ce cloaque que l'on s'est jeté!

NANA, continuant.

Donc, rien n'est plus simple. Reprenons chacun notre liberté, cela m'arrange... Du moment que vous ne m'aimez plus, et que je ne vous aime plus...

MUFFAT, repris.

Tu ne m'aimes plus?

NANA.

Au point de franchise où nous en sommes, je confesse même que je ne vous ai jamais aimé.

MUFFAT.

Tu ne m'as jamais aimé?

NANA.

Vraiment, mon cher, vous finissez par me faire de la peine, avec votre manière de ne pas comprendre la situation... Je n'ai pas calculé votre ruine, moi. C'est vous qui vous êtes entêté, à mon grand regret, je vous assure... Il vaut mieux en finir. Cette fois, quittons-nous.

MUFFAT, désespéré.

Mais quelle puissance as-tu donc sur moi! Tu ne m'aimes pas, je le sais, et quand tu me le dis, une rage me prend de t'aimer encore et toujours.

NANA.

Oh! mon cher, pas de phrases, je vous en supplie. Vous êtes exaspérant. Lâchons-nous une bonne fois... Tenez! je préfère être franche. J'en aime un autre, et il est jeune, et il est beau!... Là, maintenant, la porte est ouverte!

MUFFAT.

J'ai tout fait pour toi, je me suis plié à toutes tes volontés, jusqu'à donner ma fille à un de tes anciens amants; et voici la punition de cette infamie... Oh! tu ne me chasserais pas, si j'étais riche encore; mais je ne possède plus que l'hôtel de la rue Miromesnil, et, pour le vendre, il me faut la signature de la comtesse... Non, c'est impossible, ne me demande pas de m'avilir à ce point.

NANA, hors d'elle.

Mais, encore une fois, je ne vous demande rien! Je vous prie de me laisser tranquille, voilà tout!... C'est moi qui m'en vais, puisque vous vous entêtez à m'imposer votre présence... Et ne remettez plus les pieds chez moi ! Adieu ! (Elle sort violemment.)

SCÈNE V

MUFFAT, puis ZOÉ

MUFFAT.

Ah ! lâche, qui accepte tout !

ZOÉ, entrant doucement.

Madame vient encore de bousculer monsieur le comte.

MUFFAT.

C'est toi, Zoé... Écoute, tu m'es dévouée ?

ZOÉ.

Monsieur le comte a toujours été si bon, si généreux.

MUFFAT.

Réponds-moi... Ta maîtresse aime quelqu'un ?

ZOÉ, vivement.

Ce n'est pas vrai !

MUFFAT.

Un jeune homme ?

ZOÉ.

Non, Monsieur.

MUFFAT.

Elle me l'a dit.

ZOÉ, à part.

Est-elle bête !

MUFFAT.

Ce jeune homme, c'est Philippe Hugon ?

ZOÉ.

Monsieur Philippe! Elle pense bien à monsieur Philippe!... Si c'est Madame qui vous a dit ça, ne voyez-vous pas qu'elle s'amuse à vous faire enrager.

MUFFAT.

Alors, c'est donc un autre... Zoé, je t'ai entendue. Oui, j'en suis maintenant à écouter aux portes... Je t'ai entendue parler à ta maîtresse de son premier amant.

ZOÉ, devenue grave.

Ah! monsieur le comte a entendu.

MUFFAT.

Tu parlais des cinquante mille francs que cherche ta maîtresse, et tu disais que celui-là les donnerait à coup sûr... Quel est donc cet homme?

ZOÉ, embarrassée.

Que monsieur m'excuse, je ne puis le lui nommer.

MUFFAT.

Et cet homme doit apporter les cinquante mille francs aujourd'hui sans doute, puisqu'elle me chasse... Tiens! donne-moi mon chapeau... (Zoé va chercher le chapeau.) Que de honte, mon Dieu!... (A Zoé.) Tu diras à ta maîtresse que je suis parti, parti tout à fait!... Adieu, Zoé! (Il sort.)

SCÈNE VI

ZOÉ, puis MADAME LERAT

ZOÉ, seule.

Pauvre homme! En voilà un qui est facile à mettre dedans! Je ne pouvais pourtant pas lui dire que le premier monsieur de Madame, c'est le marquis, son beau-père... Parti tout à fait! il me fait rire! Je suis sûre qu'il va battre Paris pour trouver les cinquante mille francs. Ah! les hommes, à cet âge-là surtout!... Voyons ce que devient madame Maloir. (Elle entr'ouvre la porte du cabinet.) Elle dort comme une souche. Je parie qu'elle ne s'éveillera pas avant le dîner... (Se retournant et apercevant madame Lerat qui entre.) Tiens, madame Lerat!

MADAME LERAT.

Que se passe-t-il donc? Je n'ai pas rencontré un seul domestique.

ZOÉ, tranquillement.

Oui, il y a eu un attrapage entre Joseph et Madame. Comme Madame ne veut pas les payer, les domestiques jouent aux cartes, dans la cuisine... Mais vous avez l'air tout retourné.

MADAME LERAT.

C'est Louiset. Il est encore malade, cet enfant. Quand je l'ai vu si rouge, j'ai fait venir le médecin; et le médecin a parlé de la petite vérole.

ZOÉ.

La petite vérole, bon Dieu!... Ne dites pas ça tout d'un coup à Madame. Laissez-moi le lui apprendre en douceur. Le mieux serait qu'elle ne vous vît pas maintenant... Venez vite, voici le gros Steiner. (Elle l'entraîne, et toutes deux disparaissent par la porte de dégagement.)

SCÈNE VII

STEINER, seul

STEINER, entrant par le fond.

Personne! Une maison bien gardée!... La circonstance est favorable, et je touche peut-être au triomphe. Il est grand temps, car c'est aujourd'hui qu'expire le délai de mon pari, un pari stupide... Nana m'avait dit : « Faites parler de vous. » Bon! je cours en personne ce handicap fameux qui a occupé tous les journaux, et j'arrive bon dernier. Alors, comme on me blaguait en disant que je n'arriverais jamais que bon dernier avec Nana, j'ai la bêtise de parier cent louis à mon club, le club des Artichauts, le rival des Pommes de terre, que je triompherais de la belle Nana avant trois mois... Nana se bute. Et quand une femme se bute! Mais moi aussi je me bute. C'est idiot de perdre cent louis de cette façon. J'en donnerais bien deux cents pour les gagner, ces cent louis-là!... Au fond, je commence à croire que Nana manque absolument de goût. Il faut pourtant que je tente un dernier effort d'éloquence... Où peut-elle être? dans la chambre à coucher? (Regardant.) Non, personne... Il n'est pas probable qu'elle soit à cette heure-ci dans son cabinet de toilette. (Il se dirige vers le cabinet.) Enfin, on peut toujours voir. (Il entr'ouvre la porte.) Les rideaux sont fermés, c'est à peine si je distingue... Mais qu'est-ce donc, sur cette chaise longue? Une forme plantureuse... C'est elle! (Un bruit de pas lui fait refermer vivement la porte.)

SCÈNE VIII

STEINER, LA FALOISE

LA FALOISE, entrant.

Il n'y a donc personne?... Tiens! Steiner! J'étais sûr de vous rencontrer. C'est votre heure... Moi, je viens chercher des détails sur la fête de Nana, pour une chronique... A propos, et votre pari?

STEINER.

Mon pari, il va très bien.

LA FALOISE.

Ah! bah!... Contez-moi donc ça. Je ferai une note, en ne mettant que les initiales.

STEINER, brusquement.

La Faloise, un conseil... Tu aimes une femme, tu la trouves endormie dans son cabinet de toilette... Qu'est-ce que tu fais?

LA FALOISE.

Je la réveille et je lui peins ma flamme.

STEINER.

Est-il bien nécessaire de la réveiller?

LA FALOISE.

C'est selon... Quand on est Régence, on ne réveille pas.

STEINER.

Alors, soyons Régence... (Baissant la voix, très égrillard.) Nana est là, endormie.

LA FALOISE, incrédule.

Vous êtes sûr?

STEINER.

Parbleu! A tout à l'heure, mon bon. Je suis enchanté que tu sois là, parce que tu pourras témoigner, ce soir, aux Artichauts... (Tirant sa montre.) Tu vois, trois heures vingt-deux. (Il entre en vainqueur dans le cabinet.)

SCÈNE IX

LA FALOISE, puis NANA

LA FALOISE, écoutant à la porte du cabinet.

Elle va le gifler, bien sûr... Non, elle ne le gifle pas... Ah! mais, ah! mais!

NANA, entrant par le fond.

Enfin, il est parti... Tiens! La Faloise!

LA FALOISE, se retournant, stupéfait.

Comment! vous voilà!

NANA, souriant.

Eh! oui, me voilà.

LA FALOISE.

Vous n'êtes donc pas dans ce cabinet?

NANA.

Puisque je suis ici.

LA FALOISE.

Mais quelle est donc la femme qui est là dedans?

NANA.

Là dedans?... Madame Maloir.

LA FALOISE.

Madame Maloir! (Il est pris d'un accès de fou rire et tombe dans un fauteuil.)

NANA.

Qu'y a-t-il? que vous prend-il?

LA FALOISE, la voix coupée par le rire.

C'est mon oncle, là dedans... Il croit que c'est vous, tandis que c'est l'autre... Je comprends qu'on ne le gifle pas... (Un bruit de gifle dans le cabinet.) Tiens! si, on le gifle!

NANA, riant.

Ah! ce pauvre Steiner!

(Steiner sort du cabinet, l'air radieux, sans rien dire.)

SCÈNE X

LA FALOISE, STEINER, NANA, puis ZOÉ

STEINER, après un silence, sans voir Nana.

J'ai été giflé!

NANA.

Mes compliments, mon cher.

STEINER, stupéfait.

Nana ! Nana !... (Regardant le cabinet.) Mais, alors qui donc ? (Zoé sort du cabinet.) Zoé !

ZOÉ, à Nana.

Que Madame ne s'inquiète pas. Cette pauvre madame Maloir est partie.

STEINER.

Où ça, madame Maloir ?

ZOÉ.

Elle était là, sur la chaise longue, en train de digérer.

STEINER.

Là dedans ?

ZOÉ.

Oui, là dedans... Le repos lui a fait beaucoup de bien.

STEINER.

Le repos ?

ZOÉ.

Oui, elle s'est jetée dans mes bras en pleurant, puis elle a pris l'omnibus.

STEINER, hors de lui.

C'était la mère Maloir ! Ah ! tonnerre et sang ! cette fois, j'en ai assez !... J'aurai donné des campagnes, couché sur des billards, pris des bains de siège dans des rivières, arrivé bon dernier aux courses, et tout cela pour être giflé par madame Maloir !... Vous riez, vous trouvez ça drôle... (A La Faloise.) Toi, je te déshérite... (A Nana.) Adieu, vous ! J'en ai plein le dos, des cocottes !

(Il sort rageusement.)

SCÈNE XI

LES MÊMES, moins STEINER

NANA, riant.

Adieu, Steiner !... (A La Faloise.) Vous aviez quelque chose à me demander ?

LA FALOISE.

Oui, des indiscrétions sur votre fête, pour un article.

NANA.

Très volontiers. Venez, je vais vous montrer la salle de bal... Oh ! ce sera superbe ! (Ils sortent.)

SCÈNE XII

ZOÉ, LE MARQUIS

ZOÉ, allant ouvrir la porte du cabinet.

Si monsieur le marquis veut bien entrer... Je demande pardon à monsieur le marquis de l'avoir fait passer par tous ces corridors.

LE MARQUIS.

Votre maîtresse n'est donc pas avertie de ma visite ?

ZOÉ.

Non... C'est moi qui ai eu l'idée d'écrire à monsieur le marquis.

LE MARQUIS.

Écoutez mes conditions, alors... Depuis longtemps, j'attends l'heure d'arracher le comte de cette maison. Puisque la rupture devient possible aujourd'hui, je donnerai cinquante mille francs à votre maîtresse, si elle consent à quitter immédiatement la France.

ZOÉ.

Ça se trouve, bien, Madame a justement des idées de voyage.

LE MARQUIS.

Allez donc la chercher.

ZOÉ.

Pas maintenant... (Allant ouvrir la porte de la chambre.) Que monsieur le marquis veuille bien traverser la chambre de Madame. Au bout de cette chambre, il trouvera un petit escalier qui conduit au jardin. Et, dès qu'il pourra remonter, je ferai signe à monsieur le marquis par cette fenêtre.

LE MARQUIS.

Par cette fenêtre, c'est entendu... J'attendrai.
(Il sort.)

SCÈNE XIII

ZOÉ, PHILIPPE, puis NANA

ZOÉ.

Madame vous a déjà demandé plusieurs fois, monsieur Philippe.

PHILIPPE, d'une voix brève.

Prévenez-la.

ZOÉ.

Tout de suite... (Revenant.) Monsieur Philippe, je me suis promis de vous parler d'une chose... J'ai vu ce matin Zizi, votre frère, rôder autour de la maison. Il est venu à moi, il s'est mis à pleurer toutes les larmes de son corps... Depuis que Madame lui refuse sa porte, je crains toujours un malheur.

PHILIPPE, impatienté.

Eh ! qu'y puis-je ?

NANA, dehors.

Au revoir, La Faloise!... (Entrant, apercevant Philippe.) Comment? tu es là!... Et cette sotte qui ne m'avertit pas!

ZOÉ.

Madame...

NANA, violemment.

Allez-vous-en!

ZOÉ, entre ses dents.

Elle a ses nerfs, Madame... Faudrait pas qu'elle prenne ces habitudes avec moi!
(Elle sort.)

SCÈNE XIV

NANA, PHILIPPE

NANA, au cou de Philippe.

Mon amour!... Pourquoi es-tu en retard, aujourd'hui? Si tu savais avec quelle passion je t'attends! C'est que tu es tout pour moi, mon cœur, ma vie, ma joie! Oh! je t'aime, oh! je t'aime!... Regardez-moi, monsieur. Laissez-moi voir dans vos yeux si vous m'aimez... Et si tes yeux mentaient? M'aimes-tu? dis! m'aimes-tu? Répète un peu que tu m'aimes!

PHILIPPE.

Je t'aime, tu le sais.

NANA.

Je n'ai que ce moment de bon dans la vie. Ah! quelle existence!... (Le faisant asseoir sur le canapé, près d'elle.) Mais il y a du nouveau, et c'est pourquoi j'étais si impatiente... Écoute, c'est fini, j'ai rompu. Me voilà libre, je suis à toi tout entière... Qu'as-tu donc? tu me réponds à peine.

PHILIPPE.

Je n'ai rien.

NANA.

As-tu peur que je ne sois à ta charge... Voyons, il y a quelque chose. Tu trembles, tu as le visage décomposé... Mon Dieu! tu me fais peur!

(Un silence.)

PHILIPPE, d'une voix sourde.

Nana, veux-tu partir avec moi?

NANA.

Partir...

PHILIPPE.

Oui, bien loin, sans argent, sans espoir!

NANA.

Je partirai.

PHILIPPE.

Attends, il faut que tu saches tout... J'ai volé.

NANA.

Toi!

PHILIPPE.

En trois mois, petites sommes par petites sommes, j'ai... Enfin, il manque douze mille francs dans la caisse de mon régiment; et, hier soir, j'ai compris qu'on savait tout.

NANA.

Pourquoi m'éprouves-tu? Toi, tu as volé?... Ce n'est pas vrai!

PHILIPPE.

C'est vrai!... Il n'y a qu'un instant, tiens! j'étais chez ma mère, quand des hommes se sont présentés... Je me suis échappé et je suis venu te prendre.

NANA.

Tu as volé, toi? Et pourquoi? Tu es donc joueur?... Jamais je ne t'ai demandé de l'argent, moi.

PHILIPPE, sortant un écrin de sa poche.

Depuis deux jours, j'avais acheté pour ta fête ce bracelet, que nous avons vu ensemble...

NANA.

Tes cadeaux! tes bouquets! toutes ces bêtises que je cassais et que je jetais dans les coins!... Est-ce possible? Et moi qui ne comptais pas! Tu ne donnais point d'argent, je croyais que je ne te coûtais rien... Alors, c'est pour moi? Tu as volé pour moi?

PHILIPPE, vivement.

Je ne t'accuse pas.

NANA, désespérée.

Mais qu'ai-je donc fait, pour porter ainsi malheur à tous ceux qui m'approchent? Toi, je t'aime, et voilà que tu souffres comme les autres!

PHILIPPE.

Je n'ai qu'un remords, ma mère... Ah! ma pauvre mère, tout à l'heure, quand ces hommes ont dû lui apprendre! (Il pleure.)

NANA, comme s'éveillant.

Ces hommes... Mais je ne veux pas qu'on t'arrête! Ils t'ont suivi sans doute, ils vont venir ici. Vite! il faut fuir!

PHILIPPE.

Tu pars avec moi?

NANA.

Où tu voudras, au bout du monde! Nous mendierons sur les routes, s'il le faut... (Montrant la porte de dégagement.)

Vite! passe par là, et va m'attendre dans la petite rue, derrière l'hôtel.

(Georges paraît à la porte du fond.)

PHILIPPE, la tenant dans ses bras.

Je t'attends... Tu es à moi?

NANA, l'embrassant.

Pour toujours!

(Philippe sort.)

SCÈNE XV

NANA, GEORGES

NANA.

Allons! je lâche tout, je disparais... J'aime mieux ça. Pas même besoin de faire des malles! (Elle se tourne et aperçoit Georges.) Georges!

GEORGES, très pâle.

Tu avais raison de me défendre ta porte, mais tu aurais dû la faire mieux garder, pour que je ne puisse te surprendre ainsi.

NANA.

Voyons, je suis pressée... Oui, je suis avec ton frère. Maintenant, est-ce fini? Va-t'en!

GEORGES.

Depuis deux jours, j'ai tant pleuré, que je n'ai plus de colère... Oh! laisse-moi te dire. Bientôt, je ne te tourmenterai plus... Je ne souffrais pas tant des autres. Mais, de mon frère, vois-tu, c'était une torture atroce. Vous me sembliez commettre un crime ensemble... La nuit dernière, votre image m'a éveillé. Dans une fureur jalouse, j'ai pris un couteau et je suis descendu nu-pieds pour tuer Philippe... Des larmes m'ont aveuglé. Non! ce n'est pas lui qui doit mourir.

NANA.

Mon pauvre enfant, sois raisonnable. Tu vois que, moi aussi, je te parle sans irritation... Tu as voulu une chose impossible. Je t'avais prévenu, je ne t'ai rien promis... A ton âge, on se console facilement. Tu trouveras d'autres femmes.

GEORGES.

Je n'aime que toi et je n'aimerai jamais que toi.

NANA.

Laisse-moi passer, il faut que je sorte... Je t'assure que, si tu savais pourquoi, tu ne me retiendrais pas.

GEORGES.

Je le sais, je vous ai entendus. Mon frère t'attend à quelque rendez-vous... (Il est près du guéridon, il prend les ciseaux de Nana, qu'il garde cachés dans sa main.) Nana, il faut que tu choisisses entre mon frère et moi.

NANA, se dirigeant vers la porte de la chambre.

Tu recommences, nous allons nous fâcher.

GEORGES.

Nana, mon frère ou moi.

NANA.

C'est exaspérant à la fin, je ne réponds plus.
(Elle fait un nouveau pas vers la chambre.)

GEORGES.

Alors, tu as choisi, tu aimes mon frère?... Eh bien ! moi, je t'aime et j'en meurs !
(Il se frappe en pleine poitrine avec les ciseaux, au moment où Nana se retourne.)

NANA, se précipitant.

Il s'est tué !... Veux-tu finir, méchant gamin ! Ah ! mon Dieu ! ah ! mon Dieu !

GEORGES, tombé sur le canapé, balbutiant.

Tu te rappelles, Nana, à la Mignotte ?

NANA, la tête perdue.

Il s'évanouit... Mais que faire ? Il faut courir !... (Comme elle court vers la porte du fond, elle aperçoit madame Hugon qui monte, et elle recule épouvantée.) Sa mère ! sa mère chez moi ! Ah ! qu'elle ne l'aperçoive pas ! (Elle se met devant le canapé.)

SCÈNE XVI

NANA, MADAME HUGON, GEORGES, évanoui.

MADAME HUGON.

Madame, je me présente chez vous... Oh ! soyez sans crainte, je me présente en suppliante... Vous pouvez peut-être sauver Philippe.

NANA.

Il n'est plus ici, je l'ai fait fuir.

MADAME HUGON.

Il vient d'être arrêté.

NANA.

Arrêté !

MADAME HUGON.

En bas, sous mes yeux, comme j'accourais, pensant bien le trouver ici ! Il vous a plus aimée que sa mère... Eh bien ! madame, il faut aller vous jeter aux pieds de ses juges, leur dire que vous êtes la seule coupable, ce qui est la vérité.

NANA.

J'irai, j'irai !

MADAME HUGON.

O mon Philippe, mon enfant, si honnête et si

loyal! vous me l'avez pris, vous l'avez déshonoré, et je n'ai plus qu'un fils, l'autre, le petit...

GEORGES, d'une voix faible.

Maman...

MADAME HUGON.

Qu'est-ce donc?

NANA, balbutiante.

Madame, de grâce, retirez-vous!

GEORGES.

Maman... maman...

MADAME HUGON.

La voix de Georges... (Écartant brutalement Nana.) Où est-il? Pourquoi le cachez-vous?... (Apercevant Georges.) Du sang! frappé à la poitrine! (Se relevant, terrible.) Vous me l'avez donc tué, celui-là?

NANA, reculant.

Madame, ce n'est pas moi, je vous jure.

MADAME HUGON, à genoux.

Voilà l'autre, le petit... L'un déshonoré, l'autre assassiné... Je n'ai plus d'enfant. Elle me les a volés tous les deux... Georges, réponds-moi. Un seul mot. Ce ne sera rien, une égratignure, n'est-ce pas?... Écoute, c'est ta mère qui te parle et qui donnerait tout son sang pour le tien... (Elle a posé la main sur sa poitrine.) Mon Dieu! son cœur ne bat plus.

NANA, reculant toujours.

Je vous jure, ce n'est pas moi... J'ai dit non, et il s'est frappé.

MADAME HUGON.

Georges, Georges, par pitié!... (Un silence.) Ah! il vit, le cœur bat!

NANA.

Vite! un médecin. On va le coucher dans ma chambre... Zoé! Zoé!

MADAME HUGON.

Non! cette maison est maudite. Je l'emporte... Georges, tu m'entends? Es-tu assez fort, peux-tu marcher?

GEORGES.

Oui... maman...

MADAME HUGON, le soulevant.

Pends-toi à mon cou.

NANA.

Mais s'il en meurt?

MADAME HUGON.

Il en mourra. J'aime mieux le voir mort que le savoir à vous... Viens, mon Georges. (Il a passé un bras à son cou, et elle l'emporte.) Doucement, mon petit. Tu sais comme je te soigne, quand tu es malade? Doucement... (Arrivée à la porte, elle se retourne.) Vous m'avez pris mes enfants, que Dieu prenne le vôtre!... Viens, mon Georges. (Tous deux disparaissent. Zoé est entrée.)

SCÈNE XVII

NANA, ZOÉ

ZOÉ.

En voilà une histoire!... (Nana éclate en sanglots.) Je comprends que Madame ait du chagrin, mais Madame n'a pas voulu tout ça.

NANA, pleurant.

Oh! non, oh! non... Est-ce ma faute? Est-ce moi qui les ai poussés à la ruine, au vol, à la mort?

ZOÉ.

Certainement non! Madame.

NANA.

Mon pauvre Georges! mon pauvre Philippe! Je ferais mieux d'en finir tout de suite comme eux.

ZOÉ, à part.

L'heure est bonne pour appeler le marquis. (Elle s'approche de la fenêtre et fait un signe.)

NANA, après un silence.

Donne-moi un chapeau, je vais aller voir mon enfant.

ZOÉ, embarrassée.

Je n'ai pas dit à Madame, j'ai eu des nouvelles par la tante de Madame... Louiset est un peu souffrant.

NANA, très émue.

Louiset souffrant... (Elle se lève.) Je veux le voir... Cette femme m'a dit : « Que Dieu prenne le vôtre! » Si Dieu l'entendait!... Un chapeau, un chapeau tout de suite!

ZOÉ, à part.

J'ai parlé trop tôt... (Haut.) Remettez-vous, Madame, je vous jure qu'il n'y a rien de grave. (Muffat est entré.)

NANA, l'apercevant comme elle se dirige vers la chambre.

Encore vous!

ZOÉ, à part.

Ah! tout se gâte décidément... Bonsoir! (Elle sort par la porte de dégagement.)

SCÈNE XVIII

NANA, MUFFAT, puis LE MARQUIS

MUFFAT, d'une voix balbutiante.

Écoute, je ne puis vivre sans toi... J'ai vu la comtesse, elle a consenti à signer. L'hôtel sera vendu.

NANA, voulant passer.

Je n'entends pas seulement ce que vous dites... Vous me gênez, allez-vous-en!

MUFFAT, fiévreusement.

Alors, tu n'as plus besoin de moi, on t'a apporté ce que tu attendais? Ton premier amant, n'est-ce pas? il est là peut-être?... (A ce moment, le marquis sort de la chambre.) Vous! c'est vous!... (Il se retourne, et, saisissant Nana, la jette violemment à genoux.) Catin!

(*Rideau.*)

ACTE CINQUIÈME

Une chambre du Grand-Hôtel, avec son mobilier banal. — Une porte au fond. — A gauche, le lit, dont les grands rideaux sont à demi fermés. — A droite, une cheminée et une fenêtre donnant sur le boulevard. — Armoire à glace, commode, table, fauteuils, chaises. — Une lampe allumée est posée sur la commode. Demi-obscurité. Le lit reste plongé dans l'ombre.

SCÈNE PREMIÈRE

ZOÉ, CLARISSE, SIMONNE

(Au lever du rideau, Zoé est devant le lit. Clarisse et Simonne viennent d'entrer.)

ZOÉ.

Chut!... (Elle se penche sur le lit et revient.) Je crois qu'elle dort.

SIMONNE.

La petite vérole, c'est effrayant. On nous a dit ça tout à l'heure au théâtre, et nous avons voulu la voir encore une fois.

CLARISSE.

J'en ai le frisson... Mais comment se trouve-t-elle ici, dans cette chambre du Grand-Hôtel?

ZOÉ.

Oh! une histoire!... Vous savez qu'on l'a vendue, avenue de Villiers. Moi, je l'avais quittée, j'étais lasse d'être chez les autres; et je me suis établie parfumeuse, passage des Princes... Donc, il a cinq jours, je la vois tomber dans mon magasin, pâle, ne se tenant plus. Son enfant était mort, elle s'était presque battue avec sa tante pour de l'argent. Et elle me disait que les rues tournaient autour d'elle. Sans doute, elle avait pris le mal en soignant Louiset... Vous comprenez, je ne pouvais la garder chez moi. Alors, je l'ai mise ici... Je crois qu'elle n'avait pas cent sous sur elle, la pauvre fille. Si je ne trouve pas un de ces messieurs pour payer, eh bien! je payerai moi-même.

NANA, cachée dans le lit.

A boire!

(Les trois femmes ont un sursaut. Zoé va lui donner à boire, pendant que Clarisse et Simonne, restées à distance, tâchent de la voir.)

CLARISSE.

La vois-tu?

SIMONNE.

Non, la lampe éclaire à peine... Et puis, je n'ai pas envie de tant m'approcher!

CLARISSE.

Je voudrais bien la voir, pourtant.

ZOÉ, revenant.

Elle a toujours soif.

SIMONNE.

Croyez-vous qu'elle nous ait aperçues?

ZOÉ.

Non, elle est écrasée par la fièvre.

CLARISSE.

Et les Muffat?

ZOÉ.

Les Muffat?... La fille est déjà séparée de Dagenet. La comtesse, poussée à bout, s'est enfuie avec un amant. Et le comte, sans argent, sans famille, fini, est, je crois, dans une maison de gâteux... Un vrai nettoyage.

SIMONNE.

De sorte que Nana n'a plus que vous?

ZOÉ.

Oui. Mais le pis est que je ne peux rester toujours auprès d'elle. J'ai mon magasin. Ainsi, il va falloir que je vous laisse... Avec ça, ils font une tête dans l'hôtel, à cause de sa maladie!

SIMONNE.

Dame! ce n'est pas drôle... La Faloise et Steiner, qui étaient avec nous, au théâtre, n'ont jamais voulu monter... (S'approchant de la fenêtre.) Ils fument en bas, sur le boulevard.

ZOÉ.

Les hommes, c'est si lâche!... Dire que pas un de ces messieurs n'a osé venir, depuis deux jours! Ah! ils n'avaient pas peur d'elle, autrefois; mais, maintenant, ils se contentent de prendre des nouvelles, chez le concierge.

(On entend un orchestre lointain jouer le quadrille d'*Orphée aux Enfers*.)

CLARISSE.

Qu'est-ce donc, cette musique?

ZOÉ.

Ne m'en parlez pas!... Il y a un bal dans l'hôtel, un bal par souscription. Et voilà deux heures qu'on entend ça! Comme c'est gai, dans cette chambre!... (On frappe à la porte.) Hein? on frappe, qui ça peut-il être?

SIMONNE.

Peut-être le médecin.

ZOÉ.

Oh! non, le médecin est venu... Il a dit qu'il ne reviendrait pas.

SCÈNE II

LES MÊMES, BLANCHE

(Elle est en toilette de bal.)

BLANCHE, sans reconnaître Zoé.

Pardon, n'est-ce point ici qu'il y a une dame malade ?

ZOÉ.

Mais c'est madame Blanche !

BLANCHE.

Tiens ! Zoé !... Alors, c'est vrai ? cette pauvre Nana ! On en parlait dans le bal, et j'ai voulu la voir.

ZOÉ.

Ah ! elle est changée, elle est changée... Elle si forte, si gaie, si belle !

BLANCHE.

Je me la rappelle encore aux courses. Quel triomphe ! Elle flambait dans le soleil, elle dominait toute la pelouse comme une reine.

NANA, cachée dans le lit.

A boire !

Les femmes ont un sursaut, Zoé va lui donner à boire. Dans le silence, on entend des voix à la porte.)

MADAME MALOIR, en dehors.

C'est par ici.

LUCY.

202... 204... Nous devons y être... Ah ! voici, 206.

(Elles entrent.)

SCÈNE III

LES MÊMES, LUCY, MADAME MALOIR

(Elles sont en toilette de bal.)

LUCY, s'approchant de Blanche, bas.

Tu l'as vue?

BLANCHE, bas.

Non, j'arrive.

MADAME MALOIR, bas.

Dépêchons-nous de la voir, et puis nous nous sauverons. Ce n'est pas sain.

ZOÉ, revenant du lit.

Madame Lucy... madame Maloir...

CLARISSE, à Zoé.

Ma chère, présentez-nous à ces dames.

LUCY, très aimable.

Mais c'est inutile... Mademoiselle Clarisse et mademoiselle Simonne, n'est-ce pas?... Oh! nous vous connaissons, nous adorons votre talent.

SIMONNE.

Vous êtes trop aimable.

MADAME MALOIR.

Moi, je croyais cette pauvre Nana partie en Égypte.

ZOÉ.

Oui, c'était un des rêves de Madame... Tout à l'heure, elle a eu le délire, elle était là-bas avec des princes et des rois. On lui donnait des châteaux, des couronnes, des esclaves... Oh! Madame aurait réalisé des choses à étonner Paris!

BLANCHE.

Elle est couchée là, maintenant!

MADAME MALOIR.

Ce que c'est que de nous!

ZOÉ.

Je vous demande pardon, je ne puis rester davantage... Quand on est dans les affaires!

BLANCHE.

Sans doute, allez! allez!

ZOÉ, près du lit.

Elle dort... En descendant, je vais dire en bas qu'on fasse monter une bonne. (Elle sort.)

SCENE IV

LES MÊMES, moins ZOÉ

LUCY, allant à la fenêtre.

On étouffe, ici. Je vais respirer un peu... (Après avoir regardé.) Tiens! Dagenet qui a quitté le bal et qui fume un cigare sur le boulevard, avec La Faloise et Steiner.

SIMONNE.

Aimez donc des gaillards pareils!... Ces messieurs craignent sans doute de perdre leur beauté.

BLANCHE, à demi-voix.

Avec ça que ce serait amusant de perdre la nôtre!

MADAME MALOIR.

Ne nous fais donc pas de ces peurs-là, ma chère!

(Un silence. Lucy s'adosse à la fenêtre. Madame Maloir est dans un fauteuil, Blanche et Simonne sur des chaises. Clarisse est assise à demi sur la table. Peu à peu, toutes haussent la voix.)

LUCY.

Voici l'été... Je pars après-demain pour Biarritz.

BLANCHE.

Pour Biarritz, avec ce jeune homme qui t'accompagne ce soir au bal?

LUCY.

Oui.

MADAME MALOIR.

Moi, j'ai envie de faire un tour à Londres... On m'a tant parlé des Anglais!

LUCY, à Clarisse.

Et vous, madame?

CLARISSE.

Oh! nous autres, nous sommes à la chaîne.

SIMONNE.

Notre directeur ne nous lâche pas facilement... Pourtant, j'espère que le théâtre fermera cet été. On m'a proposé un engagement au casino de Cabourg.

BLANCHE.

A votre place, je préférerais Dieppe. Il y a beaucoup plus d'étrangers.

NANA, cachée dans le lit.

A boire!

(Toutes se lèvent en sursaut. Un silence.)

BLANCHE, bas.

Lucy, donne-lui à boire.

LUCY, bas.

Tiens! tu es bonne!

CLARISSE, bas.

Pauvre fille! si elle a soif, pourtant. (Elle s'approche du lit.)

BLANCHE.

C'est stupide, à la fin!... Moi, je me sauve. Viens-tu, Maloir?

MADAME MALOIR.

Bien sûr... Ce n'est encore rien de souffrir, c'est d'être défigurée! (Toutes deux se sauvent.)

LUCY.

Attendez-moi... (Les rideaux du lit s'agitent.) Oh! les rideaux qui s'ouvrent, elle est affreuse! (Elle se sauve.)

SIMONNE, à Clarisse restée près du lit.

Que fais-tu? arrive!

CLARISSE.

L'abandonner ainsi!

SIMONNE.

Mais puisque cette bonne va monter!... Viens donc, viens donc!

NANA, cachée dans le lit.

A boire!

CLARISSE, l'apercevant.

Oh! elle est horrible! (Elle se sauve avec Simonne. La musique reprend et joue jusqu'à la fin.)

SCÈNE V

NANA, seule, agonisante, la face rouge et couverte de pustules.

A boire!... (Elle s'assoit au bord du lit.) Zoé, tu n'es donc plus là? Quelles sont ces femmes? Il y avait des femmes... Je n'ai pas rêvé, pourtant. Elles se sauvaient... Mon Dieu! est-ce que je vais mourir? Mais je ne veux pas mourir seule, oh! non, pas seule, c'est terrible!... (Elle se lève et marche en chancelant.) Zoé, réponds-moi?... Quelqu'un! de grâce, quelqu'un! Vous ne pouvez me laisser ainsi. Vous voyez bien que je vais mourir.... (Elle écoute.) Non, rien que cette musique, toujours cette musique qui me tue... Ah! la sonnette, on m'entendra peut-être. (Elle s'approche de la cheminée et se voit dans la glace.) Mais il y a quelqu'un ici! Qui donc me regarde?... (Elle se reconnaît et crie d'épouvante.) Moi! quelle horreur!... (En reculant, elle va tomber contre le lit.) On ne viendra pas, je mourrai seule, comme un monstre... (Le délire la prend, elle se traîne au milieu de la scène.) Louiset, es-tu là, mon petit, mon mignon? Non, il est mort... Et le comte? et Georges? ils sont morts... Mais toi, Philippe, mon seul amour, tu es près de moi, n'est-ce pas? Encore un baiser, le dernier... Misère! il est là-bas, il a une chaîne au cou. Non, non, reste! je te tuerais comme les autres!... (La musique joue plus fort. Elle se soulève, en extase.) Ah! ce Paris qui chante, cette musique!... Écoutez :

« Lorsque Vénus rôde le soir... »

(Debout, délirante.) Vénus, c'est moi! Le lustre flambe, Vénus paraît, et tous l'adorent!... (Elle tombe à la renverse, foudroyée.) Mon Dieu! je meurs! n'approchez pas, je suis la peste!

(Elle meurt.)

(*Rideau.*)

POT-BOUILLE

PIÈCE EN CINQ ACTES

Représentée
pour la première fois à Paris, sur le théâtre de l'Ambigu
le 13 décembre 1883

PRÉFACE

I

Voici vingt années déjà que je bataille dans le monde littéraire. J'ai lu sur mon compte de bien extravagantes choses, j'ai reçu au passage des potées d'injures bien imprévues. Et je me croyais bronzé, incapable d'un nouvel étonnement. Mais certains critiques ont juré de me stupéfier jusqu'au bout. Je reste béant depuis quinze jours, devant les quelques hommes extraordinaires qui ont déclaré immorale *Pot-Bouille*, la pièce que M. William Busnach a si habilement tirée de mon roman.

Pot-Bouille immorale! Et le comble est qu'une partie du public est tombée béatement dans cette bourde. Toutes les baignoires de l'Ambigu sont louées trois jours à l'avance. Des messieurs viennent voir la pièce en éclaireurs, pour savoir s'ils peuvent décemment y amener leurs dames. On entre au théâtre avec des regards méfiants en arrière, dans la crainte d'être aperçu par son concierge. C'est un bruit qui court la ville : « Ma chère, quelle pièce affreuse ! Il paraît qu'on fait là dedans mille horreurs. Mon mari y est allé deux fois, sans prendre encore un parti. » Et je soupçonne les maris de profiter de l'occasion, pour courir des guilledous inavouables. Ah ! bon public, comme on te trompe !

Pot-Bouille immorale ! Je serre ma tête entre mes deux mains et je me demande avec angoisse ce qui peut bien être moral au théâtre. Au fond, j'ai toujours cru que la moralité et le théâtre sont deux choses, qu'il suffit à une pièce d'amuser et d'être bien faite, pour avoir son utilité. La plus haute moralité d'une œuvre est d'être un chef-d'œuvre. Restons dans la comédie : est-ce que le théâtre de Molière est moral? dois-je prendre pour exemples de moralité *George Dandin, Tartuffe, le Misanthrope?* Cela me trouble, je vois là des personnages fort vilains, et souvent même les coquins y triomphent. Si je remontais à l'antiquité, si je passais aux littératures des peuples voisins, mon embarras augmenterait. Les théâtres du monde entier vivent des crimes et des vices, le talent purifie tout, comme la flamme.

Mais il est inutile, au sujet de *Pot-Bouille*, de nous perdre dans ces considérations, tant de fois discutées. L'art pour l'art n'est pas même en question ici. Je veux admettre que toute pièce doit être une anecdote de la morale en action, j'accorde qu'un auteur a le devoir de conclure par une leçon, sous peine de mal faire. Et il se trouve que *Pot-Bouille* est justement bâtie d'après la formule impeccable qui aurait dû faire tressaillir d'aise les moralistes vertueux de la presse.

Mon opinion est bien simple sur la pièce : elle en est bête, tant elle est morale !

II

Prenez-la donc avec bonne foi, examinez-la donc. Que dit-elle? Voilà une famille que ravage le besoin de paraître. La plaie contemporaine est là, dans cet amour de l'argent, dans les mauvais exemples donnés à ses filles par une mère, qui personnifie la bêtise et la vanité de notre époque. Et la question du mariage se pose, du mariage bâclé comme une affaire véreuse, rendant à l'avance la vie conjugale insupportable, aboutissant fatalement à l'adultère. Au dénouement, ce ferment mauvais a désorganisé la famille, dont il ne reste rien : la mère imbécile mourra sur la paille ; des deux filles, l'une est en fuite avec un amant, l'autre a été chassée par son mari ; tandis que le père, l'honnête homme, meurt foudroyé par la douleur. Est-ce que cela ne vous suffit pas, quelle leçon morale vous faut-il donc?

Ce n'est pas tout, pourtant. L'adultère, poétisé par la littérature romantique d'hier, est ici cravaché comme une bête immonde. Jamais encore on n'avait dit si énergiquement aux femmes chancelantes que la faute est misérable et vulgaire, qu'elles ont tout intérêt à être heureuses avec leur mari, même s'il est sans intelligence et sans beauté. Cet amant, aux bras duquel elles tombent, est un coureur d'aventures, qui, pour une heure de retard dans un rendez-vous, se mettra à aimer la première voisine venue. Et il y a, en outre, le chœur des bonnes, le chœur antique comme on l'a dit avec justesse, la voix d'en bas qui juge les maîtres. Chaque défaillance du salon est traînée dans les ordures de l'office. N'est-ce point assez encore, n'êtes-vous pas gorgés de morale ?

Moi, elle m'écœure, il y en a trop. Ce pauvre amour coupable, cette famille malade de luxe, sont vraiment fustigés d'une main trop rude. M. Busnach l'a si bien compris, avec son flair du théâtre, qu'il s'est gardé de tailler dans le roman le drame noir qu'on pouvait attendre. Cela aurait pris un accent de satire insupportable. Et il a tourné les choses au comique, il a même parfois versé dans la farce, ce qui est une preuve d'esprit. La pièce est ainsi devenue une des plus amusantes qu'on ait jouées depuis longtemps.

Dès lors, nous voilà en plein dans de la morale de belle humeur. Les vices ont presque disparu, il n'y a plus guère que des ridicules. Sans doute, sous les plaisanteries, on sent parfois la leçon amère du vrai ; mais n'est-ce pas la vieille devise du théâtre, de châtier les mœurs en faisant rire ? A la place de M. Busnach, j'enverrais ma pièce à l'Académie, je demanderais pour elle le prix Montyon, car aucune autre n'a osé s'attaquer si vertement aux causes qui détraquent la famille et le mariage. Remarquez qu'il ne s'agit point d'une polissonnerie aimable, comme les vaudevilles qui font courir tout Paris. L'auteur est dans une généralité sociale, il n'invente pas pour chatouiller le public aux endroits sensibles, il montre simplement un coin de la laide cuisine de certains ménages, en se hâtant de charger les effets, afin de faire passer la leçon. S'il n'y a pas là un moraliste, je ne sais plus ce que les mots veulent dire, je livre à la critique ma pauvre tête bouleversée et endolorie.

III

Il est vrai que tout le monde ne trouve pas *Pot-Bouille* immorale. C'est là un raffinement de mauvaise foi qui appartient seulement à des natures d'élite. D'autres, tout en voulant bien reconnaître la forte leçon contenue dans la pièce, en déplorent quelques phrases et certains personnages épisodiques. Selon eux, ce sont ces détails qui ont suffi à effaroucher les âmes scrupuleuses.

Vraiment, il y a là une délicatesse rare. Je ne m'imaginais point que des personnes habituées au mauvais style des opérettes sans couplets, pussent se blesser ainsi d'une langue franche et solide, appelant parfois les choses par leurs noms. Le mal sans doute est que nous ne soyons pas dans un opéra-comique et que les bonnes parlent ici comme des bonnes. Mais qu'y faire, quand on n'a pas un poète sous la main, pour traduire en langage noble le train ordinaire de la vie?

Cette question de la langue, au théâtre, est peut-être le plus sérieux obstacle, qui, longtemps encore, y retardera le triomphe de la vérité. On peut oser toutes les situations, le répertoire est plein de gredins abominables et de crimes odieux; et, très souvent, c'est dans les œuvres efféminées des petits auteurs bourgeois, qu'on rencontre des combinaisons radicalement ordurières. Seulement, la forme intervient, une forme pompeuse pour les tragiques, une forme douceâtre pour les galantins du succès. Dès lors, tout passe, l'expression fausse cache la vilenie du fond, les faits les plus condamnables se délayent en une bouillie incolore et insipide, que le bon public avale comme une crème. Vous les connaissez, ces pièces où pas un des personnages n'a une langue personnelle, où le même flot de phrases tièdes coule de toutes les bouches, où le faux esprit de Paris se débite par tranches coupées à l'avance, ainsi que de la galette. Et, comme il y a là une absence totale de style, la critique se hâte de trouver ça bien écrit.

Aussi comprend-on la stupeur, lorsqu'un auteur s'avise de faire parler à chacun sa langue. Eh quoi! cette servante ne parle pas comme une duchesse? mais c'est monstrueux! Puis, voilà un mari, qui, dans une querelle terrible avec sa femme, s'avise de ne pas avoir la noblesse de Ménélas et s'emporte jusqu'à lâcher un gros mot. Fi, l'horreur! il faut que le monsieur qui a écrit ce dialogue, vive dans un singulier monde, pour croire qu'on est violent quand on se fâche. Du reste, les autres personnages sont aussi répugnants : croiriez-vous qu'ils causent sur les planches comme on cause à la ville, non plus en phrases toutes faites, mais selon leur personnalité et en obéissant au train train de leur existence? Le grand épouvantail est là, une telle forme vraie ne peut se tolérer. On fait certainement pis dans les théâtres voisins, mais le ronron des périodes banales y endort les scrupules du public.

C'est comme les deux personnages épisodiques, qu'on a blâmés dans *Pot-Bouille*, un vieux coureur qui entretient une petite rouée, un jeune gaillard du meilleur monde qui s'oublie avec les bonnes : a-t-on idée de deux goujats pareils! Cela ne s'est jamais vu, n'est-ce pas? Je suis resté stupide devant cette explosion de dégoût, et je confesse que je ne comprends pas encore. Mais rien n'est moins neuf que ces deux figures, elles sont lasses de traîner dans les vaudevilles du Palais-Royal! Par quelle aventure, ce qui est permis aux autres œuvres, devient-il inadmissible dans *Pot-Bouille*? Question de forme toujours. Le vrai soulève le cœur, tandis que la fantaisie polissonne chatouille la sensualité d'une salle. Et le plus drôle est que les deux personnages, pris au roman, sont tellement atténués, que je défie une femme vraiment honnête de s'en blesser. On s'indigne de confiance, j'entendais une jeune fille s'écrier, l'autre soir, en sortant de l'Ambigu : « Mais ils sont très amusants, on les disait si affreux! »

IV

Justement, j'ai relu hier la préface que Beaumarchais a écrite pour le *Mariage de Figaro*, et j'ai été surpris d'une étrange coïncidence : si j'étais l'auteur de *Pot-Bouille*, je n'aurais qu'à copier cette préface, dont presque toutes les phrases s'appliqueraient exactement à ma pièce.

Le 27 avril prochain, il y aura juste cent ans que *le Mariage de Figaro* a été représenté, après neuf ans de luttes soutenues par l'auteur, et au milieu de l'immense retentissement que l'on sait. Le succès fut énorme, la pièce fit rire tout Paris, ce qui n'empêcha pas que jamais pièce ne fut plus attaquée, plus niée, plus traînée dans la boue. Des libelles couraient, des épigrammes en vers, des pamphlets en prose. Et, Beaumarchais, qui ne se laissait pas égorger sans crier, cria de la belle façon.

On lui avait reproché, comme à nous, son « indécence théâtrale, » et il répondait : « A force de nous montrer délicats, fins connaisseurs, et d'affecter, comme j'ai dit autre part, l'hypocrisie de la décence auprès du relâchement des mœurs, nous devenons des êtres nuls, incapables de s'amuser et de juger de ce qui leur convient. »

On lui avait reproché, comme à nous, son mélange de valets et de maîtres, et il répondait : « J'ai pensé, je pense encore, qu'on n'obtient ni grand pathétique, ni profonde moralité, ni bon et vrai comique au théâtre, sans des situations fortes, et qui naissent toujours d'une disconvenance sociale, dans le sujet qu'on veut traiter. » Vous le voyez, tous les mots portent.

On lui avait reproché, comme à nous, de n'avoir mis que des coquins à la scène, et les ressemblances s'accentuent encore, lorsqu'il répond : « Tous ces gens-là sont loin d'être vertueux ; l'auteur ne les donne pas pour tels : il n'est le patron d'aucun d'eux, il est le peintre de leurs vices. Et parce que le lion est féroce, le loup vorace et glouton, le renard rusé, cauteleux, la fable est-elle sans moralité ? » Plus loin, il conclut en disant : « On ne peut corriger les hommes qu'en les faisant voir tels qu'ils sont. La comédie utile et véridique n'est point un éloge menteur, un vain discours d'académie ». Ne sommes-nous pas en plein dans *Pot-Bouille*?

Enfin, — car il faut se borner, — on lui avait reproché, comme à nous, de peindre des mauvaises mœurs de fantaisie. Ici, la rencontre devient vraiment singulière. Beaumarchais dit en terminant : « Le grand défaut de ma pièce serait *que je ne l'ai point faite en observant le monde; qu'elle ne peint rien de ce qui existe, et ne rappelle jamais l'image de la société où l'on vit; que ses mœurs, basses et corrompues, n'ont pas même le mérite d'être vraies.* » Ah! mes amis, laissez-moi rire : je crois lire les articles qu'on bâcle sur mon roman depuis deux années, et les feuilletons dont on a encore essayé d'écraser la pièce, il y a quinze jours. Ce sont les mêmes mots, les mêmes phrases. Beaumarchais, en écrivant sa préface, ne se doutait guère qu'elle nous défendrait, un siècle plus tard.

Maintenant, je n'ai qu'un souhait à faire : c'est que *Pot-Bouille,* après avoir subi les mêmes attaques, ait la même fortune que le *Mariage de Figaro.*

V

Mais je ne voudrais pas finir en passant pour un naïf. Je suis parti en campagne contre les gens qui ont déclaré l'œuvre immorale, et je me doute un peu que la moralité, dans l'affaire, est bien le cadet de leurs soucis.

Dans la préface de Beaumarchais, dont je viens de citer des phrases, on trouve encore ce passage typique : « Il y a souvent très loin du mal que l'on dit d'un ouvrage à celui qu'on en pense. Le trait qui nous poursuit, le mot qui nous importune reste enseveli dans le cœur, pendant que la bouche se venge en blâmant presque tout le reste. De sorte qu'on peut regarder comme un point établi au théâtre, qu'en fait de reproche à l'auteur, ce qui nous affecte le plus est ce dont on parle le moins. »

Eh bien! je finis par croire que les gens qui se sont fâchés, loin de trouver *Pot-Bouille* immorale, l'ont trouvée trop morale. Peut-être ont-ils des bonnes dans leur existence, ou des mariages malpropres, ou des adultères qui saignent encore. J'imagine que certains mots sont allés écorcher leurs plaies secrètes, ce qui excuse leur cri de douleur. Comment expliquer autrement le silence qu'ils gardent sur la forte leçon de la pièce? S'ils n'en parlent pas, comme l'analyse si finement Beaumarchais, c'est que cette leçon est le mot importun qui leur est resté en plein cœur, ainsi qu'une lame de couteau.

Oui, *Pot-Bouille* est trop morale, trop dure pour nos vices; elle découvre trop brutalement l'ulcère de l'époque; et si, malgré le grand succès de la première représentation, il y a eu des colères le lendemain, de la boue lancée aux auteurs, si l'on a tenté d'assassiner la pièce dans certains comptes rendus, comme on supprime au coin d'un bois une personne qui vous gêne, il faut en chercher l'unique raison dans les vérités qu'elle a jetées au visage des gens. Sous le rire, on a senti le coup de fouet. On ne veut pas qu'elle soit morale, parce qu'on refuse violemment d'accepter la leçon.

L'œuvre aura sa fortune, aujourd'hui ou plus tard, et tout ceci n'est écrit que pour ajouter une ligne à l'histoire littéraire de notre temps. Mais, si j'avais quelque crédit auprès de la bourgeoisie française, je lui dirais de ne pas tenir rancune à la pièce, sous le prétexte qu'elle malmène des bourgeois. Elle est sans danger pour les familles, sa franchise ne troublera aucune tête. Vous pouvez y mener votre femme et votre fille, et tant mieux si elles se révoltent un peu, entre deux éclats de rire : c'est que la morale aura porté. Je défie que la jeune fille romanesque, que l'épouse coupable, n'aient pas un frisson, en sortant de l'Ambigu. La vérité est saine, c'est dans le fumier du mensonge que poussent toutes les fautes.

VI

Il me reste à associer au succès de *Pot-Bouille* M. Émile Simon, le directeur de l'Ambigu, qui a monté la pièce avec un sens très moderne du théâtre, et les artistes dont l'intelligence et la vaillance ont assuré la victoire, dans cette bataille attendue.

C'est au jeu de Mme Aline Duval, si fin et si plein de belle humeur, que le rôle de Mme Josserand a dû de ne pas trop effaroucher : elle s'y est montrée grande comédienne, surtout au premier acte, par la pointe de fantaisie qu'elle a introduite dans la stricte vérité du personnage. Et il faut ajouter que Mme Kolb, dans le rôle de Berthe, l'accompagnait de toute sa science, jeune fille d'une mauvaise éducation adorable au premier acte, irrésistible chanteuse de niaiseries sentimentales au second, épouse fatalement adultère au troisième, amante querelleuse et sans plaisir au quatrième : rôle d'une difficulté énorme, contenant l'analyse d'une vie entière, très ingrat, très antipathique, et dont l'artiste s'est tirée avec une souplesse et une abondance de ressources extraordinaires. Je dois nommer aussi Mme Augustine Leriche, d'une verve, d'un éclat si amusant dans le rôle d'Adèle, dont elle a fait une figure inoubliable; Mme Antonia Laurent, qui n'avait que deux courtes scènes et dont la Rachel restera pourtant comme une création; Mlle Valette, une Marie Pichon délicieuse de bêtise bourgeoise, d'innocence au delà du mariage, tombant à la faute par ignorance romanesque; Mlle Vrignault, qui a réussi à rendre charmante la désagréable Hortense; Mmes Bévalet, Valatte, Helmont, enfin toutes celles qui ont complété le remarquable ensemble.

Du côté des hommes, l'interprétation n'a pas moins été hors ligne. M. Delannoy a, dans Josserand, résumé et couronné sa longue carrière dramatique, à la fois d'une bonhomie pénétrante et d'une émotion montant jusqu'au frisson du drame : le bonhomme résigné du premier acte, le père attendri du troisième, est mort au cinquième avec une ampleur vraiment tragique, qui a soulevé une tempête d'applaudissements. Un gros succès a été fait également à M. Courtès, dans sa querelle du troisième acte, qu'il a enlevée avec une énergie superbe; et, pour ma part, je l'ai goûté autant, sinon plus, dans les parties comiques du second acte, où il a montré une originalité si gaie. D'autre part, on ne saurait trop louer M. Bertal de la manière dont il a composé Octave Mouret, avec la légèreté, les coups de caprice, le vif appétit de fortune, qui rendent cet amant peu scrupuleux supportable à la scène. Enfin, je me reprocherais de ne pas rendre justice au Trublot correct et fantaisiste de

M. E. Petit, un des personnages qui ont le plus porté, au Bachelard canaille et ramolli de M. Blaisot, jusqu'aux bouts de rôle, que MM. Herbert, Maxnère et Dherbilly tenaient avec talent.

ÉMILE ZOLA.

PERSONNAGES

JOSSERAND.	MM. Delannoy.
OCTAVE MOURET.	Bertal.
AUGUSTE VABRE.	Courtès.
BACHELARD.	Blaisot.
TRUBLOT.	E. Petit.
DULAURIER.	Herbert.
CAMPARDON.	Mannère.
MONSIEUR GOURD.	Dherbilly.
AGÉNOR.	Charley.
UN COMMIS	Lagarde.
JOSEPH	Bonnelle.
MADAME JOSSERAND.	Mmes Aline Duval.
BERTHE.	Kolb.
HORTENSE.	Vrignault.
MARIE PICHON.	Valette.
ADÈLE.	Augustine Leriche.
RACHEL.	Antonia Laurent.
MADAME HÉDOUIN.	Norton.
MADAME DULAURIER.	Helmont.
MADEMOISELLE MENU.	Valatte.
GASPARINE.	Laurence.
FIFI	Céline Bévalet.
JULIE.	Dolly.
LISA.	Pauline Moreau.
MADAME DE SAINT-ÉVREMONT.	Lucy Jane.
PREMIÈRE ACHETEUSE.	Gautier.
DEUXIÈME ACHETEUSE.	Marty.
TROISIÈME ACHETEUSE.	Derizy.

POT-BOUILLE

ACTE PREMIER

La salle à manger des Josserand, meublée de vieux chêne neuf, peinte avec le luxe violent des maisons modernes. — Une porte au fond, donnant sur l'antichambre. A gauche : premier plan, la porte de la chambre à coucher de madame Josserand; deuxième plan, un grand poêle de faïence. A droite : premier plan, la porte de la cuisine; deuxième plan, une fenêtre donnant sur la cour des bonnes; troisième plan, un buffet. — Au milieu, une table ronde, couverte d'un tapis. Des chaises.

SCENE PREMIÈRE

JOSSERAND, puis ADÈLE

(Au lever du rideau, Josserand, assis devant la table, en redingote usée, écrit des adresses sur des bandes, à la clarté d'une petite lampe, garnie d'un abat-jour.)

JOSSERAND, après un silence.

Enfin, j'ai fini mon premier mille. Ça fait trois francs... (Il entend la porte de la cuisine s'ouvrir et d'un geste effaré cherche à cacher les bandes. Puis, il reconnaît Adèle qui entre avec deux bougeoirs.) Ah! c'est vous, Adèle... Que voulez-vous?

ADÈLE, allant poser les bougeoirs sur le buffet.

Monsieur, est-ce que je ne pourrais pas monter me coucher?

JOSSERAND.

Quelle heure est-il donc?

ADÈLE.

Près de dix heures.

JOSSERAND.

Déjà!... Avez-vous fini, dans votre cuisine?

ADÈLE.

Oh! je crois bien! Tout est lavé, essuyé, rangé... Alors, je monte, monsieur?

JOSSERAND, hésitant.

C'est que Madame gronde, quand vous ne l'attendez pas.

ADÈLE.

Qu'est-ce que ça peut faire à Madame, puisqu'elle a sa clef? Ça n'avance à rien, que je reste à dormir sur une chaise... Jamais Madame ni Mesdemoiselles n'ont besoin de moi.

JOSSERAND.

N'importe! attendez, puisque Madame le veut.

ADÈLE, s'avançant.

Voyez-vous, monsieur, c'est que j'en ai assez. Vous êtes bon, vous, et je me suis promis de vous dire ce que j'ai sur le cœur. Est-ce une raison, parce que j'arrive de mon pays et que je ne suis peut-être pas bien adroite, pour me traiter comme une bête? Tous les soirs, Madame mène ses deux filles au bal. Ça la regarde, bien sûr. J'ai beau être stupide, comme elle dit, je sais que ce n'est guère commode à placer, des filles qui n'ont pas le sou...

JOSSERAND, l'interrompant.

Adèle!... Vous feriez mieux de voir le feu.

ADÈLE, traversant et allant au poêle.

Oh! monsieur, ce n'est pas pour vous blesser. Je ne dis ça à personne, car ça ferait mauvais effet, si l'on savait que, chez des gens comme vous, si bien logés et si bien mis, on se dispute pour deux sous de beurre... (A genoux, tenant une bûche.) Et, tenez! c'est vous que je plains. Ça me retourne, lorsque je vous vois rentrer de votre emploi, là-bas, à la cristallerie, et vous mettre à passer des nuits, pour gagner encore un peu d'argent, tandis que Madame va danser...

JOSSERAND, l'interrompant.

Taisez-vous! Que signifient toutes ces réflexions?

ADÈLE, se relevant et descendant, à droite.

Oui, j'ai bon cœur, moi, et ça doit vous prouver que Madame a tort, quand elle me traite de souillon, et qu'elle prétend, comme ça, que les autres bonnes de la maison me pervertissent... Enfin, j'en ai assez, de toutes ses sottises, et je voudrais aussi manger à ma faim. Ce n'est pas raisonnable, de ne me laisser que les plats à torcher. Il ne reste jamais rien dans le buffet. Les souris elles-mêmes sont parties... (Traversant de nouveau devant Josserand.) De la porcelaine dorée, et pas même des croûtes de fromage à mettre dedans... Avec ça, je tombe de fatigue. Tant pis! Monsieur aura une querelle, mais je monte me coucher. Je dors debout.

JOSSERAND, apitoyé.

Eh! bien, montez, ma fille. J'expliquerai votre absence à Madame... Mais tâchez d'être polie.

ADÈLE.

Merci, monsieur. (Au moment où elle va se retirer, on entend le timbre de l'antichambre.) Qu'est-ce que c'est que ça?

JOSSERAND.

Allez ouvrir. (Adèle sort.) Qui peut venir à une heure pareille?

ADÈLE, rentrant.

C'est l'architecte du troisième, monsieur Campardon, avec un jeune homme.

JOSSERAND.

Monsieur Campardon ! Faites entrer… (Il la retient et étale vivement un journal sur les bandes.) Une minute ! on n'a pas besoin de savoir… Allez, maintenant, et attendez que ces messieurs soient partis pour monter vous coucher.

ADÈLE, à la porte, à part.

Ah bien ! j'en ai une veine, moi ! (Elle introduit Campardon et Octave, puis se retire.)

SCÈNE II

JOSSERAND, CAMPARDON, OCTAVE

CAMPARDON.

Mon cher monsieur Josserand, nous vous dérangeons.

JOSSERAND.

Mais nullement, mon cher monsieur Campardon.

CAMPARDON.

Si, si, à une heure si avancée ! C'est que j'avais hâte de vous présenter mon jeune ami, monsieur Octave Mouret, dont je vous ai parlé.

JOSSERAND, serrant la main d'Octave.

Enchanté, monsieur, de faire votre connaissance.

OCTAVE.

Monsieur, tout le plaisir est pour moi.

CAMPARDON.

Oui, il est arrivé cette après-midi… Et, si nous sommes assez indiscrets pour tomber ainsi chez vous, la faute en est un peu à madame Josserand, que nous avons rencontrée tout à l'heure, comme elle partait en soirée, avec vos demoiselles. Elle a bien voulu nous dire que vous étiez seul et que nous vous causerions le plus grand plaisir, en venant de la sorte vous surprendre.

JOSSERAND.

Certes, elle a eu là une heureuse inspiration... Mais asseyez-vous donc, messieurs... (Tous les trois s'assoient. A Octave.) Alors, vous voici dans notre grande ville?

OCTAVE, souriant.

Mon Dieu! oui, monsieur.

CAMPARDON.

Et bien décidé à la conquérir. Ah! vous ne connaissez pas le gaillard!

JOSSERAND.

Monsieur est du Midi?

CAMPARDON.

Oui, de Plassans, comme ma femme, dont il est un peu le cousin. Il débarque de Marseille, où il était dans la nouveauté, et je le fais entrer dès demain chez les Hédouin.

JOSSERAND.

Au *Bonheur des Dames*, une vieille maison, honnête et solide... Vous voilà en marche pour la fortune, monsieur.

OCTAVE, gaiement.

J'y compte bien... Il y a des années que je rêve d'être à Paris. On ne se bat et on ne triomphe qu'à Paris. Mais je ne voulais pas m'y risquer, sans avoir une petite somme que je m'étais fixée, cinq mille francs...

CAMPARDON, l'interrompant.

Il a le génie du commerce... Racontez donc à monsieur Josserand comment vous les avez gagnés, vos cinq mille francs.

OCTAVE.

Cela ne peut intéresser monsieur.

JOSSERAND.

Je vous en prie.

OCTAVE.

Oh! une misère!... Imaginez-vous que mes patrons avaient une indienne pompadour, un ancien dessin, une merveille. Personne ne mordait, c'était dans les caves depuis deux ans... Alors, comme j'allais faire le Var et les Basses-Alpes, j'eus l'idée d'acheter tout le solde à très bas prix et de le placer pour mon compte. Un succès fou, monsieur! Les femmes s'arrachaient les coupons. Il n'y en a pas une, aujourd'hui, qui n'ait là-bas de mon indienne sur les épaules... (Riant.) Il faut dire que je les roulais si gentiment!

CAMPARDON, émerveillé.

Un vieux rossignol! Ah! il a les femmes pour lui, il ira loin!... (Prenant une voix grave.) Seulement, en l'installant dans la chambre qu'il va occuper sur la cour, je le lui ai signifié nettement : Faites ce que vous voudrez au dehors, mais respectez la maison. Surtout, n'amenez pas de femme, parce que, si vous ameniez une femme, ça ferait une révolution.

JOSSERAND.

Monsieur va habiter ici. Je l'en félicite.

CAMPARDON.

Entendez-vous monsieur Josserand, Octave? Il vous répétera ce que je vous ai dit... La rue de Choiseul n'a pas une maison plus honorable. Et d'une moralité! Jamais un mot, jamais de bruit. Du reste, rien que le choix des locataires prouve assez...

JOSSERAND, l'interrompant.

Tous des gens riches et comme il faut.

CAMPARDON, reprenant.

Au premier, le propriétaire, monsieur Dulaurier, un

conseiller à la cour, le plus digne des magistrats, marié à une femme très distinguée, qui a un talent extraordinaire sur le piano.

JOSSERAND, continuant.

Au second, le beau-frère de monsieur Dulaurier, monsieur Auguste Vabre, un jeune homme tranquille, auquel appartient la spécialité de soieries du rez-de-chaussée.

CAMPARDON.

Puis, il y a moi au troisième, et vous au quatrième, monsieur Josserand; et, certes, sans nous vanter, nous sommes de bons pères de famille... Enfin, une maison modèle. Respectez-la, Octave.

OCTAVE, riant.

Soyez tranquille... Elle est superbe, d'ailleurs. L'escalier est d'une magnificence, les appartements sont d'un luxe de décor!

CAMPARDON.

Oui, oui, ça fait de l'effet... On vernit l'escalier à trois couches, on dore et on peinturlure les appartements, et ça flatte le monde... Eau et gaz à tous les étages, escalier chauffé, tapis jusqu'au quatrième, enfin tout le confortable possible.

OCTAVE, riant.

Sans compter le concierge qui est d'une tenue!

JOSSERAND.

Monsieur Gourd! c'est l'honorabilité même de la maison!

CAMPARDON.

Vous savez qu'il a été valet de chambre chez le duc de Vaugelade.

OCTAVE.

Ah! bah!

CAMPARDON.

Parole d'honneur!... Puis, il a épousé la veuve d'un huissier de Mort-la-Ville, et ils attendent d'avoir trois mille livres de rentes pour se retirer. Tout ce qu'il y a de plus convenable comme concierge... Essayez d'amener des femmes, et vous verrez comment monsieur Gourd les accueillera!

OCTAVE, riant.

C'est entendu, je ne recevrai pas même ma blanchisseuse. (On entend le timbre de l'antichambre.)

CAMPARDON, se levant ainsi qu'Octave.

Voici ces dames, sans doute.

JOSSERAND, se levant.

Oh! non, il est encore de trop bonne heure... Je suis vraiment surpris...

SCÈNE III

LES MÊMES, ADÈLE

ADÈLE, entrant.

C'est monsieur Gourd, maintenant.

JOSSERAND, vivement.

Ah! oui, je me souviens... Faites entrer. (A Campardon et à Octave.) Vous permettez, n'est-ce pas?

CAMPARDON.

Comment donc!... Du reste, nous ne voulons pas vous déranger davantage.

OCTAVE.

Nous avons même abusé.

JOSSERAND.

Nullement, messieurs, je vous assure. (Gourd entre en querellant Adèle.)

SCÈNE IV

LES MÊMES, ADÈLE, GOURD

GOURD, à Adèle, à demi-voix.

Je vous dis, moi, que vous avez jeté une tripée de lapin par la fenêtre.

ADÈLE, indignée.

Oh! si l'on peut dire! C'est Lisa! (Elle reste en scène et range sur le buffet.)

GOURD, saluant.

Messieurs... (A Josserand.) Voici votre quittance, avec la signature, cette fois.

JOSSERAND.

Merci... (A Octave et à Campardon.) Imaginez-vous que, par une erreur inexplicable chez un propriétaire...

GOURD.

Chez un magistrat surtout.

JOSSERAND.

Monsieur Dulaurier avait oublié de signer ma quittance de loyer.

GOURD.

Et je n'ai pas voulu recevoir l'argent, sans donner une quittance en bonne et due forme.

JOSSERAND.

Votre argent est là, dans ma chambre. Si vous voulez attendre...

CAMPARDON.

Nous prenons congé de vous, mon cher monsieur Josserand.

JOSSERAND.

Eh bien! je ne vous retiens plus... (Il lui serre la main, puis il serre celle d'Octave.) Monsieur Mouret, enchanté... A propos, madame Josserand reste tous les mardis soirs chez elle. Rien que des intimes, pas de cérémonie, pas d'habit. On s'en va de bonne heure... Si vous voulez bien nous faire l'honneur d'accepter demain à dîner avec notre ami Campardon.

OCTAVE.

Vous me comblez, vraiment.

ADÈLE, à part.

Il n'y a pas de quoi, va! Encore un gentil garçon qu'ils vont tâcher d'empaumer!

CAMPARDON.

Je vous l'amènerai, comptez sur nous.

JOSSERAND.

J'y compte. (Au moment où Campardon va sortir, Gourd l'arrête.)

GOURD, à demi-voix.

Excusez-moi, monsieur Campardon, si je me permets... Votre bonne a encore jeté par sa fenêtre...

CAMPARDON.

Lisa? Vous m'étonnez!

JOSSERAND.

Qu'y a-t-il?

GOURD.

Rien, monsieur, un détail d'administration intérieure... J'ai failli recevoir des malpropretés sur la tête, dans la cour des cuisines... Ah! monsieur, ne me parlez pas des domestiques! Quel peuple!

ADÈLE, à part.

Va donc, larbin dégommé!

GOURD, continuant.

Ce matin encore, Julie, la cuisinière de monsieur Dulaurier, a été d'une insolence avec madame Gourd!

JOSSERAND.

Je ne pense pas que vous ayez à vous plaindre d'Adèle. Je lui défends même de se mettre à cette fenêtre, qui donne, bien fâcheusement, sur cette cour des cuisines.

CAMPARDON, se dirigeant vers la porte.

Eh bien! à demain.

OCTAVE.

A demain, et merci encore.

JOSSERAND, les accompagnant jusqu'à la porte.

A demain, messieurs... Adèle, allumez une bougie... (Quand ils sont sortis, il revient.) Maintenant, votre argent, monsieur Gourd... Entrez donc, je voulais justement vous montrer une tache qui s'est produite... (Il se dirige avec la bougie vers la chambre à coucher.)

GOURD, le suivant.

Une tache! c'est impossible, dans une maison si propre, si bien tenue! (Il sort.)

SCÈNE V

ADÈLE, puis LES VOIX DE LISA ET DE JULIE

ADÈLE, seule.

Enfin, ce n'est pas malheureux!... Allons, bon! j'allais oublier de fermer les persiennes... (Elle ouvre la fenêtre et se penche pour atteindre les persiennes. On aperçoit la cour des cuisines, vaguement éclairée par un bec de gaz qu'on ne voit pas. Brusquement, des cris et des rires éclatent.)

LA VOIX DE LISA.

Tiens! v'là torchon! Tâche encore que ta lavette me tombe sur le cou, si tu veux que j'aille t'en débarbouiller le museau!

LA VOIX DE JULIE.

Et ta bourgeoise? Elle est sortie faire des maris pour ses filles!

ADÈLE, à part.

C'est Lisa et Julie qui causent... (Très haut, en se penchant.) Vous ne savez que des sottises, montez vous coucher.

LA VOIX DE LISA.

Oh! la, la, grande serine! faut bien siroter sa petite goutte!

LA VOIX DE JULIE.

Moi, j'ai encore à bassiner le lit de mon maître!

UNE VOIX D'HOMME, très grave.

Taisez donc vos gueules!

ADÈLE, qui entend rentrer Josserand.

Méfiance! v'là monsieur!

(Les fenêtres claquent, se ferment bruyamment. Adèle elle-même se hâte de fermer, et reste immobile, très émue. Un grand silence.)

SCÈNE VI

ADÈLE, JOSSERAND, GOURD

JOSSERAND.

Qu'est-ce donc?

ADÈLE.

Rien, monsieur.

GOURD.

Il nous avait semblé entendre...

ADÈLE.

Ah! oui, j'ai dit comme ça : Tiens! v'là la pluie qui tombe... Ça résonne, parce que, à cette heure, la maison est si calme!

GOURD, s'en allant.

Bien le bonsoir, monsieur.

JOSSERAND.

Bonsoir. (Il se rassoit devant la table et se remet à ses bandes.)

SCÈNE VII

ADÈLE, JOSSERAND

ADÈLE, à part.

Enfin, je vais donc me coucher!... (Haut.) Maintenant, je puis monter, monsieur?

JOSSERAND, sans lever la tête.

Oui, ma fille.

ADÈLE.

Est-ce que vous n'allez pas vous coucher, vous aussi?

JOSSERAND.

Non, non, pas encore. On m'a dérangé.

ADÈLE, à part.

Il me fait de la peine... (En sortant.) Alors, bonne nuit, monsieur.

SCÈNE VIII

JOSSERAND, seul.

Dire que j'en ai encore deux mille à faire! Je ne me coucherai pas avant quatre heures... Trois mille à trois francs, je toucherai toujours neuf francs... Pendant que les petites dansent, il faut bien leur gagner des rubans, pour qu'elles soient belles et qu'elles trouvent des maris... La chose aura-t-elle réussi, à cette soirée? Berthe plaît au jeune homme, cette fois le mariage semble marcher. Mais nous avons eu tant de faux espoirs! Enfin, espérons encore... (Comme il se remet à la besogne, il entend la porte du palier se fermer violemment.) Les voici. (La porte de la salle à manger s'ouvre. Entrent à la queue madame Josserand, enveloppée dans une vieille fourrure, Berthe et Hortense, les épaules couvertes de leur sortie de bal.)

SCÈNE IX

JOSSERAND, MADAME JOSSERAND, BERTHE, HORTENSE

MADAME JOSSERAND, jetant sa fourrure sur une chaise.

Manqué !

JOSSERAND, effaré.

Ah !

MADAME JOSSERAND.

Encore un mariage à la rivière, et c'est le quatrième !
(Pendant ce temps, Berthe et Hortense retirent leurs sorties de bal, qu'elles mettent sécher sur des chaises, devant le poêle.)

JOSSERAND.

Oui, le quatrième... C'est désolant !

MADAME JOSSERAND.

Quand vous nous regarderez toutes les trois !... Pour l'amour de Dieu, lâchez vos écritures qui me portent sur les nerfs !

JOSSERAND.

Mais, ma bonne, je fais des bandes.

MADAME JOSSERAND.

Ah oui ! vos bandes à trois francs le mille !... Si c'est avec ces trois francs-là que vous espérez marier vos filles !

JOSSERAND, doucement.

Ces trois francs-là vous permettent d'ajouter des rubans à vos robes et d'offrir des gâteaux à vos invités du mardi.

MADAME JOSSERAND, haussant les épaules.

Je ne répondrai pas... Vous me faites pitié !

BERTHE, au fond, devant le poêle.

Ils sont dans un joli état, mes souliers ! Hortense, regarde donc !

HORTENSE.

Et les miens! les talons ne tiennent plus.

JOSSERAND, à Berthe.

Il pleut donc, Berthe?

BERTHE.

Ah bien! s'il pleut! Ça nous a prises au Palais-Royal. Un déluge! une boue!... Maman nous a fait marcher.

MADAME JOSSERAND.

Il fallait peut-être vous payer une voiture! Pour dépenser encore quarante sous, n'est-ce pas?... Quand vous n'aurez plus de souliers, vous resterez couchées, voilà tout! Ça avance à grand'chose, qu'on vous sorte.

JOSSERAND.

Mon Dieu! elles sont toutes mouillées, les pauvres petites!

MADAME JOSSERAND, à ses filles.

Appelez Adèle, pour qu'elle vous aide.

JOSSERAND, timidement.

Adèle n'est plus là. Je lui ai permis de monter se coucher.

MADAME JOSSERAND.

Vous dites?

JOSSERAND.

Elle était si lasse...

MADAME JOSSERAND, hors d'elle.

Et moi, est-ce que je ne suis pas lasse? Est-ce que je suis couchée, moi? Voilà, maintenant, que vous dorlotez la bonne!... Il vaut mieux que je me taise, car je sens que ça monte, que ça monte! (Elle traverse. Un silence.)

BERTHE.

Alors, on va dormir... Moi, j'ai faim.

HORTENSE.

Et moi donc! je meurs!

MADAME JOSSERAND.

Comment! vous avez faim?... Vous n'avez donc pas mangé de la brioche, là-bas? En voilà des dindes! Mais on mange! Moi, j'ai mangé!

HORTENSE.

Tant pis! j'ai trop mal à l'estomac. Je vais voir dans le buffet. (Elle ouvre le buffet.)

BERTHE, s'approchant.

Oh! le buffet! il n'y a rien dedans... (Elle se penche.) La brosse à pain, l'huilier qui est vide, pas une miette. S'il y avait seulement le biscuit de l'autre jour!

HORTENSE,

Et le lapin de ce soir?... Adèle a donc mangé tout le lapin?

MADAME JOSSERAND.

C'est vrai! il restait le morceau de la queue... Comment! elle aurait osé!... (A ses filles qu'elle bouscule.) Otez-vous donc de là, que je me rende compte!... (Devant le buffet.) Et comme c'est tenu! les assiettes creuses avec les assiettes plates, les planches tachées de graisse; et, voyez! un plat sale oublié depuis huit jours peut-être... C'est une infection, son buffet!

BERTHE.

Le pis est qu'il n'y a rien.

MADAME JOSSERAND, sortant un livre.

Et ça encore? qu'est-ce que c'est que ça?... Mon Lamartine! mon Lamartine dans la vaisselle!... (Jetant le livre sur la table.) Je la flanque à la porte demain matin!

BERTHE.

Tu seras bien avancée. Nous n'en garderons pas une.

C'est la première qui soit restée un mois. Dès qu'elles sont un peu propres, elles filent.

MADAME JOSSERAND.

Je ne puis pas croire qu'elle ait osé manger le lapin. Il doit être dans la cuisine.

HORTENSE, qui a allumé une bougie.

Sans doute... Viens-tu voir, Berthe?

BERTHE.

Oui. S'il y a du sirop, je tremperai mon pain dedans.
(Elles sortent par la porte de la cuisine.)

MADAME JOSSERAND.

Hein? quoi? elle a parlé de sirop!... Berthe! pas trop de sirop! C'est le sirop pour ma soirée de demain. (Elle sort.)

SCÈNE X

JOSSERAND, seul.

JOSSERAND, se remettant à écrire.

Jamais, je n'aurai fini.... Si ma femme consentait à rentrer dans sa chambre! Mais je la connais : elle se monte, elle se monte; et je sens l'orage qui va sûrement éclater... Le mieux est d'avoir l'air absorbé dans mon travail... Mon Dieu! la voici encore!

SCÈNE XI

JOSSERAND, MADAME JOSSERAND

MADAME JOSSERAND, venant à pas lents se planter devant son mari.

C'est donc vous, monsieur, qui avez empêché Adèle de faire une crème pour demain soir?

JOSSERAND, étonné.

Moi, ma bonne!

MADAME JOSSERAND.

Oh! vous allez encore dire non, comme toujours!... Alors, pourquoi n'a-t-elle pas fait la crème que je lui ai commandée?

JOSSERAND.

Mais je t'assure...

MADAME JOSSERAND, s'asseyant en face de lui, de l'autre côté de la table.

Vous savez bien que demain, avant notre soirée, nous avons à dîner l'oncle Bachelard, dont la fête tombe très mal cette année, juste un jour de réception. S'il n'y a pas une crème, il faudra une glace, et voilà encore cinq francs jetés à l'eau!... Vous dites?

JOSSERAND.

Je ne dis rien.

MADAME JOSSERAND.

Sans compter que Bachelard amènera certainement le petit Trublot, son inséparable, un garçon riche, le neveu d'un agent de change, dont j'ai espéré un moment faire un gendre. Mais ce monsieur ne veut pas se marier, et il vous a des habitudes d'une bassesse! Il pince les bonnes. Je l'ai vu pincer Julie, l'autre soir, chez les Dulaurier... A propos, vous avez dû recevoir une visite, ce soir?

JOSSERAND.

Oui, monsieur Campardon et son jeune ami... Je me suis même risqué à les inviter à dîner pour demain.

MADAME JOSSERAND.

Comment? vous avez eu cette intelligence! Vous m'étonnez... Oh! ne soyez pas fier tout de suite, pour une fois que vous saisissez mes intentions... J'ai pris des renseignements. Ce jeune homme est très convenable et paraît avoir un bel avenir. Demain, je ne le

manquerai pas, celui-là! C'est une dernière espérance...
(Elle se lève.) Après l'avanie de ce soir, il faut que j'essaye
de tout, puisque vous me lâchez vos filles sur les bras,
comme un paquet de sottises, sans plus vous occuper
de leur mariage que de celui du Grand Turc!... Ah!
ne dites rien, monsieur, ne dites rien, ou vraiment
j'éclate!

JOSSERAND.

Je ne dis rien.

MADAME JOSSERAND, éclatant.

A la fin, c'est insoutenable! Encore si vous étiez un
père comme les autres! Mais non, monsieur reste chez
lui à se goberger, sous prétexte de travailler à ses
machines à trois francs!... (Elle traverse.) C'est tous les soirs
mon tour, de conduire vos filles dans le monde. Eh bien!
je vous déclare que j'en ai par-dessus la tête, de ces
courses de nuit, sous la pluie battante, sans oser me
permettre le luxe d'un fiacre, de peur d'avoir à retrancher le lendemain un plat du dîner.

JOSSERAND.

Je te gronde toujours de ne pas prendre des voitures.

MADAME JOSSERAND.

Et de l'argent?... Est-ce que j'étais faite pour cette vie
de sans-le-sou? Toujours couper les liards en quatre, se
refuser jusqu'à une paire de bottines, ne pas même pouvoir recevoir ses amis d'une façon propre! Et tout cela
par votre faute!... Ah! ne remuez pas la tête, ne m'exaspérez pas davantage! Oui, par votre faute!... On n'épouse
pas une femme, quand on est décidé à la laisser manquer de tout. Vous posiez pour un bel avenir, vous étiez
l'ami des fils de votre patron, qui, depuis, se sont si
joliment fichus de vous... (Silence de Josserand.) Comment!
vous osez prétendre qu'ils ne se sont pas fichus de vous?

JOSSERAND.

Mais, enfin, j'ai huit mille francs. C'est un beau poste.

MADAME JOSSERAND, traversant au fond.

Un beau poste, après plus de trente ans de service!... (Revenant se planter derrière son mari.) Savez-vous ce que j'aurais fait, moi? Eh bien! j'aurais mis vingt fois la maison dans ma poche. Mais il s'agissait de ne pas s'endormir sur son rond de cuir, comme un empoté! (Elle redescend à droite.)

JOSSERAND.

Vas-tu me reprocher maintenant d'avoir été honnête?

MADAME JOSSERAND.

Honnête! Soyez d'abord honnête avec moi, en me donnant la fortune sur laquelle je comptais en vous épousant... Ah! si c'était à refaire, et si j'avais seulement connu votre famille!

JOSSERAND, se levant brusquement.

Tu devrais aller te reposer, Éléonore. Il est plus d'une heure, et je t'assure que ce travail est pressé... Ma famille ne t'a rien fait, n'en parle pas.

MADAME JOSSERAND.

Tiens! pourquoi donc? Votre famille n'est pas plus sacrée qu'une autre... Personne n'ignore, à Clermont, que votre père, après avoir vendu son étude d'avoué, s'est laissé ruiner par sa cuisinière.

JOSSERAND, se fâchant peu à peu.

Écoutez, ne nous jetons pas une fois de plus nos familles à la tête... Votre père ne m'a jamais payé votre dot, les trente mille francs qu'il avait promis.

MADAME JOSSERAND.

Hein? quoi? les trente mille francs? quels trente mille francs?

JOSSERAND.

Parfaitement! ne faites pas l'étonnée... Et, si mon père a éprouvé des malheurs, le vôtre s'est conduit d'une façon indigne à notre égard. Je n'ai jamais vu clair dans sa succession, que le mari de votre sœur a mis dans sa poche.

MADAME JOSSERAND, hors d'elle.

Ne dites pas du mal de papa! Il a été l'honneur de l'enseignement pendant quarante ans. Allez donc parler de l'institution Bachelard dans le quartier du Panthéon!... Quant à ma sœur et à mon beau-frère, ils sont ce qu'ils sont. Ils m'ont volée, c'est la vérité; mais ce n'est pas à vous de le dire, je ne le souffrirai pas, entendez-vous!

JOSSERAND, continuant.

C'est comme votre frère Bachelard, un homme sans mœurs...

MADAME JOSSERAND, l'interrompant.

Mais vous ne respectez donc rien, monsieur? Bachelard est riche, il gagne ce qu'il veut, dans la commission; et il a promis de doter Berthe.

JOSSERAND.

Ah! oui, doter Berthe! Voulez-vous parier qu'il ne donnera pas un sou et que nous aurons supporté pour rien ses habitudes débraillées?

MADAME JOSSERAND, majestueuse.

Enfin, monsieur, où voulez-vous en venir, avec toutes ces insultes?

JOSSERAND, se calmant.

Je dis qu'avec huit mille francs on peut faire beaucoup de choses. Vous vous plaignez toujours. Mais il ne fallait pas mettre la maison sur un pied supérieur à notre fortune. Ici, par exemple, le loyer est trop cher, nous n'avions pas besoin de ce luxe. C'est votre maladie de recevoir et de rendre des visites, de prendre un jour, de donner du thé et des gâteaux...

MADAME JOSSERAND.

Nous y voilà donc!... Enfermez-moi tout de suite dans une boîte! Reprochez-moi de ne pas sortir nue comme la main!... Et vos filles, monsieur, qui épouseront-elles, si nous ne voyons personne? Il n'y a pas foule, déjà.

JOSSERAND, avec émotion.

Nos filles seraient mariées depuis longtemps, si nous ne leur avions pas donné des goûts et des habitudes au-dessus de leur condition.

MADAME JOSSERAND.

Vous n'allez peut-être pas leur reprocher leurs talents?

JOSSERAND, continuant.

Et je tremble, quand je pense à leur avenir. Croyez-vous que des mariages, bâclés comme ceux qu'elles vont être réduites à faire, puissent être des mariages heureux?... Toujours je cède devant vos volontés, mais puisque j'ai le courage de vous le dire ce soir, prenez garde de travailler au malheur de nos enfants, dans votre hâte à trouver des gendres pour meubler votre salon!

MADAME JOSSERAND, furieuse.

Dites que je les jette à la tête du premier venu!... Eh! d'ailleurs, monsieur, tout cela est de votre faute!

JOSSERAND.

Ma faute, à moi?

MADAME JOSSERAND.

Certainement! Pourquoi avez-vous fait des filles?

(Hortense et Berthe entrent par le fond, en peignoir de nuit, dépeignées, en pantoufles. La première mange du lapin entre des tranches de pain, tandis que l'autre trempe des mouillettes dans un verre de sirop. — Hortense tient à la main le bougeoir allumé, qu'elle pose sur le buffet.)

SCÈNE XII

LES MÊMES, BERTHE, HORTENSE

HORTENSE.

Nous nous sommes mises à notre aise.

BERTHE.

Ah bien! ce que notre chambre est froide! ça vous gèle les morceaux dans la bouche. Ici, au moins, on a fait du feu, aujourd'hui. (Toutes deux vont se mettre contre le poêle, en achevant de manger.)

MADAME JOSSERAND, continuant la querelle avec son mari, comme si ses filles n'étaient pas entrées.

Je veux qu'on me coupe la tête, si j'use encore une paire de gants pour les marier!... A votre tour!

JOSSERAND, également furieux.

Parbleu! madame, maintenant que vous les avez promenées et compromises partout! Mariez-les, ne les mariez pas, je m'en fiche!

MADAME JOSSERAND.

Et moi donc! je m'en fiche plus encore, monsieur! Je m'en fiche tellement que vous pouvez partir avec elles et ne plus revenir... Ah! Seigneur! quel débarras!

(Un silence.)

BERTHE, mangeant toujours.

Vous avez bien tort de vous disputer... Maman se fait du mauvais sang, et papa sera encore malade demain à son bureau.

HORTENSE.

Il me semble que nous sommes assez grandes pour nous marier toutes seules.

MADAME JOSSERAND.

Je te conseille de parler... Le capitaine Verdier, n'est-ce pas? Jamais il ne t'épousera.

HORTENSE.

Ça, c'est mon affaire.

MADAME JOSSERAND, à son mari.

Vous l'entendez?

JOSSERAND.

Hortense, je t'avais priée de ne plus songer à ce mariage... Tu sais que la famille du capitaine refuse son consentement.

HORTENSE.

Qu'est-ce que cela fait?... Il m'aime. J'attendrai.

MADAME JOSSERAND.

Grande sotte qui croit à l'amour!

HORTENSE.

Ah! ne tombe pas sur moi, maman!... J'ai fini mon lapin, j'aime mieux aller me coucher... (Elle reprend le bougeoir, et ajoute à la porte:) Puisque tu n'arrives pas à nous marier, il faut bien nous permettre de le faire nous-mêmes. (Elle sort par le fond.)

SCÈNE XIII

JOSSERAND, MADAME JOSSERAND, BERTHE

MADAME JOSSERAND, majestueusement à son mari.

Voilà, monsieur, comment vous les avez élevées!... (Un silence. Elle marche avec lenteur.) Ah! c'est la récompense! Pendant vingt ans, on s'échine autour de ces demoiselles, on se met sur la paille pour en faire des femmes distinguées; et elles ne vous donnent seulement pas la satisfaction de les marier à votre goût... (Elle s'arrête devant Berthe.) Toi, si tu veux agir à la tête, comme ta sœur, tu auras affaire à moi!... (Elle monte au buffet prendre un bougeoir et redescend près de la table, où elle enflamme à la lampe plusieurs allumettes, avant de parvenir à allumer la bougie, tout en lançant, d'une voix lente et doctorale, les vérités suivantes.) J'ai fait ce que j'ai dû faire; et, ce serait à refaire, que je le referais... Dans la vie, il n'y a que les plus honteux qui perdent... L'argent est l'argent : quand on n'en a pas, le plus court est de se coucher... Moi, lorsque j'ai eu vingt sous, j'ai toujours dit que j'en avais quarante, car il vaut mieux faire envie que pitié... Mangez des pommes de terre en famille, mais ayez toujours un poulet, quand vous avez du monde... (La bougie est allumée. Elle regarde fixement son mari.) Et ceux qui disent le contraire sont des imbéciles! (Elle prend le bougeoir et se dirige vers sa chambre.)

JOSSERAND, résigné.

C'est bien vrai, il n'y a que l'argent, aujourd'hui. (Il se remet au travail.)

MADAME JOSSERAND, à Berthe.

Tu entends? marche droit et tâche de nous donner des satisfactions... (Elle est à la porte de sa chambre, lorsqu'elle se ravise.) Comment as-tu manqué ce mariage?

BERTHE.

Je ne sais pas, maman.

MADAME JOSSERAND, reposant le bougeoir sur la table et s'asseyant.

Un sous-chef au ministère de la guerre, pas trente ans, décoré pour services exceptionnels, un avenir superbe! Tous les mois, ça vous apporte son argent. C'est solide, il n'y a que ça!... Tu auras encore fait quelque sottise, comme avec les autres?

BERTHE.

Je t'assure que non, maman... Peut-être se sera-t-il renseigné. Il aura su que je n'avais pas de dot.

MADAME JOSSERAND.

Et celle que ton oncle doit te donner? Tout le monde la connaît, cette dot... Non, il y a autre chose, il a rompu trop brusquement... En dansant, vous avez passé dans le petit salon?

BERTHE, se troublant.

Oui, maman.

MADAME JOSSERAND.

Une fois dans le petit salon... Conte-moi?

BERTHE.

Comme nous étions seuls, il a voulu de vilaines choses.

JOSSERAND, levant la tête.

Hein?

MADAME JOSSERAND.

De vilaines choses... (Debout.) Un employé du gouvernement, c'est impossible!

BERTHE.

Si... Il m'a embrassée. Alors, j'ai eu peur, je l'ai poussé, et il est tombé contre un meuble.

MADAME JOSSERAND.

Contre un meuble! Ah! la malheureuse!

BERTHE.

Mais, maman, il m'embrassait!

MADAME JOSSERAND.

Après?... Mettez donc ces cruches-là en pension! Qu'est-ce qu'on vous apprend, dites?

BERTHE.

Moi, j'ignore ce qu'il faut faire.

MADAME JOSSERAND.

Elle demande ce qu'il faut faire! Mais dites-vous donc que vous êtes appelée à vivre dans la société...

Pour un baiser, derrière une porte! En vérité, est-ce que vous devriez nous parler de ça, à nous, vos parents?

BERTHE, se mettant à pleurer.

Tu me questionnes.

MADAME JOSSERAND.

C'est fini, je désespère, ma fille. Il faudrait tout vous seriner, et cela devient gênant... Quand on n'a pas de fortune, on est aimable, on oublie sa main, on permet les enfantillages, sans conséquence... Si vous croyez que ça vous arrange les yeux, de pleurer ainsi! Monsieur Josserand, ordonnez donc à votre fille de ne pas s'abîmer le visage. Ce sera le comble, si elle devient laide!

JOSSERAND.

Mon enfant, sois raisonnable, écoute ta mère, qui est de bon conseil.

BERTHE, tâchant de se contenir.

Oui, papa.

MADAME JOSSERAND.

Et ce qui m'irrite, c'est qu'elle n'est pas trop mal, quand elle veut... Voyons, essuie tes yeux, regarde-moi, comme si j'étais un jeune homme en train de te faire la cour... (Mimant ses conseils.) Tu souris... Souris donc! La bouche plus en cœur... Tu laisses tomber ton éventail, pour que le jeune homme, en le ramassant, effleure tes doigts... Non, ce n'est pas ça! tu te rengorges comme une poule malade... Renverse donc la tête, dégage ton cou: il est assez jeune pour que tu le montres.

BERTHE.

Comme ça, maman?

MADAME JOSSERAND.

Oui, c'est mieux... Et ne sois pas raide, aie la taille souple... Les hommes n'aiment pas les planches.

BERTHE, éclatant de nouveau en larmes.

Non! ça me fait trop de peine!... Je ne peux pas.

MADAME JOSSERAND.

Tu ne peux pas?

BERTHE.

Non!

MADAME JOSSERAND, exaspérée.

Tiens! tu m'embêtes à la fin!... (Elle la gifle à toute volée.) Voilà une gifle qui me démange la main depuis une heure... (Elle reprend la bougie et se retire royalement dans sa chambre.) Bonsoir!

SCÈNE XIV

JOSSERAND, BERTHE

JOSSERAND, à part.

Ça devait finir par là... (Il se lève. Haut.) Ma pauvre chérie, elle t'a fait du mal?

BERTHE, pleurant toujours.

Oh! ce n'est pas ça... Ce qui est dur, c'est de recevoir des soufflets, quand on n'est plus en pension.

JOSSERAND, doucement.

Ne pleure pas... (Il l'embrasse.) C'est guéri, c'est guéri... Et, maintenant, va, ma petite Berthe, va! Tu sais que je t'aime bien, moi!

BERTHE.

Oui, papa... Bonne nuit, papa... (A la porte, à part.) Ah! quand je serai mariée! (Elle sort.)

SCÈNE XV

JOSSERAND, seul.

(Il se rassoit devant la table. Mais des larmes l'aveuglent, il essuie ses yeux, remonte la lampe; puis, il se remet avec effort à ses bandes.)

Travaillons.

(Rideau

ACTE DEUXIÈME

Le salon des Josserand. Salon blanc et or, trop éclatant. Au fond, porte donnant sur la salle à manger. Portes latérales, dans des pans coupés : celle de droite ouvre sur l'antichambre. Un piano à droite. Un canapé à gauche. Une table de jeu avec des cartes, au fond. Lampes et candélabres sur la cheminée, à gauche. Bougies au piano et à la table de jeu. Tableaux aux murs, de goût bourgeois.

SCÈNE PREMIÈRE

ADÈLE, puis TRUBLOT

(Au lever du rideau, on entend des rires dans la salle à manger.)

ADÈLE, en train d'allumer les bougies des candélabres.

Ils prennent le café. Je vais encore me faire empoigner, moi, si je n'ai pas fini d'allumer les bougies... (Elle sort un morceau de gâteau de sa poche et mord dedans.) Les mardi, j'attrape encore un peu de nourriture : ça m'empêche de crever de faim, le reste de la semaine. Il est joliment mauvais, leur baba, et d'un sec! (Les rires redoublent dans la salle à manger. Elle se hâte d'allumer les bougies du piano.) Fichtre! ils vont venir, dépêchons-nous... Qu'ont-ils donc à se tordre ? Ces demoiselles auront encore rempli le verre de l'oncle Bachelard, pour lui carotter vingt francs. Ç'a été la plaisanterie du dîner. Ah! chez nous, ce qu'on m'aurait flanqué des calottes, si j'avais fait ça!... (Elle traverse pour allumer les bougies de la table de jeu.) Pas commode, l'oncle! un vieux noceur qui dépense tout avec les femmes et qui

ne donnerait pas un sou à sa famille! Il me regarde des
fois, et je crois que, si je voulais... Mais il me dégoûte!...
(Elle descend en scène.) Quant à son ami, monsieur Trublot,
lui ne se contente pas de regarder, il pince... (Trublot sort
de la salle à manger, dont il referme la porte, et s'avance doucement.)
Pendant le dîner, lorsque j'ai présenté le veau, il m'a
pincée sous la table, oh! d'un fort! Et madame qui m'a
traitée de sotte, parce que j'ai renversé la sauce! Je n'ai
rien dit, c'est encore moi qui aurais étrenné; et puis, on
ne peut pas se fâcher, quand c'est un monsieur qui vous
pince... (Trublot la pince vigoureusement à la taille. Elle se retourne.)
Oh! que c'est bête!

TRUBLOT, riant.

Je ne trouve pas... (Regardant vers la salle à manger.) Chut!
(Il veut la prendre à la taille.)

ADÈLE.

Finissez, monsieur Trublot! (Elle s'échappe et traverse.)

TRUBLOT, la poursuivant.

Depuis quand êtes-vous ici?

ADÈLE.

Depuis un mois.

TRUBLOT.

Tiens! c'est drôle... Ils changent si souvent de bonnes,
dans cette maison, que je ne m'y reconnais plus... Et
vous avez la chambre au fond du corridor, là-haut?

ADÈLE, étonnée.

Oui... Monsieur la connaît?

TRUBLOT.

Un peu... Je parie que vous avez peur, la nuit?

ADÈLE.

Non, je n'ai pas peur.

TRUBLOT.

Si, quand il fait noir... (Il regarde vers la salle à manger, puis se penche à son oreille.) Donnez-moi votre clef?

ADÈLE.

La clef de ma chambre!... Pourquoi faire?

TRUBLOT.

Je monterai après leur soirée, je vous attendrai.

ADÈLE.

Je ne donne pas ma clef aux messieurs que je ne connais pas.

TRUBLOT.

Nous ferons connaissance. Soyez gentille... Donnez-moi votre clef... (Plus bas, d'un ton câlin.) Donne-la-moi, dis?

ADÈLE, riant.

Un monsieur comme vous! jamais on ne croirait... Finissez donc, les voici!

(La porte de la salle à manger s'est ouverte. Madame Josserand paraît au bras d'Octave.)

SCÈNE II

LES MÊMES, MADAME JOSSERAND, OCTAVE

MADAME JOSSERAND, continuant une conversation.

Les leçons de la famille, voilà ce qu'il faut aux jeunes filles... Il est vrai que j'ai la conviction d'avoir bien rempli mes devoirs de mère.

OCTAVE, la saluant en lui lâchant le bras.

Oh! certainement, madame... (A part.) Jolie éducation!

MADAME JOSSERAND, à part.

Enfin, en voici un qui mord! (Elle se retourne et aperçoit Trublot, qui feuillette de la musique sur le piano.) Monsieur Trublot est insaisissable, il s'échappe toujours.

TRUBLOT.

Je cherchais cet air, dans cette partition.

MADAME JOSSERAND, à demi-voix.

Et vous, Adèle, allez vite ranger la salle à manger... Vous n'en finissez jamais, dans le salon. (Elle rejoint Mouret.)

ADÈLE.

Faut bien le temps... J'allumais.

TRUBLOT.

Moi aussi... (Il la pince.) Quand tu passeras les sirops, donne-la-moi, dis?

ADÈLE.

Ah! lâchez-moi, à la fin! Vous me faites attraper. (Elle le pousse, il tombe assis sur le clavier du piano, qui rend un son grave.)

MADAME JOSSERAND, se retournant.

Quoi donc?

TRUBLOT.

Rien, madame... Je me suis assis sur le piano sans m'en apercevoir.

(Adèle est sortie. Bachelard, à moitié gris, descend de la salle à manger, entre Berthe et Hortense, qui lui donnent chacune un bras. Josserand et Campardon les suivent. Octave, après avoir quitté madame Josserand, a fait le tour du salon, en regardant les tableaux, puis il s'est arrêté près du piano, d'où il a vu Trublot pincer Adèle. Trublot vient le retrouver, et une camaraderie commence entre eux.)

SCÈNE III

LES MÊMES, BACHELARD, BERTHE, HORTENSE, JOSSERAND, CAMPARDON

BERTHE.

Écoute, mon petit oncle Bachelard.

HORTENSE.

Écoute bien.

BACHELARD.

J'écoute. (Elles l'amènent à gauche et l'assoient sur le canapé.)

BERTHE.

C'est la fête, n'est-ce pas?... Eh bien! le jour de sa fête, on donne quelque chose.

HORTENSE.

Tu comprends, cette fois?

BACHELARD.

Oui, oui.

BERTHE.

Et tu vas nous donner vingt francs.

BACHELARD, bégayant.

Hein? vingt francs!... Pourquoi vingt francs?

BERTHE.

Bon! ça recommence... Tu sais très bien ce que c'est que vingt francs. Donne-nous-les, et nous t'aimerons, oh! nous t'aimerons tout plein!

JOSSERAND, révolté.

C'est assez... Laissez votre oncle tranquille.

MADAME JOSSERAND.

Pourquoi donc?... Elles s'amusent, ces chéries. Si Narcisse veut leur donner vingt francs, il est bien libre.

BACHELARD, à ses nièces.

Ah! c'est vingt francs que vous voulez! mais je ne les ai pas, vrai!... Demandez à Trublot. N'est-ce pas? Trublot, j'ai oublié ma bourse. Tu as dû payer au café.

TRUBLOT, bas à Octave.

Le vieux filou! Toutes les fois que sa famille lui parle d'argent, il bégaye... (Haut.) Fouillez-le! Dans la poche du gilet!

BERTHE.

Ah! tu vois! (Elles fouillent dans la poche de son gilet, l'une à droite l'autre à gauche.)

BACHELARD, se débattant, en riant.

Finissez! vous ne trouverez rien.

BERTHE, avec un cri de victoire.

Je les ai!... (Elle montre une pièce de vingt francs.) Merci, mon oncle!

HORTENSE.

Merci! (Toutes deux l'ont quitté et regardent la pièce. Bachelard a l'air très vexé.)

MADAME JOSSERAND, émue.

Ces pauvres petites!... (A Octave.) Vous voyez, elles ne connaissent que les joies de la famille.

CAMPARDON.

Et pleines de talents!

MADAME JOSSERAND.

Monsieur Campardon, vous les flattez. J'espère que Berthe osera chanter quelque chose devant monsieur Mouret... A propos, monsieur Trublot, avez-vous apporté votre flûte?

TRUBLOT.

Ma flûte, certainement... Oh! je n'en joue qu'en amateur, et seulement dans les maisons où l'on me met à l'aise. (Madame Josserand continue à causer bas avec Octave et Trublot. Bachelard, resté sur le canapé, s'y endort.)

CAMPARDON.

Ah! cher monsieur Josserand, vous me devez une revanche au piquet, car vous m'avez battu mardi dernier.

JOSSERAND.

A votre disposition, tout à l'heure.

MADAME JOSSERAND, haut.

J'oubliais, messieurs... Si vous désirez fumer, avant que le monde arrive, vous pouvez passer dans la chambre de mon mari.

OCTAVE.

Nous allons abuser de la permission, madame... Venez-vous, Campardon?

CAMPARDON.

Justement, j'ai des cigares de contrebande... (Il sort un étui à cigares, qu'il présente à Octave et à Trublot. Pendant ce temps, Josserand s'est approché de sa femme et lui montre Bachelard endormi.)

JOSSERAND, bas.

N'est-ce pas une honte? A table, il s'est conduit abominablement. Je ne sais comment vous avez le courage de le montrer.

MADAME JOSSERAND, sentencieusement.

Un parent qui a de l'argent n'est jamais déplacé dans une famille où il y a des demoiselles à marier.

TRUBLOT, bousculant Bachelard.

Eh! l'oncle! on va fumer!

BACHELARD, s'éveillant en sursaut.

Tiens! je m'endormais!... On va fumer, j'en suis!

MADAME JOSSERAND, sévère.

Narcisse, j'ai un mot à te dire. Reste, je te prie.

POT-BOUILLE.

TRUBLOT, à part.

Pincé, l'oncle! (Il sort avec Octave et Campardon.)

BACHELARD, à part.

L'histoire de la dot. Attention!

SCÈNE IV

JOSSERAND, MADAME JOSSERAND, BACHELARD, BERTHE, HORTENSE

JOSSERAND, bas à sa femme.

A quoi bon? tout ça ne servira à rien.

MADAME JOSSERAND, bas.

Laissez-moi donc faire!... (Elle fait rasseoir cérémonieusement Bachelard sur le canapé, se met près de lui, tandis que son mari prend une chaise. Haut.) Narcisse, nous voilà en famille, et je crois nécessaire d'avoir un entretien décisif.

HORTENSE, bas à Berthe.

Encore ton mariage.

BERTHE, haut.

Maman, devons-nous nous retirer?

MADAME JOSSERAND.

Je n'en vois pas la nécessité immédiate. Quand vous devrez sortir, je vous avertirai... (Lorsque ses deux filles se sont assises, près du piano, elle continue.) Narcisse, nous espérons enfin arriver à marier Berthe.

BACHELARD.

Ah! vous avez trouvé? Sans doute monsieur Auguste Vabre, le beau-frère de votre propriétaire, ce gros garçon à qui appartient en bas le magasin de soieries?

MADAME JOSSERAND.

Non, monsieur. Auguste Vabre, n'en finit pas de se

déclarer. On ne peut guère compter sur lui... Il s'agit de monsieur Mouret. En voilà un qui mord! Nous le tenons, celui-là!

BERTHE.

Pas tant que ça, maman. Il ne me regarde seulement pas. Ça ratera encore, tu verras!

MADAME JOSSERAND.

Taisez-vous! Il suffit que nous lui plaisions, nous! Quant à monsieur Auguste Vabre, pour dire un dernier mot de lui, il ne m'irait que médiocrement. Je le crois assez mal dans ses affaires, d'un esprit borné et d'une santé médiocre. Il a des migraines abominables qui ne le quittent presque jamais... En un mot, un parti détestable.

TOUS.

Ah! oui!

MADAME JOSSERAND.

Cependant, si l'autre nous échappait, il serait encore très bien.

BERTHE, se révoltant.

Par exemple! jamais je ne l'épouserai!

MADAME JOSSERAND, se levant.

Faites-moi le plaisir de sortir, maintenant. Allez avec votre sœur voir si Adèle a fini de ranger la salle à manger.

HORTENSE, à demi-voix, en se dirigeant vers la porte.

Ah! si c'était moi!

MADAME JOSSERAND.

Hein? c'est Hortense qui ronchonne à présent! Vas-tu t'en prendre à moi, si Verdier nous a fait dire qu'il ne viendrait pas ce soir?

HORTENSE, aigrement.

Je sais pourquoi... Ça n'empêche pas que je l'aurai, et sans l'aide de personne, et plus tôt que tu ne le crois, maman! (Elle sort derrière Berthe. Josserand s'est levé, il remonte avec madame Josserand pour réprimander sa fille. Pendant ce temps, Bachelard quitte le canapé et va s'endormir dans un fauteuil, près de la cheminée.)

SCÈNE V

BACHELARD, JOSSERAND, MADAME JOSSERAND

MADAME JOSSERAND, redescendant.

Devant son oncle!... (Cherchant Bachelard.) Eh bien! où est-il donc?

JOSSERAND, le lui montrant dans le fauteuil.

Le voilà qui dort tout à fait!

MADAME JOSSERAND, criant.

Narcisse!

BACHELARD, réveillé en sursaut.

Quoi encore?... Vous me bousculez, c'est très mauvais après les repas. (Il se lève et descend en scène avec eux.)

MADAME JOSSERAND.

Narcisse, écoute-moi, l'heure est solennelle... Comptant sur la promesse, je me suis engagée devant tout le monde à donner à Berthe une dot de cinquante mille francs.

BACHELARD, bégayant.

Qu'est-ce que tu dis? Les affaires vont très mal. J'ai perdu sur les crins, parole d'honneur!... Je ne sais comment je payerai mes échéances, à la fin du mois.

JOSSERAND, révolté.

Laissez donc! Vous gagnez gros comme vous, et vous rouleriez sur l'or, si vous ne mangiez pas tout avec des coquines... Moi, je ne vous demande rien. C'est Éléonore qui a voulu tenter ce dernier effort auprès de vous.

MADAME JOSSERAND.

Voyons, as-tu promis, oui ou non?

BACHELARD, bégayant.

Faut pas demander, ça me vexe... Vous verrez un

jour. Laissez faire mon cœur... (Reprenant sa voix naturelle.) Et l'assurance dotale que vous aviez mise sur la tête de Berthe?

MADAME JOSSERAND.

Eh! depuis quatorze ans, c'est enterré. Tu sais que nous n'avons pu payer les primes.

BACHELARD, clignant les yeux.

Ça ne fait rien. On parle de cette assurance à la famille, on prend du temps.

JOSSERAND.

Comment! voilà tout ce que vous trouvez à nous dire! Mais c'est une infamie que vous me conseillez là! Je mentirais, je ferais un faux, en produisant la police de cette assurance!

MADAME JOSSERAND.

Mon Dieu! comme tu prends feu, mon ami!... Narcisse ne te dit pas de faire un faux.

BACHELARD.

Bien sûr... Jamais on ne paye une dot. Ça ne se fait pas, ça ne s'est jamais fait... Est-ce que le père Bachelard vous a payé la dot d'Éléonore? Non. Vous voyez bien!

JOSSERAND.

Cette fois, je refuse. Toujours on abuse de ma complaisance pour me faire accepter peu à peu des choses dont je tombe malade ensuite, tellement elles me barrent le cœur... Non, puisque je n'ai pas de dot à donner, je ne veux pas en promettre une.

MADAME JOSSERAND.

Eh bien! monsieur, que vous promettiez ou que vous ne promettiez pas, je vous jure, moi, que ce mariage se fera... A la fin, quand on vous pousse, on devient capable de tout.

JOSSERAND.

Alors, madame, vous assassineriez pour marier votre fille?

MADAME JOSSERAND, furieusement.

Oui! (Elle sort par le fond.)

BACHELARD.

Prenez garde! voici la victime. (Octave rentre en riant avec Trublot, Campardon, qui les suit, va causer avec Josserand; puis, ils se mettent à la table de jeu.)

SCÈNE VI

OCTAVE, TRUBLOT, BACHELARD, JOSSERAND, CAMPARDON

TRUBLOT, venant s'asseoir sur le canapé avec Octave.

Alors, mon cher, les femmes sont charmantes à Marseille?

OCTAVE.

Des créatures délicieuses!

TRUBLOT.

Grasses?

OCTAVE, riant.

Oui, il y en a de grasses.

TRUBLOT.

Moi, j'aime ça.

OCTAVE, riant.

Chez les bonnes surtout... Tout à l'heure, je vous ai vu, là, avec Adèle.

TRUBLOT, s'indignant.

Moi, avec ce souillon! Pour qui me prenez-vous, mon cher?

OCTAVE.

Je vous dis que je vous ai vu. (Il le regarde dans les yeux, en riant, et Trublot brusquement avoue.)

TRUBLOT.

Eh bien! oui... Je vous assure, c'est très chic!

OCTAVE.

Fi! un jeune homme de votre monde!

TRUBLOT.

Si vous ne savez pas ce que c'est, n'en parlez pas... Et, surtout, n'allez pas me jeter à la tête vos femmes distinguées. Des manières et pas de plaisir!

OCTAVE, s'enflammant.

Oh! la soie, les dentelles, les jolies petites mains parfumées, tout ce qui brille et tout ce qui sent bon! c'est cela qui me rend fou, moi!... Je veux les avoir toutes, les plus belles, les plus chères, les plus honnêtes!

TRUBLOT.

Chacun son idéal. Ainsi, mon bon... (Bachelard, accoudé au canapé, se penche entre eux.) Ah! ce farceur d'oncle! il a flairé que nous parlions femmes.

BACHELARD.

Non! vrai, je suis désillusionné! La vertu est encore ce qu'il y a de meilleur... Mon petit, j'en est trouvé une... (Baissant la voix.) Une jeune fille, mais une vraie, parole d'honneur!

TRUBLOT.

Allons donc, on n'en fait plus!

BACHELARD.

Voulez-vous la voir?

TRUBLOT.

Tout de même. (Il se lève ainsi qu'Octave.)

BACHELARD, après avoir réfléchi.

Ma foi, non! je ne la montre à personne... (A Mouret.) Ah! monsieur, croyez-en mon expérience, il n'y a encore que la vertu. (Madame Josserand entre par la salle à manger, Berthe et Hortense la suivent. Bachelard va s'endormir dans le fauteuil, près de la cheminée, où il reste jusqu'à la fin de l'acte.)

SCÈNE VII

LES MÊMES, MADAME JOSSERAND, BERTHE, HORTENSE

MADAME JOSSERAND.

Notre monde vient bien tard... (A Mouret.) Nous serons en très petit comité, nous détestons les cohues. Et puis, il y a, ce soir, une première qui va nous prendre nos amis.

OCTAVE.

Une première? Où cela?

MADAME JOSSERAND.

A l'Odéon.

TRUBLOT, bas à Octave.

Vous savez qu'elle bat furieusement Paris, pour avoir quatre chats.

BERTHE.

Maman, la lampe file.

MADAME JOSSERAND.

Eh bien! baisse-la... (A Hortense.) Et toi, Hortense, empêche donc cette bougie de couler.

HORTENSE.

Oui, maman.

MADAME JOSSERAND, à Octave.

Je les habitue au ménage. Il n'y a pas de petits détails. Que voulez-vous? je n'ai qu'elles, ce sont mes trésors.

OCTAVE.

Elles sont parfaites, madame.

MADAME JOSSERAND, remontant, à part.

Dix heures déjà, et personne!... (Haut, devant la table de jeu.) Nous n'aurons pas le plaisir de voir ce soir madame Campardon.

CAMPARDON.

Mon Dieu! non, elle sort si peu! (Josserand et lui continuent de jouer.)

MADAME JOSSERAND, à part.

Enfin, j'ai entendu le timbre. Voici quelqu'un! (La porte s'ouvre, madame Hédouin et Gasparine entrent.)

BERTHE.

Madame Hédouin! mademoiselle Gasparine! (Entrée bruyante, des exclamations de joie, tout un papotage de femmes, sur un ton aigu.)

SCÈNE VIII

LES MÊMES, MADAME HÉDOUIN, GASPARINE

MADAME JOSSERAND, allant à leur rencontre.

Chère madame, chère mademoiselle, que vous êtes donc charmantes!

MADAME HÉDOUIN.

Je vous avais promis, et j'ai amené mademoiselle Gasparine.

GASPARINE.

J'ai été très heureuse, madame, de votre aimable invitation. (Madame Josserand les fait asseoir sur le canapé, en continuant de causer.)

TRUBLOT, bas à Octave.

Ces deux-là, vous les connaissez?

OCTAVE, bas.

Oui... L'une est ma patronne, la belle madame Hédouin; l'autre est mademoiselle Gasparine, la première de la lingerie, au *Bonheur des Dames*, une cousine de Campardon, que j'ai connue à Plassans.

TRUBLOT, en se tournant vers l'antichambre.

Mais nous sommes envahis. Encore du monde! (Entrée bruyante comme la précédente. Des éclats de voix, des amabilités exagérées.)

SCÈNE IX

LES MÊMES, DULAURIER, MADAME DULAURIER

BERTHE, qui a ouvert la porte de l'antichambre.

Maman, maman... Monsieur et madame Dulaurier!

MADAME JOSSERAND, se précipitant.

Quelle heureuse surprise!... Hortense, vite! un siège à madame Dulaurier!

HORTENSE.

Oui, maman.

MADAME JOSSERAND.

Je désespérais de vous avoir jamais.

MADAME DULAURIER.

Nous n'avons pas une soirée de libre.

DULAURIER.

Ce soir, nous vous avons sacrifié le bal du ministre de la justice.

MADAME JOSSERAND, à son mari.

Mon ami, quitte donc un instant tes cartes.

JOSSERAND, se levant et accourant saluer.

Pardon!... Je suis très heureux, vous êtes vraiment bien aimables! (Il descend en scène avec Dulaurier et Campardon.)

TRUBLOT, bas à Octave.

Votre propriétaire et sa femme.

OCTAVE, bas.

Fichtre! je ne voudrais pas lui passer par les mains, à ce magistrat! Quel air digne et sévère!

CAMPARDON, haut à Dulaurier.

Alors, l'affaire a été appelée aujourd'hui?

JOSSERAND.

Et vous avez condamné cette pauvre femme?

DULAURIER.

Nous n'avons pu malheureusement lui appliquer que le maximum de la peine... Une femme, messieurs, qui trompait son mari depuis dix ans! Il est temps d'opposer une digue à l'immoralité qui menace de submerger la France!

TRUBLOT.

C'est bien parler, monsieur.

OCTAVE, bas.

Quel défenseur de la vertu!

TRUBLOT, bas.

Voulez-vous dîner samedi chez sa maîtresse? Je vous ferai inviter.

OCTAVE, bas.

Sa maîtresse! vous plaisantez!.... Ah! ça, dites donc, je commence à perdre de mon respect. Cette maison qui était si calme, si morale! Le propriétaire court les filles. On fait ménage à trois chez les Campardon. Ici, l'on m'a l'air de cuisiner d'étranges choses. Sans parler de vous, qui ravagez le couloir des bonnes... Est-ce que le respectable monsieur Gourd, qui ne veut pas que je reçoive de femmes, se serait tout simplement fichu de moi?

TRUBLOT, bas.

Mon cher, il ne faut pas regarder derrière les portes. La moralité d'une maison est une question d'escalier.

(Depuis un instant, les dames se sont rapprochées, les unes sur le canapé, les autres sur des chaises et un pouf. Elles ont commencé par causer toilette tout bas; puis, leurs voix se sont graduellement élevées, et elles finissent par un vacarme assourdissant, en parlant toutes à la fois, jusqu'au moment où madame Josserand se détache du groupe.)

MADAME JOSSERAND, bas à son mari, lui montrant Bachelard endormi.

Narcisse qui dort comme une souche!

JOSSERAND, bas.

J'aime autant ça. Laisse-le dormir.

MADAME JOSSERAND, bas.

Pourvu, mon Dieu! qu'il n'aille pas ronfler!... (Haut.) Mesdames, il me semble que nous pourrions maintenant faire un peu de musique.

MADAME DULAURIER.

Certainement.

MADAME JOSSERAND.

Nous avons, ce soir, un amateur d'un talent si délicat... Se tournant.) Monsieur Trublot, voulez-vous être assez aimable...

TRUBLOT.

A vos ordres, madame.

MADAME JOSSERAND, aux dames.

Monsieur joue de la flûte.... (A Trublot.) Où est-elle, votre flûte?

TRUBLOT.

Dans l'antichambre, sous mon paletot... Je vais aller la chercher.

MADAME JOSSERAND, l'arrêtant.

Ne vous donnez pas cette peine. (Appelant Adèle qui traverse la salle à manger.) Adèle!

SCÈNE X

LES MÊMES, ADÈLE

ADÈLE.

Est-ce pour les rafraîchissements?

MADAME JOSSERAND.

Pas encore... Apportez donc l'instrument que vous trouverez dans le paletot de monsieur Trublot.

ADÈLE, ahurie.

L'instrument?

TRUBLOT, vivement.

Il est plus simple que j'aille avec elle.

MADAME JOSSERAND.

Restez, je vous prie... (A Adèle.) Une flûte.

ADÈLE, ahurie.

Une flûte?... Une flûte d'un sou?

MADAME JOSSERAND.

Quelle brute!

TRUBLOT, mimant l'homme qui joue.

Une flûte, avec sa gaine... (Bas.) J'irai la chercher dans ta cuisine.

ADÈLE, ahurie.

Votre flûte?

TRUBLOT, bas.

Eh! non, la clef!

ADÈLE, à part.

Il y tient! (Elle sort.)

MADAME JOSSERAND.

Berthe, ma chérie, tu vas accompagner monsieur.

BERTHE.

Oui, maman. (Elle se met au piano.)

MADAME JOSSERAND, à Octave.

Elle est assez bonne musicienne, elle a étudié avec les meilleurs maîtres : Chopin, Listz, Meissonier... (Devant l'étonnement général, elle se reprend.) Celui-ci, pour l'aquarelle.

BERTHE, à Trublot.

J'ai là un morceau pour flûte et piano : *les Bords de l'Oise.* Le connaissez-vous?

TRUBLOT.

Mon morceau favori, mademoiselle.

ADÈLE, rentrant avec la flûte, à Trublot.

Votre flûte, c'est peut-être bien ça?

TRUBLOT.

Parfaitement! (Il prend la flûte et la monte. Adèle sort.)

MADAME JOSSERAND, à madame Dulaurier.

Nous espérions avoir ce soir votre frère, monsieur Auguste Vabre... (A Josserand.) N'est-ce pas, mon ami?

JOSSERAND.

En effet, nous l'espérions.

MADAME DULAURIER.

Auguste devait venir avec nous. Il a justement dîné à la maison.

DULAURIER.

Mais, au dessert, il a été pris d'une migraine atroce et il est allé se mettre des compresses. S'il va mieux vous pouvez être certaine.... (Trublot pousse quelques notes.)

MADAME JOSSERAND.

Ah! silence! silence!... Nous y sommes, n'est-ce pa.

TOUS.

Certainement, certainement.

MADAME JOSSERAND.

Qu'allez-vous nous jouer, monsieur Trublot?

TRUBLOT.

Les Bords de l'Oise.

MADAME JOSSERAND, répétant.

Les Bords de l'Oise.

TRUBLOT.

Rêverie pour flûte et piano.

GASPARINE.

Charmant, je connais!

(Trublot commence, accompagné par Berthe. Mais, dès la troisième mesure, un fracas, qui se produit dans l'antichambre, les arrête.)

MADAME JOSSERAND.

Qu'est-ce donc?.... (La porte s'ouvre, Auguste Vabre paraît en entraînant le vestiaire mobile, où sont accrochés les chapeaux.) Oh! monsieur Vabre!

SCÈNE XI

LES MÊMES, AUGUSTE

AUGUSTE.

Pardon, madame... Ce sont les chapeaux qui ont dégringolé.

MADAME JOSSERAND.

Vous tombez toujours au milieu des morceaux. Restez là, ne bougez pas, de grâce!... Monsieur Trublot, veuillez recommencer.

(Berthe et Trublot recommencent. Tous les invités écoutent avec des jeux de physionomie différents et typiques. Les dames balancent la tête, d'un air ravi, comme bercées par la poésie du morceau. A un moment, Auguste croit le duo fini, et applaudit bruyamment.)

MADAME JOSSERAND, sévèrement.

Monsieur Vabre ! encore !... (Effaré, il s'excuse du geste. Le morceau continue, et elle reprend à demi-voix, en dodelinant des épaules.) On dirait les cloches.

MADAME HÉDOUIN, plus loin, à demi-voix.

Le rossignol !

(Enfin, le morceau s'achève, au milieu du ravissement général.)

TOUS, se pâmant.

Charmant ! merveilleux ! bravo ! bravo !

MADAME HÉDOUIN, à Trublot.

Mes félicitations ! J'ai cru un instant entendre le rossignol.

TRUBLOT.

Vous me comblez, madame.

(Adèle a paru avec un plateau chargé de verres de sirop.)

SCÈNE XII

LES MÊMES, ADÈLE

MADAME JOSSERAND, arrêtant Adèle qui descend vers Trublot.

D'abord à madame Dulaurier... (Bas.) Il a l'air bien fort, votre sirop, ce soir.

ADÈLE, bas.

Oh ! si l'on peut dire ! une vraie lavasse !

MADAME JOSSERAND, bas.

Vous avez des mots... Taisez-vous !

AUGUSTE, qui s'est approché de Berthe, d'un air gêné.

Mademoiselle, j'ai des excuses à vous faire. Je suis si mal tombé, tout à l'heure...

BERTHE.

Vous êtes tout excusé, monsieur.

MADAME JOSSERAND, s'approchant.

Et votre migraine, monsieur Vabre?

AUGUSTE.

Elle s'est un peu calmée. C'est pourquoi j'ai pu venir... Mais, en vérité, je suis si mal tombé, que je regrette...

MADAME JOSSERAND.

N'en parlons plus, je vous prie.

AUGUSTE.

Voyez-vous, ça me tient là, dans l'œil gauche. C'est comme une vrille qui me perce. Alors, je deviens imbécile... Mais que je ne vous accapare pas. (Il salue, en se retirant à reculons.)

MADAME JOSSERAND, bas.

Il est bête comme une oie, ce garçon.

BERTHE, bas.

Quand je te le disais, maman! (Toutes deux remontent.)

MADAME DULAURIER, appelant Auguste à l'écart, à gauche.

Auguste!... Tu ne lui fais pas la cour, au moins, à cette petite Josserand?

AUGUSTE, bas.

Elle est bien gentille.

MADAME DULAURIER, bas.

Pas un sou de dot, malheureux! et une belle-mère!... Prends garde!

TRUBLOT, qui a rejoint Octave, à droite.

Voyez-vous, ma flûte me donne mon entrée partout. Les familles aiment ça. (Adèle, qui promène toujours son plateau, s'est arrêtée derrière lui.)

ADÈLE, à demi-voix.

Monsieur...

TRUBLOT.

Hein? quoi?... Du sirop, jamais de la vie!

ADÈLE, bas.

Tout de même, monsieur joue bien de la flûte !

TRUBLOT, bas.

Alors, donne-moi ta clef ! (Il la pince, le plateau manque de tomber, et elle passe vivement à Octave.)

ADÈLE.

Monsieur...

OCTAVE, prenant un verre.

Volontiers... J'ai soif. (Il boit lentement. Adèle s'éloigne.)

TRUBLOT, le regardant.

Vous buvez de ça, vous? Eh bien! vous n'êtes pas dégoûté... Si vous saviez comment c'est fait! Ils y mettent de tout, ils y rincent les pots de confiture. Pouah!... Et puis, cette bonne m'a l'air d'une propreté douteuse.

OCTAVE, riant.

Dites donc, mais il me semble qu'elle ne vous répugne pas tant?

TRUBLOT.

Oh! pour la rigolade, je ne dis pas; mais pour ce qui se mange, non, par exemple! (Adèle sort.)

SCÈNE XIII

LES MÊMES, moins ADÈLE

MADAME HÉDOUIN, à Berthe.

Je pense que mademoiselle nous fera le plaisir de chanter quelque chose.

TOUS.

Oui, oui!

MADAME JOSSERAND.

Puisque tout le monde te le demande, ne te fais pas prier, Berthe.

BERTHE.

Je veux bien, maman, mais je ne sais trop que chanter.

MADAME JOSSERAND.

La première chose venue... Tiens ! cette machine que tu déchiffrais ce matin.

BERTHE.

Cette romance de *Mireille*... Je l'ai à peine lue, je ne sais si je pourrai...

TRUBLOT, bas.

Ah ! tais-toi !... (A Octave.) Je la lui ai entendu chanter partout cet hiver.

MADAME JOSSERAND.

C'est du Berlioz, mesdames.

BERTHE.

Mireille ! mais non, maman !

MADAME JOSSERAND.

Ah ! je croyais !... (A Octave.) Monsieur Mouret, vous serez content, je l'espère. Ma fille chante sans prétention, mais avec âme ; oui, avec beaucoup d'âme !

TRUBLOT, bas.

Le coup de la romance. (Pendant ce temps, Berthe s'est mise au piano.)

HORTENSE, à Berthe.

Veux-tu que je tourne les pages ?

MADAME JOSSERAND.

Monsieur Mouret voudra bien prendre cette peine.

OCTAVE.

Certainement.

MADAME JOSSERAND, à Berthe.

Allons, va, mon amour. Ne te trouble pas. Monsieur sera indulgent... (Bas.) Et sois aimable!

(Octave se tient debout près de Berthe, qui chante pour lui, avec une affectation romanesque. Les invités se sont de nouveau groupés et écoutent d'un air de ravissement outré. Auguste, d'abord appuyé au canapé, fait le tour, se rapproche peu à peu, comme attiré par le chant.)

BERTHE, chantant.

Trahir Vincent, vraiment, ce serait être folle!
Quand passe le bonheur, s'il n'est pris, il s'envole.

  A toi mon rêve!
  Sur l'humble grève
  Tu me retiens,
  L'âme ravie,
  Et pour la vie,
  Dans ces doux liens!
  A toi mon...

(S'interrompant, à Octave distrait.)

Mais tournez donc, monsieur!

OCTAVE.

Ah! pardon, mademoiselle. (Il tourne la page.)

BERTHE, continuant, très passionnée.

  ... âme,
  Malgré leur blâme,
  Je suis ta femme,
  Je t'appartiens!

TOUS, applaudissant.

Bravo! bravo! (Ils se lèvent et entourent Berthe.)

AUGUSTE, se pâmant.

Exquis, mademoiselle, exquis!

MADAME JOSSERAND.

Et vous, monsieur Mouret, qu'en dites-vous?

OCTAVE.

Jamais personne ne m'a fait tant de plaisir, madame.
(Il s'incline et va rejoindre Trublot.)

MADAME JOSSERAND, à part.

Il a l'air froid.

HORTENSE, descendant de la salle à manger.

Maman, le thé est servi.

MADAME JOSSERAND.

Mesdames, voulez-vous prendre une tasse de thé?... (A Josserand.) Mon ami, offre donc le bras à madame Dulaurier... Hortense, Berthe, faites votre petit service, mes chéries. (Les invités passent lentement dans la salle à manger, où l'on voit le thé servi.)

DULAURIER, à Auguste.

Vous ne venez pas, Auguste?

AUGUSTE.

Non, tout à l'heure. Cette musique m'a porté à la tête. Voilà ma migraine qui me reprend.

TRUBLOT.

La vrille... Pauvre monsieur Vabre! (Dulaurier entre dans la salle à manger. Bachelard est toujours endormi dans le fauteuil, dont le dossier le cache. Auguste va appuyer sa tête malade sur le dossier du canapé. Trublot et Octave sont à l'avant-scène.)

OCTAVE.

Vous ne prenez rien?

TRUBLOT.

Jamais de la vie!... Je les connais, leurs sandwichs faites avec du beurre rance, leur thé avarié qui sent le chiendent, et leur brioche de la veille, achetée au rabais chez le boulanger du coin.

MADAME JOSSERAND, revenant de la salle à manger.

Monsieur Mouret, une tasse de thé?

OCTAVE, refusant.

Merci, madame.

MADAME JOSSERAND.

Je vous en prie... Vous n'allez pas me faire l'affront de ne rien prendre.

OCTAVE.

Je vous assure, madame, que le thé m'agite.

MADAME JOSSERAND.

Laissez donc !... (Appelant.) Berthe... Une tasse de thé pour monsieur Mouret, bien chaud, brûlant !... (A Octave.) Du lait, n'est-ce pas ?... (A Berthe.) Oui, un nuage de lait... Et très sucré ! sucre-le beaucoup ! (Berthe retourne dans la salle à manger. Madame Josserand la suit, puis redescend.)

TRUBLOT.

Diable ! on vous gâte. Méfiez-vous, mon cher.

MOURET.

Pourquoi ? (Madame Josserand s'arrête derrière eux et écoute.)

TRUBLOT.

La mère vous guette, la fille vous sucre...

OCTAVE, l'interrompant.

Ah ! çà, est-ce que vous me croyez assez niais pour ne pas voir clair ?

MADAME JOSSERAND.

Hein !

OCTAVE.

Apprenez, mon bon, que nous n'épousons pas, à Marseille. (Tous deux continuent à ricaner et à causer tout bas, en remontant derrière le piano.)

MADAME JOSSERAND, tombant assise sur le canapé.

Manqué ! et c'est le cinquième !

BERTHE, qui arrive avec la tasse et se dirige vers Octave.

Il est brûlant.

MADAME JOSSERAND, l'arrêtant.

Chut !... (A demi-voix.) A Marseille, ils n'épousent pas !

AUGUSTE, soupirant de douleur derrière elle.

Ha ! ha ! (Effrayée, madame Josserand se lève, passe à droite en entraînant Berthe, puis paraît frappée d'une inspiration, quand elle reconnaît Auguste.)

MADAME JOSSERAND, avec un geste énergique.

Porte cette tasse à monsieur Vabre.

BERTHE.

Comment ! c'est encore changé ?

MADAME JOSSERAND.

Rappelle-toi mes leçons d'hier, et sois aimable !

OCTAVE, bas à Trublot.

Je vais tâcher d'esquiver la tasse. (Il entre dans la salle à manger.)

TRUBLOT, à part.

Moi, je file à la cuisine. (Il sort par l'antichambre.)

MADAME JOSSERAND, au fond, avec un regard sur Berthe et sur Auguste.

Il faut les laisser seuls... (Sur le seuil de la salle à manger, avant d'en fermer la porte.) Je veille.

SCÈNE XIV

BERTHE, AUGUSTE, BACHELARD, endormi.

BERTHE, après une hésitation.

J'aime mieux en finir... (S'approchant.) Monsieur Vabre...

AUGUSTE, tournant la tête.

Ça me tient là... (Reconnaissant Berthe.) Oh ! pardon, mademoiselle. (Il se lève.)

BERTHE, lui présentant la tasse.

Votre tasse...

AUGUSTE.

Merci, je n'en prends jamais.

BERTHE.

Il a été préparé pour vous... C'est moi qui l'ai sucré.

AUGUSTE.

Alors, je le boirai... (Il boit et se brûle.) Ah! qu'il est chaud!

BERTHE, étourdiment.

Vous le demandiez brûlant tout à l'heure.

AUGUSTE, étonné.

Moi!

BERTHE, à part.

Non, c'était l'autre!... (Haut.) Si vous désirez encore du sucre?

AUGUSTE.

Oh! non! oh! non! un vrai sirop!... (Il l'avale en faisant la grimace.) Il est parfait.

BERTHE, voulant lui prendre la tasse.

Donnez, que je vous débarrasse.

AUGUSTE.

Mademoiselle, je ne souffrirai pas... (Tous deux font assaut de politesse pour aller poser la tasse sur la table de jeu, puis il recule, en redescendant. A part.) Comme elle me regarde!

BERTHE, très aimable.

Et votre migraine, est-ce tout à fait fini?

AUGUSTE.

Hélas! elle augmente... Les fortes émotions ne me valent rien.

BERTHE.

Ah! vous avez eu une forte émotion? (Elle lui adresse le sourire en cœur, que sa mère lui a appris. Tous deux s'assoient près du piano.)

AUGUSTE, se troublant.

Une émotion forte, mais bien douce... Oui, je suis très impressionnable, ayant vécu à l'écart, toujours dans les chiffres. Les personnes de votre sexe me portent à la tête, car j'en ai si peu connu... (Elle continue à lui sourire fixement. Il se trouble de plus en plus.) Vous êtes si charmante, n'abusez pas, mademoiselle.

BERTHE.

Mais c'est très aimable, ce que vous me dites là !... Les gens timides sont, dit-on, les plus tendres... (Elle a pris son éventail et le laisse tomber.) Maladroite !

AUGUSTE, se précipitant.

Laissez-moi, je vous prie...

BERTHE.

Non, non, ne vous donnez pas cette peine... (Il lui remet l'éventail, leurs mains se rencontrent. Tous deux se lèvent.) Vraiment, vous êtes d'une fougue !

AUGUSTE, à part.

Elle a une main d'une douceur ! Ça m'a répondu là. (Il porte la main à son crâne. Un silence. Tous deux sont pris d'un rire embarrassé.)

BERTHE, brusquement.

Vous semblez aimer beaucoup la musique, monsieur Vabre ?

AUGUSTE, se rapprochant.

Beaucoup !... Seulement, vous savez, la grande musique, ce n'est pas mon affaire. Il me faut des choses qui remuent l'âme... Je vais souvent à l'Opéra-Comique.

BERTHE.

Moi aussi.

AUGUSTE.

Quand on est toute la journée dans les étoffes, on a besoin, le soir, d'échapper aux tracas du commerce...

(Répétant avec son rire gêné) du commerce... Oh! la musique! Tenez, par exemple, ce que vous chantiez tout à l'heure.

BERTHE.

Cette romance. (Elle se remet au piano.)

AUGUSTE.

Oui, le rêve sur la grève... (Berthe joue l'air doucement.) Quelle sensation délicieuse! La tête me tourne, parole d'honneur!... Le refrain, le refrain, surtout!

BERTHE, chante en lui adressant les jeux de physionomie qu'elle a adressés à Octave.

A toi mon âme,
Je suis ta femme,
Je t'appartiens!

AUGUSTE, en extase.

Oh! mademoiselle!

BERTHE, exagérant la passion.
Je suis ta femme,
Je t'appartiens!

AUGUSTE, éperdu.

Berthe! Berthe! (Il lui plante un baiser retentissant sur le cou.)

BERTHE.

Ah! vous m'avez fait du mal! (Au moment du baiser, madame Josserand, qui les surveillait, de la porte de la salle à manger, a ouvert cette porte toute grande.)

SCÈNE XV

LES MÊMES, MADAME JOSSERAND, JOSSERAND, HORTENSE, DULAURIER, MADAME DULAURIER, puis OCTAVE, MADAME HÉDOUIN, CAMPARDON, GASPARINE.

MADAME JOSSERAND, entrant d'un air indigné.

Monsieur Vabre! (A part, ravie.) Ça y est!

JOSSERAND.

Qu'est-ce donc?

MADAME JOSSERAND.

Monsieur Vabre vient de se permettre une mortelle offense. Il a embrassé ma fille... (Berthe se jette dans ses bras.) Ma fille est perdue! O! malheureuse mère!

BERTHE.

Maman! maman! (Peu à peu, les invités sont entrés. Les Dulaurier tiennent Auguste dans le coin de droite.)

DULAURIER, à Auguste pétrifié.

Vous êtes donc fou, Auguste?

AUGUSTE, bégayant.

Parole d'honneur! je ne sais pas comment ça s'est fait... Elle chantait le rêve sur la grève... C'est ma migraine. J'ai perdu la tête... (Prenant son front.) Oh! ma tête! ma tête!

MADAME JOSSERAND, à Auguste.

J'espère, monsieur, qu'une réparation prompte et complète... O ma fille!... (Bas à son mari.) Allez donc!

JOSSERAND, à Auguste.

Mais parlez, monsieur! Tout le monde attend. (Les Dulaurier et Auguste se consultent.)

AUGUSTE, bas.

Vous croyez qu'il faut que j'épouse? Quelle extrémité! Je n'étais pas décidé encore. J'ai très peur.

MADAME DULAURIER, bas.

Je t'avais prévenu. Tu as été assez niais pour te laisser prendre au piège. (Auguste proteste tout bas; et, béant, sans être décidé encore, il écoute son beau-frère faire la demande.)

DULAURIER, haut, s'avançant.

Monsieur Josserand, j'ai l'honneur de vous demander la main de mademoiselle Berthe, votre fille, pour mon beau-frère, monsieur Auguste Vabre.

JOSSERAND, ému.

Bien, bien, monsieur... Je désire qu'ils soient heureux ensemble.

MADAME JOSSERAND.

Ma fille, tu peux maintenant relever le front... (Appelant.) Auguste!... Voici votre femme, embrassez-vous honnêtement.

AUGUSTE, effleurant la joue de Berthe.

Soyez persuadée, mademoiselle, qu'il n'y a rien de m. faute.

BERTHE.

Je vous pardonne, monsieur.

CAMPARDON, gaîment.

Eh bien! c'est très gentil, de finir la soirée par ui mariage... (Bas, à Octave.) Vous l'avez échappé belle, vous

OCTAVE, riant, bas.

Elle est mariée, je la trouve charmante, maintenant (Les invités s'apprêtent à se retirer.)

DULAURIER, aux Josserand.

Nous viendrons demain causer d'affaires. Les chiffre sont les chiffres.

MADAME JOSSERAND.

Oui, à demain... Ma fille a une promesse formelle d son oncle, et puis nous avons placé une somme sur s. tête... (A Josserand.) N'est-ce pas, mon ami?

JOSSERAND, embarrassé.

Oui, autrefois.

AUGUSTE, joyeux.

Vraiment!

MADAME DULAURIER, aimable.

Cette chère enfant! (Elle embrasse Berthe.)

DULAURIER, expansif.

Vous nous voyez ravis de cette union... A demain.

MADAME DULAURIER.

Bonsoir, chère madame. (Les Josserand accompagnent Auguste et les Dulaurier jusqu'à la porte, avec de grandes amitiés. Les autres invités les suivent.)

MADAME JOSSERAND.

Adèle, les manteaux de ces dames. (Tous sont à la porte et échangent des poignées de main, lorsque Trublot rentre effaré par la salle à manger.)

SCÈNE XVI

LES MÊMES, TRUBLOT

TRUBLOT, montrant une clef.

Je l'ai!... (Regardant autour de lui.) Tiens! on part. Je n'ai que le temps de monter, si je ne veux pas que monsieur Gourd me pince... Elle a bien une malle pour s'asseoir. J'attendrai... Ah! et de la lumière? (Il souffle une des bougies du piano, la met dans son mouchoir et la glisse dans une poche de sa redingote; puis, il se faufile et disparaît. Les invités achèvent de sortir, avec des adieux bruyants et prolongés.)

SCÈNE XVII

MADAME JOSSERAND, JOSSERAND, BERTHE, HORTENSE BACHELARD, endormi.

MADAME JOSSERAND, dans un cri de victoire.

Mariée!

BACHELARD, s'éveillant et se mettant debout, appuyé au canapé.

Hein! qu'est-ce que vous dites?

TOUS, triomphant.

Berthe est mariée!

BACHELARD, ahuri, les regardant.

Pas possible!

(Rideau.)

ACTE TROISIÈME

Le magasin de soieries d'Auguste Vabre. — Au fond, porte vitrée ouvrant sur la rue, que l'on voit par la baie de la vitrine; on aperçoit un bec de gaz, qui éclaire le trottoir d'en face. — A droite et à gauche, comptoirs, rayons, piles d'étoffes. — A droite : premier plan, une porte donnant sur le vestibule de la maison : deuxième plan, un escalier praticable, montant à l'entresol, où se trouve l'appartement de Vabre. — A gauche, premier plan, la caisse. — Des becs de gaz, garnis de verres dépolis éclairent le magasin.

SCÈNE PREMIÈRE

BERTHE, OCTAVE, FIFI, MADEMOISELLE MENU, DEUX COMMIS, UN GARÇON DE MAGASIN, CLIENTES.

(Au lever du rideau, Berthe est assise à la caisse. Octave, au milieu, s'occupe d'une cliente. Les deux autres commis servent également des acheteuses. Fifi et mademoiselle Menu replient des pièces de soie, en causant près d'un comptoir, à gauche. On voit un fiacre dans la rue, arrêté devant la porte. Pendant les premières scènes, il y a un continuel mouvement, des femmes qui entrent et qui sortent. Toute la vie d'un magasin.)

FIFI, à demi-voix.

Ma tante, est-ce vrai que monsieur Mouret a quitté le *Bonheur des Dames* parce qu'il a voulu embrasser madame Hédouin?

MADEMOISELLE MENU, à demi-voix.

Eh bien! mademoiselle Fifi, de quoi vous mêlez-vous? (Sévèrement.) Je ne t'ai pas élevée à t'occuper de ces choses.

FIFI, de même.

Dame! ma tante, depuis un mois que monsieur Mouret est avec nous, chez monsieur Vabre, j'entends raconter cette histoire... Il est si aimable, monsieur Mouret! Le voilà qui va à la caisse. (Octave amène sa cliente à la caisse.)

OCTAVE, appelant.

Une robe foulard, dix-huit mètres à douze francs.

FIFI, bas à sa tante.

Vois donc comme il mange la patronne du regard. Toute la journée, il rôde autour d'elle, surtout quand le patron n'est pas là.

MADEMOISELLE MENU, bas.

Baisse les yeux, je te l'ordonne!

BERTHE, répétant.

Dix-huit mètres à douze francs, deux cent seize francs.

PREMIÈRE ACHETEUSE, payant.

Voici, madame.

BERTHE.

Merci, madame... Quelle adresse?

PREMIÈRE ACHETEUSE.

Madame Philippon, 27, rue de Londres.

BERTHE.

Bien, madame. (La cliente sort, puis monte dans le fiacre, qui s'éloigne.)

FIFI, bas.

Dis, ma tante, crois-tu qu'on le mettrait à la porte d'ici, s'il embrassait madame Vabre? D'abord, il faudrait que le patron s'en doutât, et il n'a pas l'air...

MADEMOISELLE MENU, l'interrompant, bas.

Ah! ça, as-tu fini? Une jeune fille honnête!

FIFI, bas.

C'est donc mal, de savoir qu'il a embrassé madame

Hédouin? A la place du patron, moi, je n'aurais pas pris un premier commis qui embrasse... (Regardant vers la rue.) Tiens! voilà la belle-sœur de la patronne, madame Dulaurier. (Cette dernière entre par la rue et se dirige vers Berthe. Fifi et mademoiselle Menu, ont fini de replier les soieries, qui vont s'occuper au fond, à classer des étiquettes.)

SCÈNE II

LES MÊMES, MADAME DULAURIER, puis MADAME DE SAINT-ÉVREMOND et AGÉNOR

BERTHE, levant la tête.

Ah! c'est vous, ma chère Clotilde?

MADAME DULAURIER.

Oui, je rentre et je passe par le magasin.

BERTHE.

Vous avez quelque chose à me dire?

MADAME DULAURIER, après une hésitation.

Non, non, un simple bonsoir... Mon frère n'est pas là?

BERTHE, quittant la caisse.

Pas encore. Vous savez qu'il est allé à cette réunion, pour la faillite Levasseur... Nous y laisserons probablement vingt mille francs.

MADAME DULAURIER.

Il est venu me voir ce matin, et je l'ai trouvé bien triste, ce pauvre Auguste.

BERTHE.

Il s'attriste toujours... Cela me contrarie qu'il ne rentre pas, car je vais sortir.

MADAME DULAURIER.

Vous sortez encore ce soir? vous sortez avec votre mère?

BERTHE.

Oui, je vais avec maman au sermon de l'abbé Mauduit. Qu'avez-vous donc à me regarder de la sorte?

MADAME DULAURIER.

Rien.

BERTHE.

Si, si... Une minute, n'est-ce pas? (Elle retourne à la caisse. Un commis s'est approché avec deux acheteuses, la mère et la fille. Madame Dulaurier s'écarte un moment.)

LE COMMIS, appelant.

Cinq mètres soie à quinze francs.

BERTHE, répétant.

Cinq mètres à quinze francs, soixante-quinze francs.

DEUXIÈME ACHETEUSE.

Tu es bien décidée? Moi, j'aurais préféré une étoffe moins voyante.

TROISIÈME ACHETEUSE.

Mais si, mais si! C'est très distingué, le caroubier.

BERTHE.

Faut-il envoyer, madame?

TROISIÈME ACHETEUSE.

Nous emportons. (Elle attend le paquet et sort avec sa mère.)

BERTHE, revenant à madame Dulaurier.

Soyez franche, vous avez quelque chose à me dire?

MADAME DULAURIER.

Eh bien! oui, ma chère Berthe... Si vous voulez me faire un grand plaisir, renoncez à votre sortie de ce soir.

BERTHE.

C'est cela, j'avais deviné... Auguste est allé se plaindre à vous, n'est-ce pas? Je sors justement parce qu'il m'a défendu de sortir. S'il croit me tenir à la chaîne!... Est-ce que je fais du mal, dehors, avec maman?

MADAME DULAURIER.

Voyons, ma chère enfant, soyez raisonnable. Est-il possible d'en être déjà là, après dix-huit mois de mariage? Tous les jours, vous avez des querelles... Certes, je ne veux pas me mettre entre vous...

BERTHE, l'interrompant.

Et vous faites bien!

MADAME DULAURIER.

Je vous parle en amie... Votre mari souffre de vos toilettes trop riches, de vos courses continuelles, de l'abandon où vous le laissez.

BERTHE.

Moi, je ne suis pas allée vous dire qu'il me martyrise, avec son avarice et sa maussaderie continuelle. Plus un mot, de grâce! Peut-être, au dernier moment, ne serais-je pas sortie, pour lui être agréable; mais, puisque monsieur va pleurer dans sa famille, je sors, et je sors tout de suite! (Allant au mur, où pend un tuyau acoustique.) Permettez, ma chère.

MADAME DULAURIER, la suivant.

Voyons, Berthe, voyons!

BERTHE, parlant dans le tuyau.

Rachel, descendez-moi mon chapeau et mon manteau. (A ce moment, un phaéton, lanternes allumées, paraît au fond. Il en descend un gommeux et une cocotte, qui entrent. Octave les reçoit et les amène au milieu, devant une table chargée d'étoffes.)

MADAME DE SAINT-ÉVREMOND, assise, à Octave.

Je voudrais du bleu lumière... Je suis venue le soir,

pour juger de l'effet... (Se tournant vers son compagnon.) N'est-ce pas, Agénor? (Signe de tête d'Agénor. Octave montre des soies bleues.)

MADAME DULAURIER.

Berthe, que vous me faites regretter mon intervention! Je vous jure que j'avais pris cette démarche sur moi. N'en parlons plus. Je ne veux me fâcher avec personne... (Regardant le petit escalier.) Vous avez fini vos nouveaux aménagements?

BERTHE.

Oui, enfin!

MADAME DE SAINT-ÉVREMOND, à Octave.

Décidément, ce bleu-là est plus comme il faut... N'est-ce pas, Agénor? (Signe de tête d'Agénor.)

MADAME DULAURIER, continuant, à Berthe.

Il est commode, ce petit escalier qui mène chez vous. La porte, là, qui donne dans le vestibule, vous obligeait à un détour... Est-ce que vous ne deviez pas vous agrandir?

BERTHE.

Nous agrandir! Mais Auguste perd déjà la tête, au milieu de ses quatre comptoirs... Pardon! (Elle retourne à la caisse, en voyant Octave s'approcher avec madame de Saint-Évremond et Agénor.)

OCTAVE, appelant.

Trente-cinq mètres faille, à vingt-sept francs cinquante.

BERTHE, répétant.

Trente-cinq mètres faille, à vingt-sept francs cinquante, neuf cent soixante-deux francs cinquante.

MADAME DE SAINT-ÉVREMOND.

Payez, Agénor. (Il paye.)

BERTHE.

Merci, monsieur... (A l'acheteuse.) Où faut-il envoyer, madame?

MADAME DE SAINT-ÉVREMOND.

Madame de Saint-Évremond, 52, rue Prony. (Elle se dirige vers la porte avec Agénor.)

AGÉNOR, revenant.

N'envoyez pas avant midi, s'il vous plaît. (Tous deux sortent et remontent dans le phaéton, qui s'éloigne.)

BERTHE, à Octave.

Monsieur Mouret, je vais sortir. Attendez mes ordres.

OCTAVE.

Bien, madame. (Il replie les pièces sans s'éloigner.)

MADAME DULAURIER.

Bonsoir, je vous laisse. (Baissant la voix.) Je vous en prie, soyez raisonnable.

BERTHE.

Mais je suis très raisonnable... Bonsoir... (Madame Dulaurier sort par la porte du vestibule, au moment où Rachel descend l'escalier, avec le manteau et le chapeau. — A Octave.) N'oubliez pas de dire à monsieur que les velours noirs vont manquer.

OCTAVE.

Bien, madame.

SCÈNE III

BERTHE, OCTAVE, RACHEL, FIFI, MADEMOISELLE MENU, UN GARÇON, DEUX COMMIS, CLIENTES.

RACHEL.

Madame veut-elle que je lui mette son manteau?

BERTHE.

Non, posez-le là... Ma mère doit me prendre en descendant.

RACHEL, *après avoir posé les effets sur une chaise.*

Est-ce que Madame n'a rien autre chose à me dire?

BERTHE.

Attendez-moi. Je ne rentrerai pas tard... Allez!

RACHEL.

C'est que, madame...

BERTHE.

Qu'y a-t-il? (Toutes deux sont à l'avant-scène. Octave écoute, en feignant de s'occuper.)

RACHEL, *à demi-voix.*

Madame avait promis de me rendre aujourd'hui mon argent.

BERTHE, *embarrassée.*

Les deux cents francs que vous m'avez prêtés... Ma pauvre fille, il faudra que vous ayez l'obligeance d'attendre encore un peu.

RACHEL.

C'est bien désagréable. Voilà un mois que j'attends... Certes, j'ai confiance en Madame, mais je n'ai pas l'habitude de servir dans des maisons où l'on emprunte de l'argent aux domestiques... Si j'ai obligé Madame, c'est que Madame me faisait de la peine, toujours sans un sou, tremblant toujours de voir tomber ses factures entre les mains de son mari... Cependant, si Madame ne peut décidément pas me rembourser, il faudra bien que je m'adresse à Monsieur.

BERTHE, *terrifiée.*

Vous ne ferez pas ça.

RACHEL.

Je ne suis qu'une pauvre fille, je ne peux pas perdre... Ce qui me paraît drôle, c'est que Madame remue du matin au soir de l'argent, dans sa caisse, et qu'elle ne puisse seulement pas rendre ce qu'elle doit.

BERTHE.

Êtes-vous folle? Vous savez bien que Monsieur arrête lui-même les comptes chaque jour.

RACHEL, plus bas.

Une dame qui sait s'arranger, trouve toujours de l'argent.

BERTHE.

Taisez-vous!... Je vous payerai demain.

RACHEL, durement.

Madame fera bien... (Haut, très respectueuse.) J'attendrai que Madame soit rentrée, puisque Madame le désire... (En montant le petit escalier, à part.) C'est encore honnête, ça ne sait pas faire. Je file demain. Rien à gagner, dans cette baraque! (Elle disparaît. Le magasin s'est vidé peu à peu.)

SCÈNE IV

LES MÊMES, moins RACHEL.

BERTHE, assise à la caisse, à part.

Oh! misère! ne pas avoir deux cents francs à moi, pour fermer la bouche à cette fille!

OCTAVE, haut, aux commis.

Messieurs, faites le déplié. Il est l'heure... (Bas, après s'être approché de Berthe.) Madame, je sais que je n'ai encore aucun titre à votre amitié.

BERTHE, surprise.

Que voulez-vous dire?

OCTAVE.

Bien malgré moi, je viens d'entendre... Ne croyez pas, je vous en prie, à une curiosité mauvaise. Je vous vois si tourmentée parfois, je suis si désireux de vous être utile à quelque chose!

BERTHE.

Chacun a ses peines.

OCTAVE.

Si j'osais pourtant, si vous vouliez bien me permettre...

BERTHE.

Quoi donc?

OCTAVE.

Vous rembourseriez tout de suite cette bonne.

BERTHE.

Comment! c'est cet argent que vous offrez de me donner?

OCTAVE.

Oh! prêter, madame, prêter!

BERTHE.

Pour qui me prenez-vous, monsieur Mouret? Et que penserait-on, si j'avais la faiblesse d'accepter?... Votre offre est très blessante.

OCTAVE.

De grâce, pardonnez-moi! Mon dévouement seul est coupable... (Avec insistance.) Vraiment, vous refusez l'aide d'un ami?

BERTHE.

Absolument... Je crois à votre bonne intention, je suis très touchée. Mais n'insistez pas davantage.

OCTAVE.

J'obéis, madame... Sachez seulement que vous avez près de vous quelqu'un dont vous pouvez disposer à toute heure. (Il s'incline et recule. Au même moment, Hortense entre par la porte du vestibule.)

SCÈNE V

LES MÊMES, HORTENSE

HORTENSE, entrant.

Berthe!

BERTHE, quittant la caisse.

Ah! c'est toi, Hortense... Est-ce que maman descend?

HORTENSE.

Elle est là qui nous attend, dans le vestibule... Elle a craint que, si elle se montrait, ton mari ne l'empêchât de sortir.

BERTHE.

Auguste n'est pas rentré... Partons vite. Aide-moi à mettre mon manteau.

HORTENSE, en l'aidant.

Écoute, je voulais te dire...

BERTHE.

Dépêchons, tu me diras ça dans la rue.

HORTENSE.

Non, c'est un service que j'ai à te demander... N'aie pas l'air surpris, si maman te parle des deux heures que j'ai passées avec toi, cette après-midi.

BERTHE, étonnée.

Les deux heures que tu as passées avec moi?

HORTENSE.

Tu ne m'as pas vue, je sais bien... Tu diras que tu m'as vue, voilà tout!

BERTHE.

Il s'agit de Verdier encore?

HORTENSE, embarrassée.

Oui... Comme il ne veut pas venir à la maison, il m'a donné rendez-vous aux Tuileries... Dame! il faut bien que je me marie à mon tour, et si je laisse maman s'en mêler!

BERTHE.

Mais c'est très grave! Je ne veux pas être ta complice.

HORTENSE.

Tu me feras de la morale demain, pourvu que tu dises comme moi ce soir... Viens vite, maintenant!

BERTHE, remontant.

Monsieur Mouret, la vente me paraît finie. Remplacez-moi à la caisse, si des clientes se présentaient encore.

OCTAVE.

Bien, madame... N'aurai-je rien à dire à monsieur Vabre?

BERTHE.

Non... Je vais à Saint-Roch... Dites-lui que je suis sortie avec ma mère. (Elle sort par la porte du vestibule. Mouret remonte et va se planter à la porte de la rue. Fifi et mademoiselle Menu sont revenues devant le comptoir de gauche.)

SCÈNE VI

LES MÊMES, moins BERTHE et HORTENSE

FIFI.

Dire qu'il est neuf heures à peine et qu'on ne fermera pas avant une heure d'ici!... Ah! voilà monsieur Mouret qui regarde sortir la patronne. (On voit passer dans la rue madame Josserand et ses deux filles.)

MADEMOISELLE MENU.

Il peut bien prendre l'air, ce garçon.

FIFI.

Mais non! ce n'est pas pour la patronne, c'est pour l'autre!

MADEMOISELLE MENU.

Quelle autre?

FIFI.

Madame Marie Pichon, la petite voisine qui habite en haut, sur le même palier que lui. Tu sais bien, la femme de l'employé, une femme si douce!... Encore une qu'il embrassera, si le mari ne se met pas en travers!

MADEMOISELLE MENU.

Mademoiselle Fifi, vous êtes scandaleuse, ce soir!

(Depuis un instant, Mouret insiste pour que Marie entre. Elle s'y décide enfin. Elle tient à la main un volume.)

SCÈNE VII

LES MÊMES, MARIE

OCTAVE, gaiement.

Mais qu'est-ce que ça vous fait? passez par le magasin, vous serez tout de suite dans le vestibule.

MARIE.

J'ai peur de déranger.

OCTAVE.

Vous voyez bien qu'on nous laisse un peu tranquilles. A cette heure-ci, les clientes se font rares... (Tous deux sont à l'avant-scène.) Et d'où venez-vous comme ça, ma voisine?

MARIE.

Je viens d'aller changer un roman que j'ai achevé tout à l'heure; et j'ai pris celui-ci, un volume de George Sand.

OCTAVE.

Vous aimez lire?

MARIE.

Ça me casse un peu la tête. Mais je suis toujours seule, que voulez-vous que je fasse?... Le matin, mon mari part à son bureau, et il ne rentre que le soir; puis, il s'en va encore après le dîner, pour tenir des écritures. Ainsi, il ne rentrera pas avant minuit.

OCTAVE.

Je vous en prêterais, moi, des romans, si cela vous faisait plaisir.

MARIE.

Vrai, vous en avez? Que vous êtes aimable!... Vous choisirez bien, n'est-ce pas? J'aime les histoires qui ne sont pas arrivées, celles où il y a de l'amour, où l'on pleure, où ça se passe dans des châteaux et dans des mansardes, avec des personnages qui se font des déclarations.

OCTAVE, riant.

Bon! bon! nous trouverons ça.

MARIE.

Jusqu'à mon mariage, maman, qui est très sévère, ne m'a laissé lire que notre journal de modes; et encore elle biffait des lignes à l'encre. Alors, maintenant, je me régale, je tâche de me désennuyer... L'opinion de maman est qu'une femme en sait toujours de trop.

OCTAVE, plaisantant.

Voyons, votre mari vous a bien appris quelque chose?

MARIE, sans comprendre.

Mon mari?... Non, je ne crois pas.

OCTAVE, faisant ce qu'il dit.

Comment! il ne s'est pas emparé, comme ça, de votre petite main? il ne l'a pas baisée? et puis... et puis, il n'est pas allé plus loin?

MARIE, se dégageant.

Que vous êtes amusant, monsieur Mouret! Vous plaisantez sur tout... (Il rit plus fort.) Vous riez de moi? mais je vous assure que je trouve encore des choses, dans les livres, que je ne comprends pas.

OCTAVE.

Je vous les expliquerai, voulez-vous?

MARIE.

Oh! oui, ce sera gentil!... Quand j'aurai lu vos romans, je vous dirai mes impressions, et vous me direz si elles sont justes... Mais je bavarde, je vous dérange... Au revoir, ne m'oubliez pas. (Elle se dirige vers la porte du vestibule.)

OCTAVE.

Je vous porterai ces volumes moi-même... Vous me le permettez?

MARIE.

Sans doute, il n'y a pas de mal... Je me sauve, ma lampe brûle toute seule, là-haut... Bonsoir, monsieur Mouret. (Elle sort.)

OCTAVE, à part.

Elle est drôle, elle m'amuse... En voilà une petite femme sans défense, avec son éducation d'oiseau en cage!

SCÈNE VIII

LES MÊMES, moins MARIE, puis BACHELARD et TRUBLOT

FIFI.

As-tu vu, ma tante, comme il lui a pris la main?... Tu sais, je veux bien avoir l'air honnête, mais je serais désolée d'être réellement aussi honnête que celle-là!

MADEMOISELLE MENU, apercevant Bachelard qui entre avec Trublot.

Tais-toi, malheureuse! Voici monsieur Narcisse... S'il t'entendait, ta position serait perdue.

FIFI.

Ah! mon Dieu! et lui qui m'a absolument défendu de le reconnaître, si je le voyais jamais ici!

BACHELARD, descendant avec Trublot.

Non, mon petit, quand les vins sont bons, ils ne grisent pas. C'est comme la nourriture, elle ne fait jamais de mal, si elle est délicate.

TRUBLOT.

Tant mieux! car, autrement, nous aurions tout ce qu'il faut pour être très malades.

OCTAVE, les apercevant.

Tiens! c'est vous... Vous tombez mal, monsieur Bachelard. Ni votre nièce ni votre neveu ne sont là.

BACHELARD.

Tant pis! tant pis!... (Bas à Trublot.) Enchanté!

OCTAVE, les regardant.

Vous m'avez l'air d'avoir bien dîné tous les deux.

TRUBLOT.

Oh! un repas extraordinaire, à trois cents francs par tête, quelque chose de magistral!... Vous ne vous faites pas une idée du faste de l'oncle traitant un client. Il avait aujourd'hui un correspondant du Brésil...

BACHELARD.

Alvarez.

TRUBLOT.

Et tout a dansé, les truffes, les ortolans, les écrevisses, les vins à un louis le verre!

BACHELARD, gravement.

Il faut bien soutenir l'honneur de la Commission française.

OCTAVE.

Est-ce que vous allez attendre monsieur Vabre?

BACHELARD.

Certainement.

OCTAVE.

Dans ce cas, si vous le permettez, j'ai à terminer un petit travail.

BACHELARD.

Allez, allez! ne vous gênez pas avec nous! (Octave se retire au fond. Bachelard et Trublot restent à l'avant-scène, Fifi et mademoiselle Menu travaillent à gauche, sans lever les yeux. Le magasin est complétement vide.)

TRUBLOT.

Comment! nous allons rester ici?

BACHELARD.

Sans doute.

TRUBLOT.

Mais pourquoi sommes-nous venus, d'abord?... Vous m'avez encore dit, en sortant de table : « Veux-tu la la voir? » et je vous ai répondu : « Si ça vous fait plaisir! » Il y a plus d'un an que vous voulez, puis que vous ne voulez plus. Que diable! allons-y, cette fois!

BACHELARD.

Nous y sommes.

TRUBLOT.

Ici?

BACHELARD, lui montrant Fifi.

Regarde! c'est elle, mon trésor!

TRUBLOT, regardant mademoiselle Menu.

La grosse?

BACHELARD.

Mais non, la petite!... C'est moi qui l'ai placée chez mon neveu, et qui lui ai loué une chambre là-haut, dans la maison... Un amour! tu vas voir... (D'une voix douce.) Fifi, mon ange, je vous permets de me reconnaître.

FIFI, s'approchant, très ingénue.

Bonsoir, mon oncle. (Il la baise au front.)

MADEMOISELLE MENU.

Nous vous avions bien vu, monsieur Narcisse; mais comme vous étiez avec quelqu'un...

BACHELARD.

Monsieur est mon ami... Monsieur Trublot, un jeune homme des plus distingués.

FIFI, bas.

Oh! il est gentil, ma tante!

MADEMOISELLE MENU, bas.

Fifi!... (Haut, à Trublot, pendant que Bachelard et Fifi s'assoient et causent à droite.) Monsieur, je suis de Villeneuve... Mademoiselle Menu, veuve d'un officier du train... Et cette enfant, monsieur, est la fille de mon frère, qui est mort sans laisser un sou. J'ai mille francs de viager, mais comme ils s'en iront avec moi, je tremblais pour ma nièce. Les jeunes filles ont tant de facilités à mal tourner! Heureusement, la chère enfant a rencontré monsieur Narcisse, et maintenant je puis mourir!

TRUBLOT.

Oui, votre devoir est rempli. (Il veut s'échapper, elle le rattrape.)

MADEMOISELLE MENU.

Vous savez que monsieur Narcisse a été assez bon pour me promettre de la marier.

BACHELARD.

Oh! plus tard!... Mais il faut qu'elle soit bien sage, bien sage! La dot est toute prête.

TRUBLOT.

Le mari aussi?

BACHELARD.

J'en ai trois, de maris! Je choisirai... Seulement, Fifi, écoutez bien, la moindre faute et pas de mari... Je ne veux pas tromper un honnête homme.

MADEMOISELLE MENU.

Je réponds d'elle. Elle est si sage!

FIFI.

Je suis si sage!

BACHELARD.

Eh bien! puisque vous êtes si sage, je vous emmène avec votre tante prendre des glaces.

MADEMOISELLE MENU.

Vous êtes un homme adorable! Voici justement l'heure de la sortie... Fifi, mets ton chapeau.

BACHELARD.

Partez les premières, vous nous attendrez au coin du boulevard... Trublot, embrasse-la, je te permets de l'embrasser.

TRUBLOT.

Mademoiselle Fifi, puisque ça fait plaisir à votre oncle... (Il l'embrasse.)

FIFI, lui rendant son baiser.

Il faut lui obéir, monsieur Trublot. (Ils continuent à s'embrasser.)

BACHELARD, les séparant.

Assez!... (Bas à Trublot.) Cent francs par mois!

TRUBLOT.

C'est pour rien.

MADEMOISELLE MENU.

Monsieur Mouret, il est l'heure, nous partons.

OCTAVE, du fond

Bien ! bien !

(Fifi et mademoiselle Menu sortent par le fond. Les deux commis les suivent.)

SCÈNE IX

OCTAVE, BACHELARD, TRUBLOT, puis ADÈLE et GOURD

BACHELARD à Trublot, regardant sortir Fifi.

Quel ange !... Hein? ça méritait d'être vu. Mais, maintenant que je te l'ai montrée, tu ne vas pas abuser de ma confiance, j'espère?

TRUBLOT.

Elle est un peu maigre. Et puis, je ne donne pas dans les filles honnêtes, moi !

ADÈLE, ouvrant brusquement la porte du vestibule, poursuivie par Gourd.

Fichez-moi la paix !

TRUBLOT.

Tiens, Adèle ! (Il se retire à gauche avec Bachelard.)

ADÈLE.

Fichez-moi la paix ! je vous dis que c'est Julie !

GOURD.

C'est vous !... Je vous ai vue, sale torchon !

ADÈLE.

Torchon !... En voilà un portier qui se permet...

GOURD, furieux.

Portier ! portier !

OCTAVE, arrivant.

Qu'est-ce donc?

ADÈLE.

Eh! c'est monsieur Gourd qui me poursuit jusqu'ici, parce qu'il prétend que je lui ai jeté une peau de sole sur la tête... C'est Julie!

GOURD, avec force.

C'est vous!... (A Octave.) Excusez-moi, monsieur Mouret, d'avoir manqué à mes habitudes d'homme bien élevé, en m'introduisant ici violemment... Mais, vraiment, ce sale peuple de domestiques me met hors de moi.

ADÈLE, exaspérée.

Sale peuple!... Va donc cirer les bottes de monsieur le duc!

GOURD, suffoqué.

Monsieur le duc!... Oui, j'ai servi chez monsieur le duc! et il n'aurait pas voulu d'une malpropre comme vous!... Je me retire, je sens que je ne suis pas à ma place... (Dignement.) J'ai de l'argent, moi! Je pourrais vivre sans rien faire, entendez-vous, vermine! (Il sort.)

ADÈLE, hors d'elle.

Vermine!..., (Elle veut poursuivre Gourd.) Non! ah! non! pas ça!... (Octave la retient.) Vous avez raison, gardons notre quant à soi... (En se retournant, elle aperçoit Trublot.) Eugène! nous allons rire.

SCÈNE X

LES MÊMES, moins GOURD

BACHELARD, riant.

Elle se forme, cette Adèle. La voilà Parisienne.

TRUBLOT, riant.

Oui, elle commence à se dégrossir (Ils restent à ricaner.)

OCTAVE.

Que désirez-vous, Adèle?

ADÈLE.

C'est monsieur Josserand qui s'inquiète en haut, car il a cru entendre rentrer Madame; et il veut savoir si elle ne s'est pas arrêtée ici, à causer avec ses demoiselles.

OCTAVE.

Dites-lui que ces dames ne sont pas encore rentrées.

ADÈLE.

Bien, monsieur. (Octave retourne au fond.)

BACHELARD.

Filons, maintenant. Fifi doit s'impatienter.

TRUBLOT.

Filons. (Tous deux remontent. Adèle arrête Trublot au passage. Bachelard, qui est déjà à la porte, lève les bras et disparaît.)

SCÈNE XI

LES MÊMES, moins BACHELARD

ADÈLE, à Trublot.

Pardon, Monsieur, j'aurais quelque chose à vous dire... (Elle le fait redescendre cérémonieusement, puis le saisit violemment au collet et le secoue.) Regarde-moi donc un peu en face!... Tu pourrais bien ne pas me marcher dessus, quand je sers à table!

TRUBLOT, effaré.

Comment, te marcher dessus?

ADÈLE.

Bien sûr! tu ne me regarderais seulement pas, tu ne dirais jamais « s'il vous plaît », en demandant du pain!

TRUBLOT.

Oh! tu crois?

ADÈLE.

Hier soir, à ce dîner dont tu étais, tu avais l'air de me renier... Tu ne m'as pas seulement pincée, quand j'ai passé le bœuf.

TRUBLOT.

Madame Josserand me regardait.

ADÈLE.

C'est que j'en ai assez, vois-tu! Toute la maison m'agonise de sottises. C'est trop, à la fin, si tu te mets avec les autres!... Tu étais là, tout à l'heure. Est-ce qu'un homme de cœur ne se serait pas jeté entre moi et ce sauvage?

TRUBLOT.

Entre toi et monsieur Gourd?... Perds-tu la tête?

ADÈLE.

Parce que je ne suis qu'une bonne... Pourquoi m'as-tu aimée, alors?... (Éclatant en larmes.) Oh! maman! que je souffre!

TRUBLOT, très ennuyé.

Voyons, ma petite Adèle, c'est un scandale... Tais-toi.

ADÈLE.

Fallait pas me pincer sous la table!... Fallait pas venir dans ma cuisine!... Fallait pas me demander ma clef!... (Pleurant plus fort.) ma clef!... ma clef!

TRUBLOT.

Veux-tu te taire!

ADÈLE.

Mais je sais pourquoi... Samedi, chez les Dulaurier, tu as demandé sa clef à Julie... Ne dis pas non! C'est Lisa qui me l'a juré, sur son honneur... Et Julie te l'a donnée, sa clef!... (Reprise par les larmes.) sa clef!... sa clef!

TRUBLOT.

Adieu... Je déteste les querelles. (Il veut s'échapper.)

ADÈLE.

C'est bien, monsieur. Tout est fini entre nous. (Elle le ramène si violemment par le revers de sa redingote, qu'elle en déchire le drap.)

TRUBLOT, constatant le désastre.

Oh!

ADÈLE.

Il y a heureusement d'autres messieurs, très riches, et qui ont des positions... Mais ne venez plus rôder devant mon fourneau, parce que vous recevriez mes casseroles à travers la figure. (Elle sort par la porte du vestibule. Octave, qui a entendu la fin de la querelle, descend en riant.)

SCÈNE XII

TRUBLOT, OCTAVE

OCTAVE, riant.

Vous disiez qu'il n'y avait jamais d'ennuis avec les bonnes.

TRUBLOT, regardant la déchirure.

Bah! parfois un peu de casse!

OCTAVE.

Elle va bien, cette Adèle! Imaginez-vous que ce matin, à la porte de la cave, je l'ai surprise avec le propriétaire, qui l'étouffait sur son cœur.

TRUBLOT.

Dulaurier! C'est donc ça qu'elle est si fière!... Non, voyez-vous, on a bien, de temps à autre, une scène avec les bonnes; mais est-ce que cela peut se comparer aux ennuis qu'on a, lorsqu'on se risque avec les bourgeoises?... Soyez franc, regardez ce qui se passe sous vos yeux, ici même, chez monsieur Vabre. Hein? quel régal, après dix-huit mois de ménage!

OCTAVE, baissant la voix.

Madame est sortie, monsieur va rentrer, et je m'attends, tout à l'heure, à une querelle affreuse.

TRUBLOT.

Parbleu! un véritable enfer! C'était facile à prédire... Il faut bien que cette petite femme se venge de sa jeunesse nécessiteuse chez ses parents, des basses viandes mangées sans beurre pour acheter des bottines, des toilettes pénibles retapées vingt fois, du mensonge de leur fortune soutenu au prix d'une misère et d'une saleté noires.

OCTAVE, riant.

Elle se rattrape.

TRUBLOT, continuant.

Oui, elle se rattrape des hivers où elle a couru la boue de Paris en souliers de bal, à la conquête d'un mari : soirées mortelles d'ennui rentré, pendant lesquelles, le ventre vide, elle se gorgeait de sirop; corvées de sourires et de grâces pudiques auprès des jeunes gens imbéciles; exaspérations secrètes d'avoir l'air de tout ignorer, lorsqu'elle savait tout; puis, les retours sous la pluie, sans fiacre; puis, le frisson de son lit glacé et les gifles maternelles qui lui tenaient les joues chaudes.

OCTAVE, riant.

Le mari est traité en vaincu... Mais quelle maîtresse délicieuse elle ferait!

TRUBLOT, le regardant en face.

Vous croyez ça, vous? Eh bien! essayez, vous verrez si c'est drôle... J'aime encore mieux Adèle.

OCTAVE.

Vous êtes un cynique... (Se retournant.) Chut! le mari.

TRUBLOT.

Fichtre! je me sauve par cette porte, pour ne pas le rencontrer. Bachelard m'attend... Bonsoir, mon cher! (Il sort par la porte du vestibule, pendant qu'Auguste entre par la porte du fond.)

SCÈNE XIII

OCTAVE, AUGUSTE

AUGUSTE.

Onze heures sont sonnées, pourquoi ne ferme-t-on pas?

OCTAVE.

C'est que je vous attendais, monsieur. Et comme madame est sortie...

AUGUSTE.

Comment! madame est sortie! A quelle heure? pour aller où?

OCTAVE.

Elle est allée avec sa mère au sermon de l'abbé Mauduit.

AUGUSTE.

Avec sa mère, toujours avec sa mère!... Je le lui avais défendu. C'est épouvantable, épouvantable!

OCTAVE.

J'ignorais, monsieur.

AUGUSTE.

Sans doute, ça ne vous regarde pas... Mais vous êtes des nôtres, maintenant. Vous voyez ce qui se passe... Je rentre exténué, malade...

OCTAVE, obligeamment.

Vous avez votre migraine?

AUGUSTE.

Un commencement seulement, rien qu'une petite barre dans l'œil droit... Je sors furieux de cette réunion de créanciers...

OCTAVE.

Alors, la faillite Levasseur tourne mal?

AUGUSTE.

Vingt mille francs de perdus... Et, quand je rentre, le magasin est ouvert comme une halle, tous les becs de gaz brûlent, madame est sortie!... Non, non, ça ne peut pas durer davantage! (Il se promène furieusement et s'installe un instant à la caisse.)

OCTAVE, doucement.

La vente a bien marché, aujourd'hui... Nous avons reçu les soies de Lyon... Il faudra écrire pour les velours noirs qui vont manquer.

AUGUSTE, qui ne l'a pas écouté.

Onze heures et demie... Vous dites qu'elles sont allées?

OCTAVE.

Au sermon, à Saint-Roch.

AUGUSTE, quittant la caisse.

Mais, sacrebleu! les sermons ne durent pas jusqu'au lendemain... Où peuvent-elles être, je vous le demande!

OCTAVE.

Peut-être sont-elles montées faire une visite.

AUGUSTE.

Si tard?... (Le regardant en face.) Je crois qu'on se fiche de moi.

OCTAVE.

Oh! monsieur Vabre, quelle idée! C'est impossible!

AUGUSTE.

Parole d'honneur! on se fiche de moi.

OCTAVE.

Je vous assure que je ne vois rien ici qui puisse justifier une pareille pensée. Madame Vabre est l'honneur même et elle vous aime.

AUGUSTE.

Vous êtes certain de cela? Vous seriez assez mon ami pour m'avertir, si vous vous aperceviez d'une atteinte à ma dignité?

OCTAVE.

Comptez sur moi.

AUGUSTE.

Tenez! vous êtes un brave jeune homme. Je m'applaudis chaque jour de vous avoir arraché à mon rival, le *Bonheur des Dames*. Quand je ne serai pas là, mon cher Octave, je vous confie ma femme, voulez-vous?

OCTAVE.

Je veux bien, monsieur.

AUGUSTE, lui serrant la main.

Merci... (Comme s'éveillant en sursaut.) Bientôt minuit! Je vous dis qu'on se fiche de moi! Je le sens, ma migraine augmente... Joseph! Joseph! Où est-il, cet animal?... (Le garçon de magasin paraît.) Éteignez tout! fermez tout!... (A Octave.) Quand des femmes ne sont pas rentrées à minuit, elles couchent dehors! (Le garçon sort pour fermer la devanture métallique du magasin.)

OCTAVE.

Moi, monsieur, je veille encore un peu, pour mettre les livres au courant.

AUGUSTE.

Comme vous voudrez... (Criant.) Allez donc, Joseph!... (Plus bas.) Il n'y a que les dévergondées qui traînent dans les rues à cette heure! (Octave a disparu, dans le fond. Le tablier métallique du magasin se ferme en trois fois, avec un grincement terrible; et, comme madame Josserand paraît, le premier bruit se produit sur sa tête.)

SCÈNE XIV

LES MÊMES, MADAME JOSSERAND

MADAME JOSSERAND, descendant.

Vous voulez donc me guillotiner, mon gendre?

AUGUSTE, ahuri.

Vous guillotiner...

MADAME JOSSERAND.

En faisant tomber votre fermeture exprès sur ma tête, lorsque je passe.

AUGUSTE, après avoir haussé les épaules.

Enfin, vous voilà!

MADAME JOSSERAND.

Est-ce que vous espériez ne plus me revoir?

AUGUSTE.

Et Berthe?

MADAME JOSSERAND.

Berthe me suit... Elle et sa sœur se sont arrêtées, pour une commande, chez le coiffeur d'à côté, qui reste ouvert les nuits de bal.

AUGUSTE.

Comment! elle s'attarde encore!... (Criant.) Joseph fermez donc! (Le second bruit du tablier se produit.)

MADAME JOSSERAND, sursautant.

Ah! que c'est bête, cette machine-là! J'ai beau être prévenue, ça me tape sur les nerfs.

AUGUSTE, se plantant devant elle.

Madame, vous comprenez, je pense, que je ne puis tolérer plus longtemps une vie pareille.

MADAME JOSSERAND.

Pareille?... Pareille à quoi?

AUGUSTE.

Ma femme est-elle à vous ou à moi? Tous les soirs, vous me l'enlevez. Vous êtes heureuse de promener ses toilettes, que vous ne payez plus... Et, pour ne parler que de ce soir, d'où me la ramenez-vous? Pas du sermon, bien sûr, à minuit passé.

MADAME JOSSERAND.

Vous voyez mon calme. C'est que je sors du sermon, en effet, et que j'y ai puisé beaucoup de charité chrétienne... Est-il défendu à une mère de faire respirer l'air pur à sa fille, dont la vie immobile du comptoir détruit la santé? Nous nous sommes promenées, monsieur... (Le troisième bruit du tablier se produit.) Ah! ça, avez-vous fini, avec votre manivelle? Est-ce un complot pour me faire sortir de mon calme? Vous n'y parviendrez pas, monsieur! (Les tabliers des trois vitrines sont descendus. Il ne reste d'ouvert que la petite porte ronde taillée dans la tôle.)

AUGUSTE, se fâchant de plus en plus.

Et ce sont des dépenses folles! et je sens la maison qui craque!... Vous ne m'avez pas même encore versé les dix premiers mille francs promis sur la dot de Berthe, dont une assurance, que je n'ai jamais vue, devait me garantir le payement.

MADAME JOSSERAND.

Les dix mille francs sont là-haut. Mais j'attends que votre père, mort insolvable il y a un an, revienne d'abord donner les dix mille francs, qu'il avait à payer de son côté... Nous ne mourrons pas, nous autres, pour échapper à nos promesses!

AUGUSTE.

Laissons l'argent... Je ne demande pas à Berthe de m'en apporter, je lui demande d'être plus économe du mien... Croyez-vous qu'elle fait des dettes, madame! J'en ai la preuve, j'ai trouvé ce papier, qui traînait dans sa chambre... Certes, j'aurais encore fermé les yeux, mais on se moque par trop de moi, à la fin! Je veux la confondre.

MADAME JOSSERAND.

Mon cher, je crois que vous êtes en train de commettre des bêtises. Ça n'avance à rien de faire une scène à sa femme. Si vous rendez la vôtre malade, il faudra appeler le docteur, ça coûtera de l'argent chez le pharmacien, et ce sera encore vous qui payerez.

AUGUSTE.

Tout cela, madame, n'arriverait pas, si vous aviez élevé Berthe autrement.

MADAME JOSSERAND.

Hein! c'est à moi que vous vous en prenez? Un homme à qui j'ai donné un ange!

AUGUSTE, amer.

Un ange!

MADAME JOSSERAND.

Je ne me mêle plus de rien, puisqu'on m'insulte. Arrangez-vous!

AUGUSTE, furieux.

Mais, madame, du train dont vont les choses, votre fille finira par me faire cocu.

MADAME JOSSERAND, avec majesté.

Monsieur, vous faites tout ce qu'il faut pour l'être.
(Berthe et Hortense rentrent par la petite porte ronde. Le garçon ferme et s'en va.)

SCÈNE XV

LES MÊMES, BERTHE, HORTENSE

BERTHE.

Nous sommes un peu en retard, mon ami. (Auguste qui s'est assis à la caisse, ne répond pas.)

HORTENSE, bas à sa sœur.

Il y a de l'orage, veux-tu que nous restions?

MADAME JOSSERAND.

J'expliquais à Auguste que nous avions fait un tour de promenade, tant il faisait beau... Étiez-vous rentré depuis longtemps, Auguste? (Il s'est mis à compter de l'argent et ne répond toujours pas.)

HORTENSE.

Oh! il y avait un monde sur les boulevards! (Nouveau silence.)

BERTHE.

Mon ami, es-tu sorti satisfait de cette réunion? (Nouveau silence.)

MADAME JOSSERAND.

Nous gênons monsieur, c'est clair... Allons, on n'empêche pas les gens de se noyer... Bonsoir, ma fille. (Elle embrasse Berthe.) Et dors bien, n'est-ce pas? si tu veux vivre longtemps... Viens, Hortense. (Elle sort par la porte du fond dans le vestibule, en faisant passer Hortense devant elle. Le garçon a éteint les becs de gaz. Il n'en reste plus qu'un, au premier plan.)

SCÈNE XVI

BERTHE, AUGUSTE, OCTAVE

AUGUSTE, brusquement, après avoir suivi madame Josserand des yeux.

Qu'est-ce que c'est que ça? (Il lui montre le papier qu'il a sorti de sa poche.)

BERTHE, saisie.

Ça?... (Avec résolution.) Eh bien! c'est une facture.

AUGUSTE.

Oui, une facture... Et pour des faux cheveux, encore! S'il est permis, pour des cheveux! Comme si vous n'en n'aviez plus sur la tête!... Mais ce n'est pas ça. Vous l'avez payée, cette facture. Dites, avec quoi l'avez-vous payée?

BERTHE.

Avec mon argent, pardi!

AUGUSTE.

Votre argent!... Vous n'en avez pas. Il faut qu'on vous en ait donné ou que vous en ayez pris ici... Et puis, tenez! je sais tout, vous faites des dettes.

BERTHE.

Si je fais des dettes, c'est votre faute. Vous me laissez manquer de tout.

AUGUSTE.

Manquer de tout! Cela veut dire, n'est-ce pas? que vous n'avez pas une robe neuve à vous mettre chaque matin... Pourquoi s'habiller au-dessus de son rang et de sa fortune? Quand on vend de la soie aux autres femmes, on porte de la laine. (A partir de ce moment, sans que la querelle s'arrête, Auguste va à la caisse et prend la recette du jour. Ce petit travail, fait en plusieurs fois, dure jusqu'à la fin de la scène.)

BERTHE.

Vous me faites pitié, monsieur... Est-ce que vous ne devriez pas être fier de moi et me remercier de mes efforts pour soutenir l'éclat de votre maison. A votre place, je voudrais faire crever de rage le *Bonheur des Dames;* oui, je l'écraserais par mon faste... Mais vous vous endormez dans votre comptoir, lorsqu'il s'agirait seulement d'avoir un peu d'initiative et d'intelligence.

AUGUSTE.

Comment! c'est vous qui me faites une scène?... Vous rentrez de je ne sais où, à une heure du matin; vous êtes toujours en courses, en promenades; vous me rendez la fable du quartier par un luxe que je ne puis entretenir; et vous croyez que je tolérerai cela plus longtemps?... Ah! mais non!

BERTHE.

Nous y voilà donc! Enfermez-moi tout de suite dans une boîte, reprochez-moi de ne pas sortir nue comme la main... Vous n'entendez donc rien à la vie? Moi, lorsque j'ai eu vingt sous, j'ai toujours dit que j'en avais quarante, car il vaut mieux faire envie que pitié... Ah! c'est ma mère qui avait raison, de répéter que les hommes ne valent pas grand'chose!

AUGUSTE.

Votre mère... Mais, tenez! vous lui ressemblez, quand vous vous mettez dans ces états. Oui, je ne vous reconnais plus, c'est elle qui revient. Ma parole, ça me fait peur!... Votre mère est la grande coupable. On n'élève pas sa fille à manger des fortunes, lorsqu'on n'a pas une chemise à lui mettre sur le dos, le jour de son mariage.

BERTHE.

Ne dites pas du mal de maman! On n'a rien à lui reprocher, elle fait son devoir... Et votre famille, à vous, parlons-en! Votre père est mort insolvable.

AUGUSTE.

Laissons nos familles, nous avons assez de notre ménage... Et puis, vous me brisez le crâne, voilà ma migraine qui monte...

BERTHE, à demi-voix.

Ah! oui, il y avait longtemps!

AUGUSTE, continuant.

Écoutez, votre place est ici, dans votre comptoir, en toilette simple, comme les femmes qui se respectent... Vous allez changer de train, car je ne vous donnerai plus un sou pour vos fantaisies. C'est de ma part une résolution formelle.

BERTHE.

Ma résolution à moi, il y a longtemps que je veux vous la faire connaître... Puisque vous parlez d'argent, je vous déclare que je suis lasse de vous mendier sou à sou le nécessaire, et que j'exige désormais cinq cents francs par mois pour ma toilette.

AUGUSTE.

Cinq cents francs!... J'aimerais mieux fermer le magasin. (Il achève de prendre violemment la recette.)

BERTHE.

Vous refusez?

AUGUSTE.

Je refuse. (Il se dirige vers l'escalier.)

BERTHE.

C'est bon, je ferai des dettes.

AUGUSTE, revenant furieux, le poing levé.

Qu'est-ce que tu dis?

BERTHE, dédaigneuse.

Allez donc soigner votre migraine.

AUGUSTE.

Prends garde!... (Il se serre le front entre les deux mains et finit par monter l'escalier.) J'aime mieux m'en aller, je finirais par la battre! (Il disparaît.)

BERTHE.

Mon Dieu! que je suis malheureuse! (Elle tombe assise sur une chaise, en pleurant. Octave, qui a écouté la fin de la scène, s'approche et se tient un instant derrière elle.)

SCENE XVII

OCTAVE, BERTHE, puis RACHEL.

OCTAVE, doucement.

Je vous en supplie, madame, ne vous faites pas tant de peine.

BERTHE, tressaillant.

Vous étiez encore là, monsieur Mouret? (Elle se lève.)

OCTAVE.

Oui, et il m'a fallu assister bien malgré moi...

BERTHE, tâchant de se calmer.

Je vous demande pardon, ce n'est pas ma faute, si vous avez entendu cette explication pénible. Et je vous prie d'excuser mon mari, car il devait être malade, ce soir.

OCTAVE.

Ce serait sa seule excuse.

BERTHE, reprise par les larmes.

Non! c'est plus fort que moi, j'étoufferais!

OCTAVE.

Madame, du courage.

BERTHE.

Enfin, vous étiez là, vous avez entendu... Pour quatre-vingt-quinze francs de cheveux! Comme si toutes les femmes n'en portaient pas aujourd'hui, des cheveux!... Mais lui, ne sait rien, ne comprend rien.

OCTAVE.

C'est vrai, il a peu vécu.

BERTHE.

Et il me reproche jusqu'à mes chemises! et il finira

par m'attacher dans son comptoir, comme un chien dans une niche! et il insulte ma mère!... Vous avez entendu, on ne peut pas dire que je mens.

OCTAVE.

Sa conduite a été sans excuse... Mais pourquoi vous désoler de la sorte, quand il vous reste des amis?

BERTHE.

Non, je me sens désormais seule sur la terre.

OCTAVE.

Vous oubliez que je suis là.

BERTHE.

Vous, monsieur Mouret?

OCTAVE, la faisant asseoir, à gauche.

Oh! ne vous fâchez point... Je ne veux être que l'ami discret, le confident qui console, l'aide toujours prêt des heures difficiles. Faut-il vous répéter que vous avez dans votre ombre quelqu'un dont vous pouvez disposer à toute heure.

BERTHE, lui souriant.

Merci. (Un temps.)

RACHEL, paraissant en haut de l'escalier, à part.

Puisque Madame ne monte pas, je vais décidément lui donner mon compte. (Elle aperçoit Berthe et Octave, et s'arrête.)

OCTAVE, reprenant.

Que je voudrais être à la place de votre mari, pour vous couvrir des étoffes les plus chères, de bijoux et de dentelles! Il n'y aurait rien d'assez beau, rien d'assez riche. Ce serait avec ravissement que je me ruinerais, que je travaillerais uniquement pour vous parer comme une idole.

BERTHE, lui souriant du sourire que sa mère lui a appris.

Que vous êtes aimable!

RACHEL, à part.

Tiens! tiens!

OCTAVE, continuant.

Et si vous aviez des caprices, j'en serais ravi. Est-ce qu'une femme peut être jolie et n'être pas capricieuse? Cela m'enchanterait, votre jeunesse galopant à travers Paris, toujours en courses, en promenades, en visites... Nous ferions l'école buissonnière ensemble, nous irions partout où il y aurait un plaisir.

BERTHE.

Pourquoi me dites-vous ces choses-là aujourd'hui seulement? (Elle laisse tomber son mouchoir, qu'Octave se hâte de ramasser.) Oh! pardon!

OCTAVE, le baisant.

Je voudrais l'emporter, trempé ainsi de vos larmes. (Quand il le lui rend, leurs doigts se touchent, ils tressaillent.) Votre main est brûlante. (Il veut la lui prendre. Tous deux se lèvent.)

RACHEL, à part.

Fichtre! la maison va devenir bonne, je ne pars plus. (Elle disparaît.)

BERTHE.

Laissez-moi, je vous en prie... (Baissant la voix.) Pourquoi ne m'avez-vous pas épousée? Vous vous souvenez, le soir où je vous ai vu pour la première fois, et où j'ai chanté : (Très bas, elle fredonne.)

> A toi mon âme,
> Je suis ta femme,
> Je t'appartiens!

OCTAVE, éperdu, la baisant sur les cheveux.

Berthe!

BERTHE, défaillant dans ses bras.

Non, non! Octave, laissez-moi!

JOSSERAND, au dehors.

Es-tu là, ma fille?

BERTHE.

Mon père!... Parlez.

OCTAVE, bas, ardemment.

Je t'aime, je t'adore! (Il remonte et disparaît.)

SCÈNE XVIII

BERTHE, JOSSERAND

JOSSERAND.

C'est moi, Berthe, n'aie pas peur... Imagine-toi, — tu sais comme je me tracasse toujours, — imagine-toi qu'il m'a été impossible de me mettre au lit. Ta mère m'avait raconté que tu avais une grosse querelle avec ton mari, et je piétinais, et il me semblait que je t'entendais sangloter.

BERTHE.

Pauvre père!

JOSSERAND.

Alors, ma foi, je n'ai pu y tenir. Tu vois, je suis descendu en pantoufles, tête nue. Je ne voulais pas sonner chez vous, je me disais seulement que je passerais devant la porte, que j'écouterais si c'était fini. Mais, lorsque je me suis aperçu qu'il y avait de la lumière au magasin, j'ai préféré descendre... Voyons, ma petite Berthe, ne pleure pas.

BERTHE.

Si tu savais... Oh! que je suis malheureuse! (Elle se jette à son cou et sanglote.)

JOSSERAND, très ému.

Est-ce possible? mon Dieu! faudra-t-il que je voie le malheur de ma vie recommencer dans mon enfant? Voilà que les mêmes querelles de ménage dont je souffre depuis trente années, reprennent chez toi et te font pleurer à ton tour... Écoute, c'est cela qui me brise le cœur. Maintenant, moi, je suis habitué, puis je suis un vieux bonhomme fini ; mais toi, oh ! toi, je ne veux pas te voir dans cette peine, car j'en connais l'affreux tourment... Ne pleure pas, ma mignonne. Je t'en prie, ne pleure pas.

BERTHE.

Laisse-moi pleurer... Tu crois savoir, mais tu ne sais pas tout.

JOSSERAND.

Je sais encore que tu as des dettes... Pour ça, il faut que je te gronde. C'est mal, c'est la pensée de ces dettes qui m'a donné un frisson, comme si j'avais éprouvé la honte de les avoir faites moi-même... Et puis, tâche d'être bonne pour ton mari, c'est le meilleur moyen d'être heureux. Tout deviendrait si aisé dans un ménage, même les chagrins, si la femme était douce et gaie... Sois raisonnable, fais-le pour moi, veux-tu ? Tu m'aimes encore, j'espère ? Depuis quelque temps, je me porte mal, tu serais désolée de me rendre malade davantage, n'est-ce pas ?

BERTHE.

Je veux te guérir au contraire. Tu as toujours été si tendre, si bon pour moi !

JOSSERAND, tirant deux billets de sa poche.

Chut !... Tiens ! prends ça, n'en parle à personne. Deux cents francs que j'ai pu mettre de côté. Ça vient de mon petit travail du soir... Si tu dois, ma chérie, il faut payer... Non, non ! ne me remercie pas. Aime ton mari tout bonnement, et je serai bien heureux.

BERTHE, de nouveau à son cou.

Je te le jure... Oh ! mon père, comme tu as eu raison de descendre m'embrasser, et comme je te suis reconnaissante ! (Josserand l'embrasse, puis la regarde monter lentement l'escalier.)

(Rideau.)

ACTE QUATRIÈME

La chambre d'Octave Mouret. — Au fond, deux grandes fenêtres garnies de rideaux et donnant sur la cour des cuisines. Quand elles sont ouvertes, on aperçoit les fenêtres des deux étages d'en face. — A gauche : premier plan, une cheminée ; deuxième plan, un lit dans une alcôve. — A droite, une porte donnant sur le palier. — Mobilier de garçon, en acajou, simple et propre. Une toilette fermée, une bibliothèque, un guéridon, des chaises, deux fauteuils.

SCÈNE PREMIÈRE

OCTAVE, seul.

(Au lever du rideau, il achève d'allumer le feu. Une lampe est posée sur la cheminée. La fenêtre de gauche, grande ouverte, montre la cour des cuisines toute noire.)

OCTAVE, accroupi devant la cheminée.

Enfin, le voilà qui prend... (Il se relève et regarde un petit réveil, sur le guéridon.) Huit heures. Viendra-t-elle, ce soir? Deux fois déjà, elle m'a manqué de parole... (Regardant autour de lui.) Voyons si ma chambre est en ordre, pour qu'elle s'y trouve bien... (Tout en continuant de parler, il met de l'ordre.) C'est un tourment, lorsqu'on adore une femme, de ne savoir où la rencontrer. Depuis qu'elle est à moi, à peine si ma main peut effleurer la sienne, dans la journée, au magasin. Impossible de la voir chez elle, et elle refuse tous les rendez-vous au dehors... Mais cette fois, elle a bien juré, je suis sûr qu'elle viendra. Elle n'aura qu'à monter deux étages. (Poussant un fauteuil devant la cheminée.) **Je l'assoirai là, elle chauffera ses petits pieds, et je me mettrai à genoux pour lui baiser les yeux...** (Allant chercher sur la toilette un bouquet qu'il pose sur la cheminée.) **Ce bouquet sera près d'elle. Les violettes sont ses fleurs favorites... Ah! que je n'oublie pas mon cadeau, le châle dont elle témoigne l'envie depuis un mois.** (Il sort, du bas de la bibliothèque, une boîte carrée, qu'il pose sur le guéridon.) **Maintenant, je crois que tout est prêt. La cheminée ne fume plus, je puis fermer la fenêtre...** (A la fenêtre.) **Un voisinage agréable que cette cour des cuisines! Les bonnes veillent tard, le dimanche, et elle sont toujours à espionner...** (Il ferme et tire les rideaux des deux fenêtres.) **J'espère bien que le mari sera parti pour Lyon et que nous aurons à nous de longues heures...** (On frappe.) **Elle, déjà!** (Il ouvre, Rachel entre.)

SCÈNE II

OCTAVE, RACHEL

OCTAVE, très inquiet.

C'est vous, Rachel! Est-ce que monsieur Vabre ne serait pas parti?

RACHEL.

Si, monsieur... Il a pris l'express de sept heures, comme il l'avait annoncé.

OCTAVE.

Alors, qu'y a-t-il? Il n'est rien arrivé à Madame?

RACHEL.

Non, Madame m'a seulement chargée de vous dire que son père est plus souffrant, ce soir, et qu'elle restera près de lui jusqu'à dix heures.

OCTAVE.

Bien... Vous m'avez fait une peur, Rachel!... Attendez, j'avais justement à vous parler de quelque chose.

RACHEL.

A moi, monsieur?

OCTAVE.

Oui... Vous êtes très dévouée à votre maîtresse, je sais que nous pouvons avoir confiance en vous.

RACHEL.

C'est mon intérêt de contenter les maîtres.

OCTAVE.

L'autre matin, si vous n'aviez pas eu l'intelligence de pousser la porte, nous aurions eu des ennuis... Écoutez, vous avez une sœur que vous désirez établir?

RACHEL.

Oui, fruitière à La Villette... J'ai dû raconter ça devant monsieur, mais je m'imaginais que monsieur n'avait pas entendu.

OCTAVE.

Il vous manquait trois cents francs.

RACHEL.

Trois cents francs, c'est le chiffre, en effet.

OCTAVE.

Eh bien! ma fille, si vous avez besoin de cette somme, je vous la remettrai demain.

RACHEL.

Ah!... (Froidement.) Merci, je n'en ai plus besoin.

OCTAVE.

Comment?

RACHEL.

Dans l'idée que monsieur n'avait pas entendu, j'ai cherché ailleurs, et j'ai trouvé... Bonsoir, monsieur. (Elle sort.)

SCÈNE III

OCTAVE, seul.

OCTAVE.

Eh! bon voyage!... Elle a toujours un air pincé, cette Rachel! Cela ne m'amusait déjà pas tant, de lui donner cette somme, par prudence. Tant mieux si elle l'a trouvée ailleurs!... (Regardant la pendule.) Jamais dix heures n'arriveront. Les minutes vont être des éternités. Que faire pour attendre? Tâchons de lire... (Il prend un livre et s'assoit dans le fauteuil.) Il est stupide d'invraisemblance, ce roman. Je le prêterai à madame Pichon... (Il l'a ouvert, mais il le laisse retomber aussitôt, et il continue, dans un rêve.) Hier, Berthe avait une robe mauve qui la rendait charmante. Comme elle passait derrière le comptoir des velours, j'ai pu lui poser un baiser sur les cheveux... (Se levant.) Une idée! Je vais mettre la clef en dehors. Elle n'aura pas besoin de frapper... (Il met la clef en dehors et revient s'asseoir près du guéridon.) Ah! que les soirées sont longues, passées de la sorte, à attendre la femme adorée! On tressaille au moindre bruit. Rien. C'est le vent qui passe. Et le sang bout dans les veines, et ces heures d'attente finissent par exaspérer. On embrasserait les grandes ombres que les flammes du foyer font danser au plafond... (Se levant.) Voyons, soyons sage, n'achevons pas de nous rendre fou. Il faut lire... (Il ouvre de nouveau le livre. Un silence. On frappe.) C'est elle!

SCÈNE IV

OCTAVE, MARIE

MARIE, entr'ouvrant la porte et ne passant que la tête.

C'est moi, mon voisin.

OCTAVE.

Madame Pichon!

MARIE.

J'ai vu de la lumière sous votre porte, alors je me suis permis... Voilà votre livre, que je vous rends. (Elle a ouvert la porte toute grande, mais elle reste sur le seuil.)

OCTAVE.

Vous n'entrez pas?

MARIE.

Non, merci... Mon mari est encore retourné à ses écritures, et je ne l'attends guère avant minuit. Si vous étiez assez aimable pour me prêter un autre roman, je le commencerais tout de suite... Je m'ennuie trop, dès que je ne lis plus.

OCTAVE.

Entrez donc. Une minute seulement... Nous n'allons pas, je pense, échanger des volumes dans l'escalier... Est-ce que vous avez peur?

MARIE.

Peur, oh! non. Pourquoi aurais-je peur? Vous me dites toujours que vous m'aimez. On ne fait pas du mal aux femmes qu'on aime... Tenez! j'entre, vous voyez bien... (Elle entre et referme la porte.) Je craignais simplement de vous déranger.

OCTAVE.

Nous disons donc que vous avez terminé *Mauprat*?

MARIE.

Oui, monsieur Mouret.

OCTAVE, devant la bibliothèque.

Qu'est-ce que je vais vous prêter, cette fois? *la Cousine Bette*, de Balzac?

MARIE, vivement.

Oh! non, non, pas du Balzac! Vous m'en avez donné un, l'autre jour, et je n'ai pas pu le finir.

OCTAVE.

Pourquoi donc?

MARIE.

Ça ne m'a pas amusée, ça ressemble trop à la vie.

OCTAVE.

Alors, du Walter Scott. Voici ce qu'il vous faut : *Ivanhoé*. (Il lui remet le volume.)

MARIE.

Que vous êtes aimable!... Au revoir, je ne veux pas vous importuner davantage.

OCTAVE, regardant la pendule, à part.

Onze heures. Berthe ne viendra pas... (Haut.) Madame Pichon! restez donc, puisque personne ne vous attend chez vous... Vous m'aviez promis de me dire vos impressions.

MARIE.

Un autre jour.

OCTAVE, gaiement.

Je vous préviens que je vais employer la force... (Il lui prend les mains.) Mais vous êtes gelée! Vos petites mains sont toutes froides.

MARIE.

Je vais vous dire... La fin de cette histoire me passionnait tellement, que j'ai laissé mourir mon feu... Je frissonne un peu.

OCTAVE.

Et vous croyez que je vous permettrai de retourner dans ce froid de loup, sans que vous vous soyez réchauffée ici! (Il lui tient toujours les mains, et la mène doucement jusqu'à la cheminée.)

MARIE.

C'est vrai, il fait très bon chez vous, monsieur Mouret.

OCTAVE.

Vous allez vous asseoir dans ce fauteuil et me faire le plaisir de chauffer vos petits pieds.

MARIE.

Oh! non, pas dans ce fauteuil!... (Debout devant la cheminée et présentant les pieds à la flamme.) Voyez, cela me suffit.

OCTAVE.

Vous voulez donc me chagriner?.. (Il la prend et l'assoit.) Là, n'êtes-vous pas bien?... Il vous attendait, ce fauteuil.

MARIE, riant.

Êtes-vous menteur! Vous ne saviez pas que j'allais venir... (Montrant les violettes.) Et ce bouquet, il m'attendait aussi?

OCTAVE, vivement.

Mais oui! elles sont pour vous, ces violettes. Je vous jure que je les ai achetées en pensant à vous... Vous ne me ferez pas la peine de les refuser. (Il lui donne le bouquet.)

MARIE.

Merci, j'aime tant les fleurs!... (Rêvant.) J'aurais voulu vivre à la campagne. Tenez! ce qui me ravit, dans *Mauprat*, c'est la forêt où ça se passe, c'est le grand jardin du château où Edmée et Bernard se font des déclarations... Hein? comme ils s'adorent, ces deux-là!

OCTAVE, penché vers elle.

C'est si bon de s'adorer!

MARIE, continuant.

Elle est plus belle que le jour, et il est très beau, lui aussi, mais d'une beauté sauvage, parce que c'est plus séduisant chez un homme. Puis, ils ont toutes sortes de peines délicieuses, on croirait qu'ils vont se battre, quand ils finissent par s'embrasser... Moi, j'ai rêvé souvent des choses comme ça. Il m'arrivait des histoires!

OCTAVE, assis près d'elle sur un pouf.

Si vous vouliez, il en est temps encore... Vos mains sont toujours glacées, donnez-les-moi. (Il s'en empare.)

MARIE.

C'est quand j'ai fermé ce livre et que je me suis vue seule, il m'a pris un grand frisson... (Octave lui baise les mains.) Ne m'embrassez pas comme ça. Je ne veux pas, c'est mal.

OCTAVE, sans la lâcher.

Pourquoi donc est-ce mal?

MARIE, très émue, souriante.

Si vous croyez que je ne sais pas vos affaires. Il y a une certaine dame, ici, dans la maison... Oh! je ne la nommerai pas, cela vous contrarierait... Soyez raisonnable seulement. A quoi bon me tourmenter ainsi, quand vous en aimez une autre?

OCTAVE, tombant à genoux.

Mais c'est vous que j'aime, Marie!

MARIE, faiblement.

Laissez-moi.

OCTAVE.

Si vous pouviez m'ouvrir le cœur, vous verriez si je mens... Je t'aime, je n'aime que toi. Dans ce moment, vois-tu, je donnerais ma vie pour te garder ainsi, à moi tout entière... Tu consentirais, n'est-ce pas?

MARIE, défaillant.

Octave...

OCTAVE.

Marie, je n'en ai jamais aimé d'autre! (Il la baise passionnément sur les cheveux. Un temps.)

MARIE, se levant.

Il faut bien que je parte... Je prends mon bouquet. Ah! et mon livre que j'oublie!

OCTAVE.
Vous n'êtes pas fâchée?

MARIE.
Non, mais ce n'est pas bien tout de même, à cause de cette dame... (A la porte.) Au revoir.

OCTAVE, tendrement.
Au revoir.

(Marie sort.)

SCÈNE V

OCTAVE, seul.

OCTAVE.
Quelle petite femme charmante, avec ses ignorances et ses abandons!... (Regardant la pendule.) Onze heures et demie, je n'attends plus l'autre. Encore un manque de parole! Et j'aime mieux ça, car je pourrai lui dire au moins tout ce que j'ai sur le cœur. Oui, ma foi! je préfère maintenant qu'elle ne vienne pas... (Écoutant.) J'entends monter, c'est elle! Non... (Riant.) Avoir désiré si ardemment la tenir ici seulement une heure, et trembler de la voir paraître, au moindre bruit du dehors! Mais je puis être tranquille, et il est inutile de laisser la clef davantage. (Au moment où il va ôter la clef, la porte s'ouvre. L'escalier est tout noir, et Berthe paraît.)

SCÈNE VI

OCTAVE, BERTHE

BERTHE, terrifiée.
Chut! tais-toi!

OCTAVE, baissant la voix
Qu'as-tu donc? Tu m'effrayes.

BERTHE.

Là, dans l'escalier...

OCTAVE.

Quelqu'un t'a vue?

BERTHE.

Je ne sais pas... Il faisait tout noir. Il me semblait que des pas terribles galopaient derrière moi... Je serais tombée, si tu n'avais pas ouvert la porte.

OCTAVE.

Tu as rêvé.

BERTHE.

Mon Dieu! que c'est stupide, ces aventures!... Je ne voulais pas venir. Pour sûr, il va nous arriver un malheur.

OCTAVE, s'approchant et voulant l'embrasser.

Rassure-toi, tu es en sûreté maintenant.

BERTHE, le repoussant.

Non, laisse-moi. Tu vois comme ça me bouleverse... (Tressaillant, en regardant la porte.) As-tu entendu? On a chuchoté.

OCTAVE, avec un commencement d'impatience.

Il n'y a rien, je te jure... Tu n'es pas venue sans doute pour trembler ainsi et pour m'épouvanter. Ce serait le comble, après m'avoir fait si longtemps attendre.

BERTHE.

On m'a retenue... Et puis, ça me coûtait beaucoup de monter ici. Mais les hommes ne comprennent pas l'angoisse d'un pareil sacrifice... (Elle aperçoit le carton posé sur le guéridon.) Qu'y a-t-il, dans ce carton?

OCTAVE.

Une surprise que je voulais te faire à ton arrivée. Seulement, tu m'as ahuri à un tel point!... C'est le châle dont tu as parlé si souvent devant moi.

BERTHE, sèchement.

Je m'en vais. (Elle s'assoit sur le pouf.)

OCTAVE, surpris.

Comment! tu t'en vas?

BERTHE.

Est-ce que tu crois que je me vends? Tu me blesses toujours, tu me gâtes encore toute ma joie, ce soir... (Se levant et s'approchant.) Pourquoi l'as-tu acheté, lorsque je te l'avais défendu?

OCTAVE.

J'ai pensé que tu le désirais... (Il ouvre la boîte.) Regarde-le au moins.

BERTHE, dans un cri de désillusion.

Comment! ce n'est pas du chantilly, c'est du lama!

OCTAVE.

Mais, ma chérie, il y a du lama très beau... Vois donc comme il est fin, celui-là! et, je te le garantis, c'est inusable!

BERTHE.

Ne fais donc pas l'article... Oh! ce n'est pas dans la valeur que consiste le cadeau, quand la bonne intention y est. Je te remercie tout de même. (Un silence irrité.)

OCTAVE.

Tu n'as pas froid?

BERTHE.

Non, j'ai trop chaud au contraire... Il n'y a pas de bon sens de faire un feu pareil!

OCTAVE, se rapprochant pour l'embrasser.

Il est tard, ma petite Berthe...

BERTHE, le repoussant.

Je suis énervée... Depuis ce matin, on me torture.

Dans l'après-midi déjà, j'avais eu une terreur, en trouvant mon mari qui causait avec Rachel, au fond de la cuisine. Mais il est parti bien tranquille, j'ai dû me tromper.

OCTAVE.

Évidemment.

BERTHE.

N'importe, il eût été si facile d'acheter cette fille, en lui donnant vingt francs de temps à autre. Mais il faut les avoir, les vingt francs; moi, je ne les ai pas, je n'ai jamais rien... Ah! quelle vie! quelle vie!

OCTAVE.

Enfin, à quel propos me dis-tu tout ça?

BERTHE.

Comment! monsieur, à quel propos? Mais il est des choses que la délicatesse devrait vous dicter, sans que j'aie à rougir d'aborder avec vous de pareils sujets... Est-ce que, depuis longtemps, vous n'auriez pas dû, de vous-même, me tranquilliser, en mettant cette fille à nos genoux?

OCTAVE.

Ce soir, je lui ai offert de l'argent. Tu vois comme tu es injuste... Si c'est une scène conjugale que tu es venue chercher, tu aurais mieux fait de rester chez toi... Je ne suis pas riche, je le regrette beaucoup.

BERTHE.

Oh! on n'a pas besoin d'être riche pour savoir vivre. On tient son rang. Moi, lorsque j'ai eu vingt sous, j'ai toujours dit que j'en avais quarante, car il vaut mieux faire envie que pitié.

OCTAVE, résigné.

Écoute, si ça te contrarie trop qu'il soit en lama, je t'en donnerai un en chantilly.

BERTHE, furieuse.

Votre châle! mais je n'y pense même plus, à votre châle! Ce qui m'exaspère, c'est le reste, entendez-vous!... Ah! d'ailleurs, vous êtes bien comme mon mari. J'irais dans les rues sans bottines, que cela vous serait parfaitement égal. A vous deux, vous ne vous inquiéteriez seulement pas de savoir si j'ai une robe propre.

OCTAVE.

Voyons, est-ce fini?... Nous nous étions promis tant de bonheur! C'est trop bête, de perdre le temps à nous dire des choses désagréables!

BERTHE.

Continuez, continuez... Reprochez-moi aussi mes sorties. Oh! je vois clair! Si vous pouviez m'enfermer dans une boîte, vous le feriez. J'ai des amies, je vais les voir, ce n'est pourtant pas un crime?

OCTAVE.

Mais qui te parle de cela?

BERTHE.

Ce n'est pas la peine de prendre un amant, si l'on doit retrouver avec lui les ennuis de son ménage. Ma parole! il y aurait avantage à rester honnête femme.

OCTAVE.

Oh! oui, c'est la première chose sensée que tu dises.

BERTHE.

Et quant à maman...

OCTAVE, l'interrompant.

Laisse ta maman, qui t'a fichu un bien vilain caractère, permets-moi de le constater.

BERTHE.

Maman a toujours fait son devoir. Ce n'est pas à vous

d'en parler ici. Je vous défends de prononcer son nom.. Il ne vous manquait plus que de vous attaquer à ma famille!... Ah! comme je regrette ma faiblesse, monsieur! et si c'était à refaire!

OCTAVE, exaspéré.

Vous en prendriez un autre, n'est-ce pas? (Un silence. Berthe est remontée vers la fenêtre et tire le rideau.) Pourquoi tirez-vous ce rideau?

BERTHE.

Vous me rendez malade. J'ai besoin d'air. (Elle ouvre la fenêtre.)

OCTAVE.

On va nous voir.

BERTHE.

Eh bien, on nous verra! Allez, nous ne ferons envie à personne.

OCTAVE.

Ah! tu veux qu'on nous voie... Tiens!

(Il tire violemment le rideau de l'autre fenêtre. Alors, par les deux fenêtres, on aperçoit la cour des cuisines, sous la clarté vive de la lune. Il y a des lumières dans les cuisines. Une à une, des bonnes paraissent et s'accoudent.)

SCÈNE VII

LES MÊMES, ADÈLE, LISA, JULIE, bonnes.

LISA, paraissant.

Qui est-ce qui jacasse?

OCTAVE, bas à Berthe.

Je le disais bien! (Il baisse la lampe. La chambre, tombée dans l'obscurité, n'est plus éclairée que par les fenêtres.)

JULIE, paraissant.

Vous prenez le frais, Lisa?

LISA.

J' t'écoute !

ADÈLE, paraissant.

Bonsoir, vous autres !... (A Julie.) Ça y est donc, Julie, vous leur avez fichu votre compte, aux Dulaurier ?

JULIE.

Fallait bien.... Depuis que la maîtresse de monsieur l'a lâché, Madame est si furieuse, qu'elle me fait tourner en bourrique. (D'autres bonnes ont paru, toutes éclatent de rire.)

OCTAVE, bas à Berthe.

Les entends-tu cracher sur leurs maîtres ?

BERTHE, bas.

Ferme cette fenêtre. Elles sont horribles, ces filles ! (Au moment où il va fermer, la réplique suivante l'arrête. Berthe, frémissante, se réfugie près de lui ; et tous deux écoutent.)

LISA.

Est-ce que « le mal de tête » n'est pas parti en voyage ?

ADÈLE.

Si, on a dit ça tout à l'heure, à table... Bien sûr que la bourgeoise va profiter de l'occasion pour se faire apprendre le commerce par le commis de son homme !

JULIE, riant.

Le bel Octave ! (Octave prend la main de Berthe, tous deux restent immobiles.)

ADÈLE.

En voilà un coco qui ne m'a jamais plu ! Vous savez qu'il se fiche absolument de cette petite Berthe et qu'il l'a prise pour se pousser dans le monde.

OCTAVE, bas.

Les misérables ! (Il fait un mouvement vers la fenêtre.)

BERTHE, le retenant.

Non, reste! je veux entendre.

JULIE.

Allez, votre Berthe ne vaut pas mieux. Les deux font la paire.

ADÈLE.

Oh! je ne la défends pas : le cœur dur comme une roche, mal élevée, se fichant de tout ce qui n'est pas son plaisir!

BERTHE, bas, accablée de honte.

Mon Dieu!

JULIE.

Si nous en faisions seulement la moitié!

ADÈLE.

Les maîtres s'entendent.

LISA.

Pour sûr!

ADÈLE.

Autrement, ça ne serait pas long, avec leur pot-bouille. Notre tour viendrait... (Toutes éclatent de rire, et elle reprend brusquement après s'être retournée.) Méfiance! v'là Madame!
(Les fenêtres aussitôt se ferment bruyamment. Un grand silence.)

SCÈNE VIII

OCTAVE, BERTHE

BERTHE.

Mon Dieu! mon Dieu! (Elle se cache le visage entre les mains. Après être allé fermer la fenêtre, Octave revient vers elle. La chambre n'est toujours éclairée que par la lune.)

OCTAVE.

Voyons, Berthe, ces infamies ne peuvent nous atteindre. (Il veut l'embrasser.)

BERTHE, le repoussant.

Oh! non, oh! non... (Avec un frisson.) J'ai le dégoût de moi-même. As-tu entendu dans quelle ordure elles ont traîné nos baisers, nos rendez-vous, tout ce qu'il y avait encore de bon et de délicat, au fond de notre pauvre amour?

OCTAVE.

Ne pense plus à cela, je t'en prie.

BERTHE, sans l'entendre.

Elles savent tout, ces filles. Il m'a semblé qu'elles m'écorchaient au sang.

OCTAVE, se rapprochant d'elle.

Berthe...

BERTHE.

Non, laisse-moi... Tes mains sont aussi froides que les miennes. Si tu crois que je ne sens pas ton effort pour me dire ces choses!... (On frappe.) Qu'est-ce donc?

OCTAVE, bas.

Chut!... Ne parle pas. (On frappe de nouveau.)

AUGUSTE, au dehors.

Ouvrez!

BERTHE, épouvantée.

Mon mari, maintenant!

OCTAVE.

Et rien pour te cacher!

AUGUSTE, au dehors.

Ouvrez donc! Je vous entends... Vous ne voulez pas ouvrir?

BERTHE.

N'ouvre pas, il me tuerait!

AUGUSTE, au dehors.

C'est bon, j'entrerai quand même!

(On entend un craquement, la porte cède. Auguste entre, Rachel le suit, une bougie à la main. La chambre s'éclaire.)

SCÈNE IX

LES MÊMES, AUGUSTE, RACHEL.

AUGUSTE, se précipitant sur Berthe.

Ah! garce! (Berthe, terrifiée, gagne la porte et se sauve. Auguste veut la suivre et se trouve face à face avec Octave, qui barre la porte.)

RACHEL, à Auguste.

Vous voyez bien qu'elle était là!

OCTAVE, à Auguste.

Je suis à vos ordres, monsieur.

AUGUSTE, furieux.

Fichez-moi la paix! Est-ce que je me bats!... Si vous croyez que vous rirez de moi davantage et que je ne saurai pas me venger! J'étais venu vous dire : « Puisque vous l'avez prise, gardez-la! »

OCTAVE.

Monsieur!

AUGUSTE, à Rachel.

Je ne veux pas qu'elle rentre chez moi, vous entendez!

RACHEL.

Ne craignez rien, j'ai fermé toutes les portes.

AUGUSTE.

Bien!... (Revenant sur Octave.) Sa mère la reprendra, si monsieur n'en veut déjà plus.

(*Rideau.*)

ACTE CINQUIÈME

Le salon des Josserand. Même décor qu'au deuxième acte; seulement, le salon est vu de jour, les housses mises, sans fleurs, nu et froid. Le piano, poussé contre le mur, est remplacé par un guéridon.

SCÈNE PREMIÈRE

MADAME JOSSERAND, JOSSERAND, BERTHE, HORTENSE, ADÈLE

(Au lever du rideau, la famille, assise autour du guéridon, prend du café au lait, servi sur un bout de nappe. Josserand est habillé pour sortir, les femmes sont en robes sombres et très simples.)

HORTENSE, mangeant.

Adèle, il n'y a plus de beurre?

ADÈLE.

Non, mademoiselle. La livre de la semaine est finie d'hier. Je ne peux pas en inventer.

MADAME JOSSERAND.

On ne vous demande pas vos réflexions... Vous n'avez donc point fini de frotter la salle à manger, que vous nous faites déjeuner ici?

ADÈLE.

Dame! il faut le temps. Je ne veux pas y laisser mes jambes... (A part.) Toi, si tu ne me donnes pas mes huit jours aujourd'hui, c'est que tu auras de la patience.

JOSSERAND, à Berthe.

Alors, ma chérie, ton mari est toujours à Lyon?

BERTHE.

Oui, papa.

JOSSERAND.

Depuis une semaine que je n'ai pu quitter la chambre, tu es bien gentille de monter ainsi passer la journée près de moi... Mais j'ai peur que ton mari ne se fâche, en apprenant que tu as déserté le magasin.

BERTHE.

Oh! il y a du monde pour le garder.

JOSSERAND.

Sans doute, et vous avez là un garçon de confiance, monsieur Mouret.

BERTHE, balbutiant.

Oui, monsieur Mouret. (Elle porte son bol à ses lèvres pour cacher sa confusion.)

JOSSERAND, continuant.

N'importe, puisque je me sens plus fort, aujourd'hui, et que je vais aller à mon bureau, je compte bien que tu descendras reprendre ta place à la caisse... N'est-ce pas, Éléonore?

MADAME JOSSERAND.

Je n'ai pas d'opinion, je ne veux pas en avoir... (A Adèle.) Cette cuiller est sale, donnez-m'en une autre.

ADÈLE, regardant la cuiller.

Parbleu! l'argent est parti, il y a du cuivre dessous. (Elle donne une autre cuiller.)

HORTENSE, à son père.

Tu vas à ton bureau, c'est bien décidé?

JOSSERAND.

Sans doute, je ne puis me dorloter éternellement.

BERTHE, vivement.

Oh! que tu as tort! reste encore aujourd'hui... Je ne te quitterai pas, tu verras la bonne journée que nous passerons!

JOSSERAND, ému.

Ma chère petite fille, je voudrais bien... Si tu savais le plaisir que ça me fait, de nous retrouver ainsi tous ensemble, au déjeuner du matin! Il me semble que vous êtes redevenues enfants, que tu n'es pas encore mariée, que le passé ressuscite avec vos rires et vos caresses de gamines... Mais la vie n'est pas une fête. Il faut travailler... Vous voyez que votre mère comprend et qu'elle ne dit rien.

MADAME JOSSERAND.

Je ne dis rien, parce que j'ai juré de ne rien dire. Seulement, un homme raisonnable ne sort pas, quand il a des étourdissements... Allez, allez, puisque votre obstination a désolé mon existence!

JOSSERAND, se levant.

J'ai écrit, on m'attend. (Il va prendre son chapeau et son paletot, posés sur un fauteuil.)

BERTHE, bas à Hortense.

Mon Dieu! tout serait perdu, s'il rencontrait Auguste en bas... (Elle se lève, haut.) Père, mon petit père, si tu m'aimes bien, reste!

JOSSERAND.

Impossible, fillette.

HORTENSE, se levant, très émue.

Et moi, père, tu ne m'embrasses pas?

JOSSERAND.

Si, si, mignonne... (Il l'embrasse.) Qu'as-tu donc? Tu es toute tremblante, et tu pleures, je crois? On dirait que tu as peur de ne plus me revoir. (Riant.) Va, je suis solide encore. Il faudrait un rude coup pour m'abattre... Au revoir.

HORTENSE, l'embrassant encore.

Adieu, père. (Ses deux filles l'aident à mettre son paletot.)

MADAME JOSSERAND, se levant.

Veux-tu qu'Adèle t'accompagne?

JOSSERAND.

Non, merci... Ne vous inquiétez donc pas! Au revoir. (Il sort, suivi d'Adèle.)

SCÈNE II

MADAME JOSSERAND, BERTHE, HORTENSE, puis ADÈLE

MADAME JOSSERAND, redescendant.

A la grâce de Dieu!... Il y a huit jours qu'on me force à mentir. Je ne puis en faire davantage. Il faudra bien qu'il apprenne tout, si le dernier effort que je vais tenter ne réussit pas. Narcisse a juré de m'apporter la dot de cinquante mille francs ce matin, j'ai écrit à Auguste une lettre conciliante, et j'espère encore arranger les choses... (Adèle rentre.) Adèle, débarrassez ce guéridon... Tu ne finis pas ton café, Hortense?

HORTENSE.

Non, merci, maman... Et toi, Berthe? (Elle va s'asseoir près de Berthe, sur le canapé.)

BERTHE.

Merci... Je me forçais, quand papa était là.

MADAME JOSSERAND, qui suit Adèle des yeux depuis un instant.

Approchez... Que mangez-vous donc?

ADÈLE, la bouche pleine.

Rien, madame.

MADAME JOSSERAND.

Comment, rien !... Vous mâchez, je ne suis pas aveugle. Oh ! vous aurez beau vous creuser les joues !... Il y a un quart d'heure que je vous vois sortir des choses de votre poche. Montrez un peu... Qu'est-ce que c'est que ça ?

ADÈLE, devenant insolente.

Des pruneaux, madame.

MADAME JOSSERAND.

Ah ! vous mangez mes pruneaux ! C'est donc ça, qu'ils filaient si vite ! Vous êtes un gouffre, ma fille. Je ne peux plus seulement laisser traîner une pomme de terre.

ADÈLE.

Donnez-moi à manger, je ne leur dirai rien, à vos pommes de terre.

MADAME JOSSERAND.

Taisez-vous, répondeuse... Oh ! je sais, ce sont les autres bonnes de la maison, qui vous gâtent. Vous n'allez plus à la messe, et vous volez maintenant !

ADÈLE.

Quand j'étais honnête, fallait pas abuser. C'est fini.

MADAME JOSSERAND.

Assez !... Je vous chasse !

ADÈLE.

Ma foi, madame, c'est tout ce que je demandais.

MADAME JOSSERAND.

En attendant tâchez de faire poliment votre service... Mon frère va venir, vous l'introduirez.

ADÈLE.

Monsieur Bachelard, mais il est à la noce, ce matin.

MADAME JOSSERAND.

A la noce! Que racontez-vous là?

ADÈLE.

Lisa m'en parlait à l'instant par la fenêtre. C'est ce matin que monsieur Bachelard marie mademoiselle Fifi, à laquelle il donne cinquante mille francs de dot.

MADAME JOSSERAND.

Cinquante mille francs!... (A part.) Les voilà, les cinquante mille francs! et il les donne à mademoiselle Fifi!

ADÈLE.

Toute la maison en cause... (A part.) Je voulais te mettre ça dans la main.

MADAME JOSSERAND.

C'est bon, sortez!

ADÈLE.

Madame me retiendra mes huit jours. Je pars ce soir, j'ai une autre place, et plus agréable que chez Madame.

MADAME JOSSERAND, à demi-voix.

Je la connais, votre place. Dire que vous avez débauché jusqu'au propriétaire de la maison! C'est donc vrai qu'il vous a meublé un appartement?

ADÈLE.

Et il m'en a donné la clef tout à l'heure... (A part, montrant la clef.) Enfin, on me la donne!

MADAME JOSSERAND.

Sortez, dévergondée!

ADÈLE à la porte, haut.

Je ne suis pas mariée, moi! je n'ai trompé personne.
(Elle sort.)

SCÈNE III

LES MÊMES, moins ADÈLE

MADAME JOSSERAND.

Insolente!... (Redescendant). Jusqu'à cette bonne qui nous insulte! Voilà où nous en sommes. La dernière des filles a le droit de nous humilier, après un pareil scandale.

BERTHE, à demi-voix.

Oh! maman! maman!

MADAME JOSSERAND.

Silence! je ne vous parle pas... Quand l'heure sera venue de régler mon compte avec vous, je le réglerai. Jusque-là, restez dans la chambre de votre sœur, où vous auriez vécu de pain et d'eau, s'il n'avait pas fallu tromper votre père, que la vérité tuerait certainement.

HORTENSE.

Pardonne-lui... Si tu savais comme elle pleure depuis huit jours!

MADAME JOSSERAND, à elle-même.

Avoir, pendant quatre hivers, battu les salons pour marier sa fille! avoir tout accepté, les fatigues, les vexations, jusqu'au pis-aller d'un gendre ridicule! avoir même risqué son honnêteté en promettant une dot qu'on ne possédait pas! et, un beau jour, voir cette fille vous retomber sur les bras, comme s'il n'y avait rien de fait!

HORTENSE.

Calme-toi.

BERTHE.

Maman, épargne-moi, je t'en supplie!

MADAME JOSSERAND.

Taisez-vous!... Puisque vous refusez de vous ôter de ma présence, c'est moi qui vous cède la place... Oh! maintenant, tout est bien fini, cette canaille de Narcisse nous achève. J'ai marié ma fille, et je l'ai encore! (Elle sort.)

SCÈNE IV

BERTHE, HORTENSE

BERTHE, sombre.

Pourquoi suis-je revenue ici?... Ah! sans mon père, comme je serais loin! (Elle se lève.)

HORTENSE, le suivant.

Il faut rester, toi... Écoute, Berthe, j'hésite depuis hier; mais, au dernier moment, je préfère te dire tout.

BERTHE.

Quoi donc?

HORTENSE.

Moi aussi, je vais causer un grand chagrin à notre père.

BERTHE.

Toi?

HORTENSE.

Quand il rentrera, il trouvera une lettre dans sa chambre... Reste aujourd'hui au moins, pour le consoler.

BERTHE, effrayée.

Tu quittes la maison?

HORTENSE.

Celui que tu sais part dans une heure. Je l'accompagne... Je ne puis faire autrement.

BERTHE.

Oh! malheureuse, réfléchis! (Elle veut la retenir.)

HORTENSE, se dégageant.

Il est trop tard... Adieu! (Elle sort.)

BERTHE.

Hortense, par pitié!... (Redescendant et tombant sur une chaise.) Que lui dire? Est-ce que je peux parler, moi! Est-ce que j'ai le droit d'empêcher sa fuite? Et puis, si elle est perdue, la douleur en serait-elle moins forte pour notre père... Ah! misérables que nous sommes! (Elle pleure. Josserand entre en chancelant. Brusquement, elle se retourne et l'aperçoit.)

SCÈNE V

BERTHE, JOSSERAND

BERTHE.

Toi!... Qu'as-tu donc?

JOSSERAND.

Je me suis senti plus mal au bureau. Alors, j'ai pris une voiture...

BERTHE.

Mais tu chancelles... Appuie-toi sur moi. Viens là. (Elle l'assoit sur le canapé.) Es-tu mieux?

JOSSERAND, respirant fortement.

Oui, merci.

BERTHE, à genoux devant lui.

Pauvre père! Nous te le disions bien, que tu avais tort de sortir.

JOSSERAND.

Oh! un simple malaise... J'ai un peu le sang à la tête.

Le repos me remettra... (La serrant contre lui.) Et puis, tu es là, ma petite fille. C'est encore ce qui me fait le plus de bien... Voyons, à quoi allons-nous employer la journée, puisque vous voilà parvenue à vos fins, madame, et que nous resterons ensemble jusqu'à ce soir?

BERTHE, souriant.

Veux-tu que je te lise ton journal?

JOSSERAND.

Oh! non, ça ne t'amuserait pas... Quand vous étiez petites, ta sœur et toi, vous saviez toutes sortes de jeux, vous me grimpiez sur les épaules, vous faisiez autour de moi un bruit à me casser la tête. C'était gentil... Tâchez donc de vous souvenir. Appelle Hortense, pour qu'elle en soit.

BERTHE, embarrassée.

Hortense... Elle est avec maman, je crois.

JOSSERAND.

Nous resterons tous les deux, alors... A moins que tu n'aies réfléchi et que tu ne veuilles descendre à ton magasin, ce qui serait plus sage... Tout à l'heure, je m'étais proposé d'y donner un coup d'œil, pour voir si monsieur Mouret était bien à son poste.

BERTHE, terrifiée.

Tu es entré?

JOSSERAND.

Non, je me sentais si faible!... Je n'ai vu personne.

SCÈNE VI

LES MÊMES, ADÈLE

ADÈLE.

Monsieur Vabre est là, qui désire parler à monsieur.

JOSSERAND, étonné, à Berthe.

Ton mari! Mais tu le disais en voyage... (Pris de colère et de peur.) Vous mentiez donc toutes les trois! depuis huit jours, vous mentez!... Il y a un malheur ici, je le sens.

BERTHE.

De grâce! laisse-moi me retirer.

JOSSERAND, la retenant.

Parle... Tu t'es encore disputée avec ton mari? pour de l'argent peut-être? pour la dot que nous n'avons pu lui payer?

BERTHE, balbutiant.

Oui, oui, c'est ça. (Elle s'enfuit.)

JOSSERAND, à Adèle.

Faites entrer monsieur Vabre.

(Adèle introduit Auguste et se retire.)

SCÈNE VII

JOSSERAND, AUGUSTE, puis MADAME JOSSERAND

AUGUSTE.

Monsieur, je monte sous le coup de l'indignation.

JOSSERAND, l'interrompant, très ému.

Mon cher Auguste, Berthe vient enfin de m'avouer la

querelle. Je ne suis pas très bien portant, et l'on me gâte... Vous me voyez désespéré de ne pouvoir vous donner cet argent.

AUGUSTE.

De quel argent parlez-vous? Est-ce que vous me croyez capable d'un marché honteux?... Je m'étais juré de ne plus remettre les pieds ici; mais, quand j'ai reçu cette lettre de votre femme, où elle me parlait des cinquante mille francs...

JOSSERAND, surpris.

Je ne comprends pas... Ma faute, je le sais, a été de vous promettre une dot, ou plutôt de supporter qu'on vous la promit devant moi.

AUGUSTE.

Oui, oui, j'ai appris enfin de quelle jolie façon vous vous êtes moqué de moi!...

JOSSERAND.

Assez, je vous en prie. (Madame Josserand entre et écoute.)

AUGUSTE.

Soit! laissons cela... Si vous me voyez chez vous, c'est que j'ai tenu à vous dire que je ne veux pas de gueuse dans mon ménage. Gardez votre argent, et gardez votre fille!

JOSSERAND, foudroyé.

Une gueuse! qu'est-ce que vous dites?

AUGUSTE, apercevant madame Josserand.

Ah! vous voilà, vous!... Je vous avais bien dit qu'elle me tromperait!

MADAME JOSSERAND.

Et que vous ai-je répondu, mon gendre? (Tous deux restent face à face, menaçants.)

JOSSERAND, sortant de son hébétement.

Une gueuse, ma fille!... (Allant à la porte de droite.) Berthe! viens, viens, mon enfant! (Elle entre, il l'amène par la main.)

SCÈNE VIII

LES MÊMES, BERTHE

BERTHE, à part.

Je meurs de honte.

JOSSERAND.

Voyons, qu'est-ce que vous avez tous? Je ne sais plus, vous me rendez fou, avec vos histoires... N'est-ce pas? mon enfant, ton mari fait erreur. Tu vas lui expliquer?... Il faut avoir un peu pitié des vieux parents. Réconciliez-vous.

AUGUSTE.

Nous réconcilier, ah bien!... Je l'ai trouvée avec son amant! Vous moquez-vous, de vouloir que je me réconcilie?... Avec son amant, monsieur!

JOSSERAND, terrible.

C'est donc vrai? A genoux, alors!
(Il veut jeter Berthe à genoux. Elle s'échappe et se réfugie près de sa mère.

AUGUSTE, reculant.

Inutile! Ça ne prend plus, vos comédies!... N'essayez pas de me la remettre sur les épaules, j'aimerais mieux plaider!... (A la porte.) Quand on a fait une gueuse de sa fille, on ne la fourre pas à un honnête homme! (Il sort violemment.)

SCÈNE IX

LES MÊMES, moins AUGUSTE

JOSSERAND, tombant sur le canapé.

Ah! c'est le dernier coup! (Un grand silence.)

MADAME JOSSERAND, se posant devant lui.

Eh bien! monsieur Josserand...

JOSSERAND.

Je t'en supplie, laisse-moi.

BERTHE, assise près du guéridon.

Laisse-le, maman.

MADAME JOSSERAND, se retournant vers elle.

Toi, je te gardais... (Elle s'assoit de l'autre côté du guéridon.) Est-il Dieu possible! avec ce calicot! tu as donc perdu toute fierté? Et il ne t'aimait même pas, car il est rentré chez madame Hédouin, qui a perdu son mari, et le bruit court qu'il doit l'épouser.

BERTHE, à demi-voix.

Le misérable!

MADAME JOSSERAND.

Je vous demande un peu, se mal conduire!... Est-ce que j'ai trompé ton père, moi? Pas une faute, même en pensée! J'ai tous les droits, je suis honnête. (Elle se lève.)

BERTHE, toujours assise, la tête basse.

Il ne fallait point me faire épouser un homme que je n'aimais pas.

MADAME JOSSERAND.

Vous allez voir que ce sera moi qui aurai trompé son mari!... Alors, c'est ma faute? car, au fond, ça veut dire ça. C'est ma faute?

BERTHE, se levant.

Bien sûr que, si tu m'avais élevée autrement...

MADAME JOSSERAND.

Malheureuse! (Elle lève la main pour la gifler, mais Josserand, qui s'est approché, lui retient le bras.)

BERTHE, menaçante.

Maman!... Je ne suis plus une petite fille.

JOSSERAND, à sa femme.

Je vous défends de la frapper encore... (A sa fille.) Et vous, maintenant, vous avez l'audace de menacer votre mère... (Les deux femmes continuent de se provoquer du regard, et il les écarte violemment.) Mais reculez donc! N'est-ce point assez de honte? vous en êtes à vous battre!

BERTHE.

Pourquoi a-t-elle levé la main sur moi?

MADAME JOSSERAND.

Vous encouragez sa révolte, monsieur!

JOSSERAND.

Taisez-vous!... Taisez-vous toutes les deux!... Je vous dis que c'est abominable, la mesure est comble, et je vous ôterai l'envie de me déshonorer davantage.

MADAME JOSSERAND.

Vous?

JOSSERAND.

Moi!... Vous me croyez bien lâche, n'est-ce pas? Je l'ai été pendant trente ans, c'est vrai; et, aujourd'hui, j'expie affreusement cette lâcheté. Mais j'aurai du courage une fois, je vous dirai la vérité en face.

MADAME JOSSERAND, remontant.

Vous savez que j'ai horreur des scènes... Je m'en vais.

JOSSERAND.

Restez, je vous l'ordonne!

MADAME JOSSERAND.

Vous l'ordonnez?

JOSSERAND.

Je suis le maître... Restez donc, ou je vous écrase!
(Il la saisit et la jette violemment sur le canapé.)

MADAME JOSSERAND, terrifiée, à demi-voix.

Mon Dieu!

JOSSERAND.

Trente années de querelles quotidiennes! trente années de complaisances coupables, tous vos ridicules acceptés, vos moindres caprices faisant loi, notre ménage ravagé par votre besoin de paraître!... Encore ce ne serait rien, si vous n'aviez fait que gâter mon existence. Mais nous voilà punis dans notre enfant; et c'est ce que je ne vous pardonnerai jamais, de m'avoir réduit à ce point de bassesse, que je n'ai même plus trouvé la force de vous disputer l'éducation de mes filles. Le châtiment est là... (Marchant vers elle.) Ah! tenez! je ne sais ce qui me retient de nous faire justice à l'un et à l'autre!

MADAME JOSSERAND, terrifiée, à demi-voix.

J'ai peur.

BERTHE, suppliante, à genoux.

Mon père...

JOSSERAND, à Berthe.

Vous, je ne vous parle pas, je ne vous connais plus pour ma fille... L'avoir aimée plus que l'autre, avec le vague remords de cette injustice; s'être levé la nuit pour la regarder dormir; plus tard, être descendu jusqu'au mensonge, afin de lui trouver un mari; et la voir glisser à l'adultère, à ce dernier degré de vilenie pour une femme!... Non, non, c'est trop, mon être se révolte, il ne faut pas me demander d'approuver encore cela... Je ne peux plus, je ne peux plus!

BERTHE.

Pardonne-moi.

MADAME JOSSERAND, se levant et venant à lui, la tête basse, très émue.

Pardonne-moi aussi.

JOSSERAND, refusant du geste.

Il ne me reste qu'une fille. Je pars avec elle, je vais tâcher de l'arracher à la contagion... (Appelant.) Hortense!... Hortense!... Eh bien! pourquoi ne répond-elle pas?

BERTHE, qui s'est relevée, tremblante.

Je crois qu'elle a laissé une lettre dans ta chambre.

JOSSERAND, bégayant.

Dans ma chambre... une lettre... (Il entre follement dans la chambre.)

MADAME JOSSERAND, bas à Berthe.

Qu'est-ce donc? où est-elle?

BERTHE, bas.

Partie.

MADAME JOSSERAND, étouffant un cri.

Partie!

Un grand silence. Toutes deux attendent côte à côte, terrifiées. Enfin, Josserand reparaît, d'une pâleur mortelle, chancelant, éperdu. Il tient à la main une lettre ouverte, qu'il regarde d'un œil fixe, et il descend lentement. La lettre s'échappe de ses doigts tremblants.)

JOSSERAND, d'une voix étranglée.

Partie... partie...

(Tout d'un coup, il porte la main à sa gorge, il tourne sur lui-même et s'abat comme une masse.)

BERTHE, précipitant.

Mon père!

MADAME JOSSERAND.

C'est une attaque... Aide-moi, il faudrait le soulever.

JOSSERAND, se relevant à demi et bégayant.

Elles m'ont tué... elles m'ont tué... (Il retombe et meurt.)

MADAME JOSSERAND.

Mort! (Elle pleure.)

BERTHE, éclatant en larmes, s'abattant sur le corps.

Mon père, pardonne-moi!

(Rideau.)

FIN.

TABLE

	Pages.
L'Assommoir : Préface.	3
La Pièce.	11
Nana : Préface.	197
La Pièce.	209
Pot-Bouille : Préface.	327
La Pièce.	343

Paris. — Typ. Georges Chamerot, 19, rue des Saints-Pères. — 10683.

www.ingramcontent.com/pod-product-compliance
Lightning Source LLC
Chambersburg PA
CBHW060228230426
43664CB00011B/1578